評伝 竹内好

—その思想と生涯—

黒川みどり
山田 智 著

有志舎

序

1　中国と向きあう

> 私は文学者の会合では歴史家のような顔をするし、歴史家の前では文学者のような顔をする。

「戦後歴史学」華やかなりし一九五一年一〇月二七日、歴史学研究会主催の平和懇談会の席上、満座の歴史家たちを前に竹内好《よしみ》はこう言い放って当日の議論の口火を切った（「歴史学はどうあるべきか」『歴史学研究』第一五五号、一九五二年）。ここで竹内は、自らの研究対象を語るよりも、研究者としての方法論的立場をまず問題にしていた。しかしやはりなお、竹内好は中国文学の研究者であった。では、竹内にとって文学とはどのような方法論であったのだろうか。一九六〇年一月、新安保条約調印直後に竹内は文学という方法論を次のように考えていると語っている。

> 私は文学というものを広く考えております。ある国の人々のものの考え方とか感じ方、さらにそ

れを通してもっと深いところにある生活そのもの、それを研究対象とする。もののほうから生活を見るのでなくて、心の面から生活を眺めるのが文学だ。そういう態度で研究を続けております(国際基督教大学での講演「方法としてのアジア」⑤九一[*])。

＊出典表記については凡例を参照。

ここでも竹内は、対象の如何を問わない、普遍的な方法としての文学を論じるにとどまっている。では、竹内にとって中国とはどのような対象だったのだろうか。自らの中国への目覚めについて、竹内は同じ講演のなかで次のように語っている。

北京にいったとたんに、何といいますか、自分の心の中にあった憧れといいますか、潜在していた自分の夢にぶつかった気がしたのであります。北京という町の自然にも感心したのでありますが、それだけでなくて、そこにいる人間が自分と非常に近い感じがした。自分と同じような考えをもっているらしいということに感動したのです(同前、⑤九二)。

竹内はこのように中国への近親性を告白しながら、その具体的な内容についてはなにも語っていない。一方で二年にわたる中国留学から帰国したのち、竹内は次のような告白も残している。

僕は支那人を尊敬しようとは思わない。だが支那に尊敬すべき人間の居ることを知っている。日本に軽蔑すべき人間が居ると同様に。僕は支那人を愛さなければならないとは信じない。だが僕はある支那人たちを愛する。それは彼らが支那人であるからではなく、彼らが僕と同じ悲しみを常住身にまとっているからである(一九四〇年八月、「支那と中国」⑭一七二)。

このころ竹内は、これまで支那と呼ぶのを嫌って中国と呼んでいた自らの姿勢を、対象を対等の他者と見ないことから生じる憐憫の情であり、また相手の機嫌への忖度であったとしてその欺瞞性を恥じ、再び支那を呼称として使うことで、自らの中国へのむきあいかたを鍛えようとしていた。しかしそこまで追求した中国総体へのむきあいかたのゆえにこそ、中国一般への無条件の愛にはつながらなかった。竹内は対象たる中国をむやみに一般化することなく、むしろ中国を自立した個の総体としてとらえ、そのなかに愛惜すべき人々を見出した。そういった、竹内にとって共感できる人々を生みだした中国という社会のあり方をこそ、竹内は愛した。それゆえその愛は、中国礼賛のような形で素朴に表現されることはなかったし、ましてや中国文化を称揚する姿勢をみせることで、その実は中国文化を継承する立場を自任する日本を宣揚するというような恥知らずな真似は、彼にはとうていできなかった。

　そんな竹内は中国を愛する以上に、自らの祖国である日本を愛していた。そして自らが日本を愛する気持ちと、中国人が中国を愛する気持ちとのあいだに、なんらの区別もしなかった。言葉にすれば簡単な原則であるが、心理や行動の実際としては、これは非常に困難な道である。そして竹内はこの立場——中国の絶対的他者であることへの自覚を失くすことなく、日本人として中国を愛し続けた。この自らが他者であることを痛切なまでに自覚するがゆえに、竹内は自ら——竹内自身と彼の愛した祖国日本——が対象たる中国に恥じるところのないものであるかという懐疑から、一生離れることはなかった。

このように竹内が単純素朴な中国文化礼賛者に堕することがなかったのは、たしかに竹内の個性によるものであるが、しかし竹内の立場からすれば、それは日本社会総体の中国観の貧しさと、竹内没後の現代にいたるまで是正されないまま日本社会にはびこる近代化のゆがみとが、彼をして素朴な愛を語らしめ得なかったということになる。そのため竹内は、他国を貶めることで自国を称揚するような「愛国」には終生無縁だったし、いっぽうで中国の近代化への姿勢を見つめることで日本の近代化の姿勢を省みつづけることともなった。そしてその一つの手がかりとして、魯迅《ろじん》にたどりついた。

竹内がたんなる文学研究者であったのなら、魯迅だけにこだわらず、魯迅を中国現代文学の文脈の中でとらえるためにも、より多くの同時代の文学者に触手を伸ばしただろう。しかし竹内はそうしなかった。竹内は不器用な文学者・魯迅に、自らの文学者としての魂をかけて対峙した。そして竹内個人が魯迅個人を対象として、深く深く理解を掘り下げるための方法として、個人による魯迅の翻訳という結論にたどりついた。この竹内の選択こそ、ヨーロッパ近代が切り開いた道筋——社会科学として収斂された方法論としての近代とは異なる歩みによる、もう一つの近代への道筋だったのではないか。その歩む道程は、単純な論理化を許さない、極めて生産性の低いものだったかもしれない。しかし、その道筋の行く先には、ヨーロッパ近代が様々な物を捨象することで最短の到達を求めたものと同じ価値——個人の解放があった。

異なった道程から同じ目標を目指すことで、ヨーロッパや日本の近代が切り捨てた様々な理不尽や不合理をそのまま飲み込みながら進む、それが竹内にとってのアジアの意味であり近代の可能性であった。社会科学者としての知性を持ちながら、文学者の魂を自らの思索の中心とした竹内の、難解さと奥深さはこの道筋にこそ起因するのだろう。それゆえ、竹内の思想を片言隻句のみを頼りに理解しようとすれば、竹内と同等の知性と魂が必要となるだろう。その何れも及ばない後進としては、竹内の思索の過程を少しでも多く、嘗《な》め尽くすように追いかけるしかなく、本評伝は、その後追いの産物である。

竹内が中国を描くとき、それはしばしば日本社会への照射としての意味を持っていた。それゆえに、描き出される中国の姿は、その描写における全面的な完璧さを追求したものではなかった。その不完全に描かれた中国像は、場合によっては中国の不都合に目をつむったものにすら、見えたかもしれない。そして竹内の描く中国の姿が実態と齟齬している点を突くことは、竹内に対する批判の常套手段となった。

しかしそれでは、竹内の描く中国が実際の中国を詳細かつ忠実に写したものであったなら、竹内が日本社会にむけて発した警句はそのまま受け入れられたのであろうか。竹内の警句を受け入れない人たち——それは総体としての日本社会がそうであった——は、竹内の警句の前提となった「竹内の描く中国」の姿に疑問をもち、それゆえに彼の警句を受け入れなかったのであろうか。そうではない。竹内が描く日本社会の矛盾や問題点が、日本社会の欠点を正確に抉りだしていたからこそ、その警句から目をそらすための理由を捜したものの、議論の本質から外れた「竹内の描く中国」の瑕疵《かし》にしかたどりつけなかったのではなかったか。

　また、竹内の描きだした中国像を利用しようとして裏切られた人たち、言い換えれば自ら進んで竹内の中国像のドレイになろうとした人たちもまた、やがて竹内の中国像の欠陥を、竹内の本質的欠陥としてとらえるようになった。しかし竹内は、自らの中国像を、実体的な像として押しつけたことがあったろうか。自ら学び、体験し、そして納得しながらもなお、中国の実態に近づくことを終生追い続けた竹内ではあったが、その竹内が語る像としての中国は、日本を含めたアジア社会の矛盾を照射するために利用するためのものとすらいえるのではなかろうか。しかし竹内は、この中国を方便として使い捨てるようなことにならないためにも、まず何よりも中国を「知る」ことに努めようとした。そしてその対象は、やがて視点をアジアに広げて朝鮮へ、また日本国内に目を向けて沖縄と被差別部落問題へと多様化していった。が、一人の人間としての限界により、ついに十分な労力を割き切れなかった竹内の無念は、察するにあまりある。

　改革開放から四〇年を経た現在、中国社会の実態を知ることは日中国交以前の日本で中国を知ることにくらべ、はるかに容易になっている。その容易に知りえた中国社会のかかえるさまざまな矛盾を指弾することで、近代化した現在の中国を外から批判することは非常にたやすい。しかしその批判のありかたは、同時に中国にたいする批判者とそのあしもと——日本社会を照らしているだろうか。天安門事件以来の政治的な、あるいはチベットやウイグルにおける民族的な、現代中国が抱えるさまざまな人権抑圧に対峙するに、隣邦たる日本は、中国に現象した個別事象への批判によるのではなく、自らの社会のありかたを示すことによってこそ、現在の中国社会がもつ様々な矛盾を中国自らただす契機たるべきなのではなかろうか。

　しかし現状の日本を省みるに、そんな理想の虚しさばかりが突きささってくる。アイヌや沖縄をはじめとするマイノリティへの日本社会の向き合いかたを思うとき、政治的言論に対する過度な、かつ思考を停止した無責任な「中立」を正義とすることで個人の自由な意思表明を封じて現状への迎合を強要する、そんな社会の空気に押しつぶされそうになるとき、あるいは国民の代表者からの質問に正面から答えずに主観的な否定ばかりを繰り返す政治空間の醜悪を目のあたりにしたとき、そんな国から自由、民主、人権などといった近代的価値観を基準として他国を批判することはとてもできないという絶望を感じずにはいられない。そしてこの絶望をこの国の現状から感じるかぎり、竹内の思想と人としての姿勢が古びることはないだろう。

（山田　智）

2　日本と向きあう

　竹内好が世を去ってまもなく刊行された『思想の科学』第九一号〈竹内好研究〉（一九七八年五月臨時号）のなかで、しまね・きよしは、「「竹内好論」という形で、竹内好を正面から論じた論文が少なすぎる」といい、さらに生前の竹内自身の「まとまりのない人間で、書きにくいでしょうね」ということばを受けて次のように述べている。「竹内が「まとまりのない人間」であるかどうか、わたしには何とも言えないが、「書きにくい」、換言すれば、論じにくい思想家であることは確かであろう。それが、竹内の著書にたいする書評や人物スケッチという形での短文はしばしば書かれ、また、論文のなかで竹内に触れられるにもかかわらず、まとまった「竹内好論」があまり多く書かれない理由であろう」(「竹内好批判論文・解題」九四〜九五頁)。それから四〇年以上の歳月を経たが、竹内論・竹内研究のそのような状況は今もさして変わっていないというのが私の観測である。

　本書が、竹内の思想形成から戦前・戦中に紙幅を割いているのも、そうした竹内論のありように照らしてのことである。戦後に全面開花する竹内の思想は、実は中国ナショナリズムと格闘しながら戦前にその骨格がつくられていた側面が大きく、その点をふまえておくことは重要と考えた。

　竹内の著作の一部分のみをとらえて論じるような数多ある竹内論のなかでも、「アジア主義」と結びつけたものは、それを竹内自身が書名に用いたがゆえに当然にして際立って多い。しかし竹内の「アジア主義」は、たとえばそれらのなかにあるように日本人のアイデンティティの屈折だったわけではないし、そもそも竹内の「アジア主義」を単体で論じることは、竹内の真意をとらえ損なう危険性を孕んでいる。竹内という思想家は、「右翼だか左翼だかわからないともいわれる」といい(同前、九四頁)、今日にいたるまでいろいろな曲解や誤解を生み、そしてまたそれにもとづく得手勝手な批判も行われてきたのだといえよう。

　「アジア主義」と不可分の関係にある竹内のナショナリズムも、そのような曲解や誤解がなされてきた最たるもののひとつといえよう。そのことを少なからず意識してか、竹内は、一九六六年に鶴見俊輔の司会のもとでおこなわれた小田実《まこと》との対談で、自らが「ナショナリズムをなぜ究明したか」を語り、「明治以後の日本のナショナリズムというものを検討する必要」を強調しながら自身がナショナリズムに込める意味を実に丁寧に説明している。以下はそのなかの一節である。

> それ（明治以後のナショナリズムをさす——引用者）は四五年で切れてはいないで、ずっと底流としてあるものだし、意識的にそれを切るための操作もなされていないことを認めるべきだ。それからまた同時に、戦後民主主義の、いわば根つかずのコスモポリタニズムというか、そういうものは不安定なので、それがそのままのびていくという保障はないわけです。それを強化するために（そうは言わなかったけれどね）、ナショナリズムをもう一度正面に（それを避けて通ってるんだからね）すえる必要があるんじゃないかということを述べましたね。そのあと「近代の超克」という論文を書いたときに、自分としては満足できる程度にその問題を究明したつもりです。（中略）たしかにそこまでは、私はナショナリズムというものを割に正面から押しだすかたちになっていますね。だがだんだん評価が変わってきたのですよ。（中略）私の定義によるナショナリズムというのは、ネーションが形成される過程を、総体として言うわけですよ。さきほど鶴見（俊輔——引用者）さんが言った、政府が旗をもって国民を動かすという意味でナショナリズムを使いたくなかった。たしかに、明治の末から大正にかけてはそうなってるんだけれども、初期のナショナリズムにはそんなに堕落していない要素があった。それを取りだすことは可能だと思う。つまり、日本でネーションはいったい形成されたのかされなかったのかという問題にまで

遡って考えたいということなんです（傍点――引用者）（「ナショナリズムの戦後的定義」一九六六年一一月、『状況的』一七二）。

ここでも一部語られているように、竹内のナショナリズムに深く関わっての戦後の仕事は、「中国の近代と日本の近代」（一九四八年一一月）を皮切りに、「国民文学論」（一九五一年）―「近代の超克」（一九五九年）―「明治維新百年祭」の提唱（一九六〇年）―「方法としてのアジア」（一九六一年）／「日本とアジア」（同）／「アジア主義」（一九六三年）と続き、そのためとりわけ一九六〇年代には、アジア主義者、ナショナリストとしての竹内評価が定着していったといえよう。しかし、右の竹内自身の発言にもあるとおり、竹内はナショナリズムをけっして固定的にとらえていたのではなく、ナショナリズムはあくまで「形成される過程」であり、政治主体を立ち上げるためのものであった。

中国文学を専攻し、中国での戦争を経験した竹内にあっては、日中戦争の終結が行われていないことが片時も脳裏を離れることはなかった。竹内は戦争終結を実現するために、日本の民衆が中国を知り、中国認識を改めねばならないと考えた。したがって竹内が向きあったのはほかならぬ日本社会であって、そのなかで社会の底辺に澱むナショナリズムをもなんとかすくい上げようと格闘した証しが先にあげた一連の仕事であった。

竹内は、高橋和巳との対談のなかで、「なぜ中国を勉強するのかという問題を絶えず自分に問う」のであり、「それは一口でいうと、それは結局弱い者への共感ということになる」と語っている。そうして、「それを何から受けたかというと、中野重治から影響を受けている。中野さんの場合は朝鮮に対するものだけれども、私の場合はそれが朝鮮でなくて中国になる」と、プロレタリア文学作家として知られる中野重治が自身に影響を与えたことを述べている。さらには「侵略戦争であるというような規定からくる痛みよりももっとちがうもの、弱い者いじめであることがいやなんです。自分もそういう位置にいるということがね」とも語る（「文学　反抗　革命」一九六九年一月、『状況的』三三・三四）。

竹内は、「侵略戦争であるというような規定」という理屈の次元にとどまらない「弱い者いじめ」を嫌悪する感性を持ち合わせていたからこそ、戦後の早い時期から沖縄の置かれた問題に目を向け、部落問題に実に真摯にとり組んでいったのである。「弱い者への共感」とは、丸山眞男のいう「他者を他在において理解する」という「他者感覚」に通じるものであった。

「弱い者いじめ」と闘うためには「我は我だという主体の論理」（竹内）「「ノー」といいうる精神」（丸山）を立ち上げなければならない。竹内は、古い共同体を温存した同調を強いる日本社会、そしてその社会の頂点にあって個の自立を阻む機能を有してきた天皇制を見据えながら、永久革命としての闘いを続けてきたのであった。

しかし、竹内が追求してきたそのような永久革命の課題の重要性が理解されることなく、竹内の思想は中国に範をとった西洋型の「近代主義」の対極にあるものとして称揚されることも稀ではないし、その一方で、一九九〇年代以後とくに、そもそも「近代主義」は古いもの、超えるべきものとして葬り去られる傾向が顕著である。しかし私たちをとりまく身近な社会を見つめるにつけ、「我は我」

という精神は真に育まれているだろうかとの疑問にぶつかる。たとえば、私たちの周りに、同調を求める空気が蔓延してはいないだろうか。そしてそれを克服できずに長いものに巻かれる者が大半であるがゆえに「弱い者いじめ」も蔓延《はびこ》り、差別が克服されずに存在しつづけているのではないだろうか。そのような状況を目の前にして、近代の課題を手放してよいはずはなかろう。

竹内が求めつづけた永久革命は今なお継続され、今こそ継承されなければならない。それゆえ、今ここで、竹内の思想と生涯の全体像を提示することは、何某《なにがし》かの意味があるのではなかろうか。

（黒川みどり）

評伝

竹内　好

——その思想と生涯——

《目次》

凡例

一、以下の書籍については略記を統一した。

『竹内好全集』〈全一七巻、筑摩書房、一九八〇～八二年〉　→（書名省略）巻号（丸数字）＋頁

『竹内好全集』「月報」　→「月報」号数＋頁

『竹内好評論集』第一巻〈新編現代中国論〉、第二巻〈新編日本イデオロギイ〉、第三巻〈日本とアジア〉（筑摩書房、一九六六年）　→『評論集』巻数（丸数字）＋頁

『状況的 竹内好対談集』〈合同出版、一九七〇年〉　→『状況的』＋頁

『追悼 竹内好』（魯迅友の会、一九七八年〉　→『追悼』＋頁

『竹内好回想文集《しかし、人間の心は宇宙より広い》』
（「竹内好さんを語る」企画編集グループ、一九七八年）　→『回想』＋頁

『丸山眞男集』〈全一六巻、岩波書店、一九九六～九七年〉　→『丸山集』＋巻号（丸数字）＋頁

〈別集第一～四巻、岩波書店、二〇一四～一八年〉　→『丸山集』別集（丸数字）＋頁

『丸山眞男座談』〈全九巻、岩波書店、一九九八年〉　→『丸山座談』＋巻号（丸数字）＋頁

一、一般になじみが薄いと思われる中国の人物や書名については、竹内の時代には一般的であった日本読みを、各章の初出時に付した。

一、雑誌等については、原則として号を省いて年月で記した。

第一章 生い立ちから戦争体験へ（一九一〇～一九四五年）

1 生い立ちから大阪高校卒業まで

(1) 佐久を思う

竹内好《よしみ》は、生誕の地である長野県の佐久について、「むかし藤村いま佐久病院――こんなところが平均の佐久のイメージではないかと思う」という一文ではじまる「佐久を思う」（一九七五年三月、⑬）という短い文章を晩年近くに書き残しており、それが、「信州と旧友と私」（『潮音』一九六一年一月、⑰）というエッセイとともに、彼が「私の郷里」を語った数少ない文章の一つである。

「佐久を思う」は、『佐久教育』という雑誌（第一〇号）に掲載された。長野県東部に位置し、かつて南佐久郡の中心であった臼田《うすだ》町は、現在は佐久市となり、竹内の脳裏に刻まれた佐久総合病院の側を千曲川が流れる。

一九一〇年一〇月二日、竹内は、長野県南佐久郡臼田町に、父武一と母起よしのもとに生まれた。

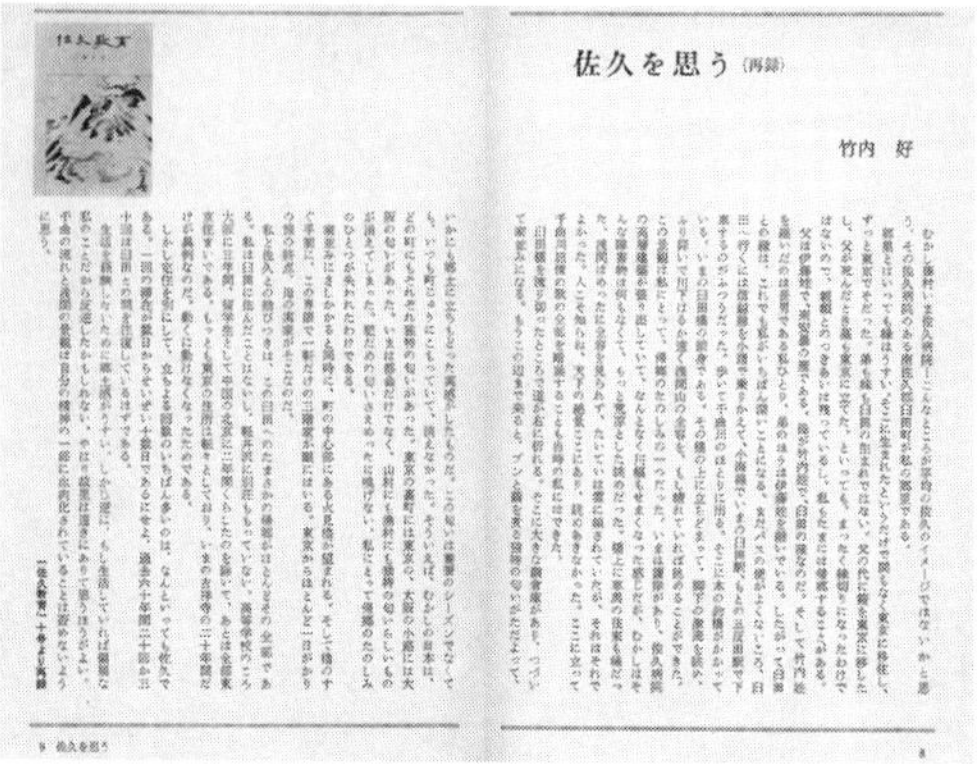

佐久を思う（再録）

竹内　好

図１　「佐久を思う（再録）」（『思想の科学』1978 年 5 月臨時号「竹内好研究」）

図２　臼田の風景（2018 年 3 月 7 日，黒川撮影）

竹内が誕生する直前の九月に両親は母方の竹内家に養子縁組しており、竹内には弟と妹がいるが、竹内が縁組先の竹内姓を、弟が父の伊藤姓を継いだ。竹内宗家は代々、臼田田上諏訪社の神職で、起よしの父は臼田町長を務めた家から分家して手広く商売を営んでいたという（「年譜」⑰）。父方は郷士で（「私と短歌」一九六七年八月、⑬二九）親戚は松本近在にあった（「杉浦正一郎と私」一九六六年二月、⑬三二）。竹内が生まれたのは母の実家で、それは、街の中心部にある火見櫓のある稲荷山という小高い丘の麓に位置する街唯一の三階家であった（「佐久を思う」⑬）。

臼田町は、元々は米作りの農業を中心としていたが、しだいに養蚕業も増えていき、竹内が生まれたころには二十余りの製糸場ができていた。また臼田町の中心である旧臼田村は、明治一〇年代から郡役所が置かれてきたところであるため、周辺はもとより川上・南牧・北相木・南相木の村々からやってくる人も増え、旅館や料亭、芸妓置屋などが集まる「花柳街」もできるなど、人の往来の多い活気のある街だった（『臼田町誌』第五巻〈近現代編〉二〇〇九年*）。

*当時の臼田の様子や竹内の生家について述べた、臼田生まれの歴史家井出孫六による「「竹内好と臼田町」覚え書」（『思想の科学』第九一号〈竹内好研究〉一九七八年臨時増刊号）がある。

一九一三年一〇月、竹内が三歳の時に税務署に勤務していた父が東京勤務となったために、家族で臼田を離れて東京麹町区（現千代田区）飯田町に転居した。それゆえ竹内にとって臼田は、「郷里とはいっても縁はうすい」ところであったが、千曲川にかかる吊り橋の上から「脚下の激流を眺め、ふり仰いで川下はるか遠く浅間山の全容を、もし晴れていれば眺めることができた」その景観は、帰郷の楽しみのひとつだったといい、「人こそ知らね、天下の絶景ここにあり、眺めあきなかった」と記している。またこのようにもいう。「しかし逆に、もし生活していれば偏屈な私のことだから反逆したかもしれない。やはり故里は遠きにありて思うほうがよい。千曲の流れと浅間の景観は自分の精神の一部に血肉化されていることは否めないように思う」（前掲「佐久を思う」⑬四・五）。そのように述べる背後には、父母から嗅ぎ取った「地縁的な共同体意識」の存在があった。竹内はそれを自分の世代なら「反逆を通じてであれ、ともかく理解することができる」という。「だから自然主義派の小説などをよむと、胸がしめつけられる感じがすることがある」のであり、一方、「ロマン派にしろ、白樺派にしろ、彼らのふりかざす都会趣味が、じつは土臭さとヘソの緒が切れていないことからくるあせりの気味をふくんでいるのを、私たちの世代のものなら見抜くことができる」ともいうのである（前掲「信州と旧友と私」⑰三四）。そのように述べる竹内は、以下に見るように、自らがそして人びとの多くが少なからず抱え込んでいるそうした「共同体意識」にけっして眼をそらすことなく、それと向きあってきたのであった。

⑵「精神的価値」を求めて――少年時代――

一九一五年、竹内が五歳の時に父は税務署を退職して事業を興すがうまくいかず、小学校時代は「貧乏のどん底」にあった。「人生コースの最初に私を苦しめたもの」が「家の貧乏」だったと竹内はいう。「米が買えなくてスイトンを食ったこともあるし、弁当の用意がなくて学校を休ませられたこともある」が、「貧乏」それ自体は耐えられるもので、それ以上に彼を苦しめたのは、「人から貧乏と思われはしないか、あいつの家は貧乏だと言われはしないか、という恐怖の感情」であった。学校でもすでに半数ぐらいは流行のアルミの弁当箱を持つようになるなか、成績のよい子のグループでは竹内ひとりが在来のホーロー引きの弁当箱で、「そのため昼食時間が身を切られるようだった」と回想している。好物の「ナラヅケやタマゴヤキ」が食べられないことは我慢できても、「金持の家と貧乏の家とが一目でわかってしまう」ことは、竹内にとって自らの「精神的価値」を損なうものなのであった。

しかし、他人から蔑まれることを潔しとしない竹内の自尊心を理解することができなかった母は、もっぱら「お金がないから」を口癖にしていたことが竹内には不満であった（「忘れえぬ教師」一九五七年九月、⑬七〜八）。このように自分の気持ちを母にわかってもらえなかったことが、いっそう彼に辛苦を味わせることとなったであろう。

後述するように、竹内が戦後に部落問題に積極的に接近していったのは、自らのこのような経験がそれへの共感を生む一つの要因にもなっていたからではなかろうか。「貧乏」ゆえのコンプレックスに苦しむ姿は、被差別部落の子どもたちが戦後も長い間置かれてきた状況と重なり合う。

竹内にとって「第一次の読書欲昂揚期」であるはずの小学校時代、本を十分に与えてもらえなかったことも「精神的な飢え」に苦しむ要因となった。そのようななかで弟と共同で毎月買ってもらっていた『少年倶楽部』は「唯一の精神食糧」であったが、その一冊も竹内の心を満たし続けるには一週間と持たず、そのあとをおそう「猛烈な飢え」を補うために、竹内は友達から立川《たつかわ》文庫を借りたり、家の押し入れにころがっている本を母の目をぬすんで読みあさったりした（「無名作家たちの恩寵」一九五三年六月一日、⑬一四〜一五）。*立川文庫とは、大阪の立川文明堂から刊行され、明治末から関東大震災前後まで庶民層の子どもの娯楽読み物として人気を集めたポケット本で、評判になった作品に『猿飛佐助』などがある。立川文庫の魅力は、東京文化とは異なる関西人の庶民的エネルギーによる、勧善懲悪を超えた新しい楽天的なスーパーマン像を創造したことにあるといわれており（尾崎秀樹「大衆の広場へ」『日本文学の歴史11　人間賛歌』角川書店、一九六八年）、竹内はそうした関西の庶民文化の香りにも触れていたのである。

＊晩年にも竹内は、「ちょうどわれわれの年代ですと、子供のころ読んだ立川文庫というのは、ものすごくわれわれのなかに入っているんですよ。肉化しているわけです。（中略）私なんか立川文庫なり伊藤痴遊の講壇で歴史の勉強をしたようなものです」と語っている（「魯迅を読む」（一九七六年一〇月一八日執筆）一九七七年五月、③四七二）。

「感受性の強い、内向的な気質の子ども」であった竹内に、「自分が一個の人格として理解してもらえた、という喜び」を与えたのが、「野田先生」という教師の存在であった。まだ赴任したてに見えた野田先生は「一口にいってハイカラという印象」で、「自由主義教育の雰囲気を身につけていたらし」く、「それを与えられた制限のなかで生かした」野田先生の授業のおかげで、竹内は「学校は案外おもしろいところだという気がして、積極的な勉学の意欲がかき立てられた」という。竹内が小学校生活をおくった一九二〇年前後は大正デモクラシーのまっただ中にあって、教育現場の一部でも自由教育運動などが展開されていた。竹内の小学校時代の回想は、まさにそうした社会の雰囲気をうかがわせるものである。そして竹内が野田先生に見いだしたのは、たんなる同情やはげましではない「一種の科学的の冷静さ、精神領域での一定の価値基準にしたがった理想主義しか、その子どもを救う道はない。その非常さが人間的である」ことであった。その表現は後年のものであるとしても、野田先生の持つ自由主義的教育観を感じとることができた竹内もまた、小学生にして鋭い感性と認識力を兼ね備えていたというべきであろう。野田先生は、授業時間の見回り中にしもやけの手をなでて「精神の飢え」を満たしてくれ、また竹内の文才を認めてくれた初めての人でもあった。竹内は、「ともかく私は野田先生がすきだった」と書いている（前掲「忘れえぬ教師」⑬八〜一〇）。

ここで想起されるのが、竹内が一九四四年に書いた『魯迅《ろじん》』に描かれる魯迅にとっての「藤野先生」である。「ただ彼の写真だけは、今（民国十五年――原文）もなお北京の寓居の東壁に、机に面して懸けられている。夜ごと、仕事に倦んで怠けたくなるとき、仰いで燈の中に、彼の黒い、痩せた、今にもぽつりぽつり話し出しそうな相貌に目をやると、私はたちまち良心を発し、のみならず勇気を加えられる」と記す魯迅は、「藤野先生には並々ならぬ愛情を感じているようであ」った。竹内によれば藤野先生は、「ただ、黙ってノオトを直してやり、「解剖図は美術ではない」ことを魯迅に教えただけ」であったが、「熱心な希望と、倦まぬ教誨」を与えてくれた藤野先生を描いた魯迅の文章は、竹内にとっても「愛惜すべきもの」であり、これほど「素直に受け入れられる文章というものは、多くはない」というほどのものであった（「魯迅」①五八〜五九）。竹内は野田先生への淡い思慕と、魯迅の藤野先生への思いを重ねてはいなかっただろうか。

竹内の記憶に残るもう一人の教師として、五、六年の担任で、さりげない格好で中学の入学試験場に来てくれた「元木先生」の存在があった。しかし竹内の教師という一般的存在に対する思い入れは稀薄であり、教師の立場となった自らについても「できれば、職業としての教師をやめたいとさえ思っている」と言い放つほどで、自分にとっても「恩師とよべるような人、その人から人格的に影響されたと思い当る人が、私にはいない」と言い切った上であくまで「淡いもの」ではあった。しかし、そうでありながらも、「そのイメージが記憶から消えない教師」が野田・元木の両先生なのであった。竹内は、「そのような淡いものであることに私は甘んずるし、むしろその方を望む」と記しており、彼にとって、教師が自己の内面にまで踏み込んでくる必要はなかった。「これまでの生涯に私をはげましてくれた最大の動機は、私の中にある劣等感だった」と記す竹内が求めていたのは、彼が直面していた「家の貧乏」による劣等感からそっと救い出してくれる存在だったのであろう（前掲「忘れえぬ教師」⑬五〜七）。

(3) 文学への開眼／ストライキ事件——第一中学校・大阪高校時代——

そのような二人の教師との出会いを経て、竹内は、一九二三年三月、麹町区立富士見小学校を卒業し、同年四月、東京府立第一中学校（現・都立日比谷高等学校）に入学する。

入学試験の日には、母が受験日当日に間に合わせるために徹夜で仕立ててくれた新調の久留米絣に小倉の袴をはいて出かけた。「それまで仕立て直しの着物ばかり着せられて、屈辱をしのんできただけに、はじめて新調の着物を与えられた喜びの方が私には大きく、受験の不安はあまり感じなかった」と記す。「家の貧乏」も峠を越しかけていたが、一九二四年、母が急死し、竹内は「ますますメランコリックな少年にそだっていった」（前掲「忘れえぬ教師」⑬一一〜一二）。母の死が「私を信州から遠ざける動因の一つになっているだろうと思う。母がもっと生きていたら、おなじ反逆するにしても、私と信州の縁は変ったものになったかもしれない」とも記すほどに母の存在は大きかった。島崎藤村はもとより木下尚江からさえ「繭を煮るにおいをかぎ出す」というのは、竹内自身も認めているようにいくらかの「郷土喪失感」が存在し続けているがゆえのことに相違なく、そのことはその後の竹内の心性に何某かの影響を与え続けたであろう（前掲「信州と旧友と私」⑰三三〜三五頁）。

竹内の中学入学の年九月に関東大震災が起こっており、大正デモクラシーに陰りがさす世相と歩調を合わせるかのように、竹内の心性も暗転していった。また竹内は、成長につれて小学校時代の貧乏に対する劣等感が容貌に対するそれに変わり、その代償を「精神的価値」に求めるようになり、さらには才能にたいする劣等感も加わって、「結果として文学を選ぶようになった」とも記している（前掲「忘れえぬ教師」⑬七）。

前述の小学校時代から本に飢えて押し入れを探しまわった際の「出土品」の一つが、文芸雑誌『人間』（一九二〇年一月）に載っていた山本有三の戯曲「生命の冠」であった。中学になってそれを読み返し、「生来の人間ぎらい」で自然科学者を志望していたのから一転して文学に開眼することになったという。「生命の冠」は山本の文壇デビュー作で、発表とほぼ同時期の一九二〇年二月に明治座で井上正夫一座により上演され、脚光を浴びた作品である。

竹内は、そのときの読後感を次のように回想する。

> 中学にはいった途端、一つの人生問題にぶつかった。人は何故に善をなさねばならぬか、という問題である。善行にはかならず報いがあるという修身科の教えが虚偽であることは、体験からわかっていたが、それでは善の根拠がどこにあるかが私にはナゾであった。私はほとんど自分が行きづまったことを感じた。打開の力が自分にないことがわかっていたので、暗い気持であった。

そのドン底のとき「生命の冠」が私に光を与えてくれたのである。まぶしいような光であった。私は厳粛感に打たれ、心で祈った。そのときから文学が私にとって価値あるものになった（前掲「無名作家たちの恩寵」、⑬一五）。

その作品は、「正直もの」を貫き通して工場をたたみ家をも追われる主人公とその一家に対し、たまたまその場に立ち寄った医師匹田の「なるほど、正直にやっていては、損をすることが大きいかもしれません。（中略）けれども一方不正の者は、正義の士でなくてはなし得ない、正しい行為をやるということは、夢にもできません。不道徳家には、うそはつけるかもしれないが、敢然として、なすべきことをなすという、尊い勇気を持っていません。ですから、この意味からすれば、正直者は一番つっこんだ仕事をするというものです」「よい結果が来るからよいことをするのでなく、悪い結果が来るから悪いことをしないのではない。結果のいかんにかかわらず、人は、しなくてはならないことをしなければいけないということです」（『山本有三全集』第一巻、一九七七年、新潮社）ということばをとおして、善を貫くという人生訓を示したものであった。「善の根拠」を捜し求めていた竹内にとって、それは受け入れやすい救いとなる回答であったといえよう。

竹内が後年、『群像』一九五一年四月号の「わが文学の泉」のアンケートに答えて真っ先にあげたのが「生命の冠」であった（⑦一六）。竹内は、そこで「善」を学んだという山本に次いで、「美」を学んだ芥川龍之介をあげており、両者が自らの「思想の骨格になっているように思う」とまで言っている。しかし竹内は山本からはやがて離れていく*。当初は、損得を度外視して「善」を貫く主人公の正義感が竹内の心を捉えたのであろうが、そしてそれは根底ではその後の竹内の人生に貫かれているにちがいないが、そのシンプルな道徳訓だけではもはや飽き足りなくなっていったのであろう。

＊山本についてのちに竹内は、「一種の日本的なブルジョア作家」と評している。しかしそれは、「日本の社会のユガミが永続的なもので、それを内側からこわす革命が急には成功しそうにない」から必要性が存在するのであり、それは「悪口ではなくて、尊敬の意味でいっている」のだとし、「どういう形にしろ、ブルジョア文学を含んで、それを超えるという倫理的手続きなしには、社会主義文学を建設することはできない」と述べている（「日本的ブルジョア作家山本有三」一九五四年三月、⑦一八七〜一八八）。

芥川は二〇歳代まで竹内をとらえたといい、「魯迅をやるようになったとき、魯迅がやはり芥川を気にしていたことを知り、魯迅の理解に一つの手がかりを得たように思った」と記す（「芥川全集に寄せて」一九五四年一〇月、⑬一七、「芥川竜之介について」一九五四年一〇月、⑬一七）。芥川は、竹内の魯迅への架け橋の一つともなったのであろう。

竹内は、中学四年生のときに一高と三高を受験するが合格はかなわず、翌一九二四年三月、第一中学校の五年間を終えて、四月に大阪高等学校文科甲類に入学する（「年譜」⑰）。「一高志望の秀才たちに反感をもったこと、なんとなく自由を予想したこと」、かつ「合法的に家から脱出」し「関西へのあこがれ」を満たすことからすると、理想の進学先は京都だったが、安全のために次善の策として大阪を選んだのであった。しかし「これが大失敗だった」といい、「ヨーカン型の工場みたいな校舎が原っぱにつっ立っている」「殺風景な環境」に「青春のロマンチックな夢」を打ち砕かれて「失望落胆」し、大阪高校を選択したことの後悔の念は三年間つきまとった。そして、京都を横目でにらみながらの「屈辱感でいっぱい」の高等学校生活を過ごした（「京都の縁」一九六一年一〇月、⑬二〇～二一）*。

＊竹内は、高校時代について次のようにも述べている。「私は文を書くのが職業でありますが、自分の過去にふれて書くのはあまり気が進みません。ことに高校時代がそうです。というのは、高校時代が私の精神形成史において一番複雑で、分析も整理もしにくいからではないかと思います」（「おことわりの弁」一九六七年一一月、⑬四二～四三）

大正教養主義のなかで高校時代を過ごした竹内であったが、それは「体質に合わない」ため、西田幾多郎の『善の研究』や阿部次郎の『三太郎の日記』を必読とするような当時の教養主義の風潮からは距離をおき（「むかしの講座」一九六八年二月、⑬二三）、むしろ芥川龍之介の影響を強く受けて、ロマン・ロランも読むようになった。ロランに対しては、のちに芥川の影響を離れて「中国に受け入れられる唯一の現代フランス文学者」として向きあうことになる（「ロマン・ロランとアンドレ・ジイド」一九五三年一一月、⑬一八）。竹内によれば、「中国の近代文学は、出発の当初から、弱小民族の自覚につらぬかれていて、それが外国文学の受け入れ方にもあらわれている」ため、中国ではアンドレ・ジイドよりもロランであり、「植民地支配を究極的に肯定する金利生活者の文学を、本能的に拒否する中国人の感覚と、日本人のその無感覚について、よく考えてみる必要があるのではないか。そのためにはロマン・ロランを精読する必要があるのではないか。こう私は思うが、なまけ者だからなかなか勉強ができない」とも述べている（前掲「ロマン・ロランとアンドレ・ジイド」、⑬一八～一九）。哲学、文学それぞれグループでの読書会などが盛んだった高校にあって、竹内はそのどちらにも近づかなかった。「おれは知力において劣っているために哲学への入門を拒まれるのではないか、という疑いをかき消すことができなかった」ため、強い哲学コンプレックスを抱きながら（前掲「むかしの講座」⑬二三）ツルゲーネフに傾倒し、次いで「スラブ派的なもの」にも接近していった（「ツルゲーネフ『父と子』」一九六一年一〇月、⑬四四〜四五）。

一方で彼は、当時にあっては「トルストイアンと見られることを恥としたといえるかもしれない」ほどに「トルストイの道学者づらが我慢なら」ず、「およそ世にもきらいなものはトルストイと孔子であった」ことを告白している。竹内の解釈によれば、それはたんに芥川の影響だけではなく、「私の性格は内向的であり、私の人生態度は消極的である」ことに由来する「一流のものを忌避して二流につく習性」によるものではないかということであった。文学を選んだのもそれゆえであった。「学校生活で一度も主席になったことがない。すべて長と名のつくものを毛ぎらいする」というその優等生文化とかけ離れたありかたこそが、その後も竹内の社会に対する批判的精神を支えてきたのだといえよう（「わが『戦争と平和』」一九六二年四月、⑬四七）。

竹内と同級生で、のちに岩手県江刈村の村長も務めた中野清見の後年の回想によると、竹内は学校の成績はよくなく、当時は教室の席次が成績順だったため、同じく成績の悪かった中野は、「高校最後の年に、一年間彼の隣席に坐って暮らす光栄に浴した」という。しかし中野は、「柔道部の主将で、暴れ者と目されていた」ため竹内に無視されていて「隣席から話しかけても、乗って来なかった」という。竹内は「黙々として、いつも何かを考えているというふう」で、そんな竹内のことを中野は、

「いつも腹でも痛むような表情をして沈うつにかまえている。もっと若者らしく陽気にふるまえないものか、と思っていた」という（中野清見「高校のころの竹内」『思想の科学』第九一号、一一五頁）。

竹内は三年生のときに、「ストライキ事件」を経験する。事件の経緯は竹内の「年譜」⑰に記されているが、竹内自身は詳細を語っていない。「年譜」等によれば、竹内が編集に携わっていた、図南寮で生活する寮生の自主刊行雑誌『帝陵』第五号掲載の「村のピオニール」等の三篇が「左傾作品」とみなされ、五名の生徒が特高に引き渡されて阿倍野署に留置されるというのが事の始まりであった。ピオニールとは共産主義にもとづく労農少年団である。折から、全校生徒を集めての河合栄治郎による思想善導講演会が行われており、それが終わるや校友会理事を務める生徒が立ち上がって事情を訴え、そこから生徒によるストライキに突入した。一九三〇年一一月二五日のことであった（「年譜」⑰）。

当時の生徒だった田中克己（詩人・東洋史学者）によれば、講堂で竹内が「「神聖なる授業中に生徒五名を警察に引き渡した」学校当局を言葉の調子はきつくないが、極めてきびしい内容で糾弾していい」たという（傍点――原文）。田中は竹内の演説が終わると「ストライキ」と叫び、それが全会一致で承認されて生徒たちはストライキに入った。学校側は竹内と保田《やすだ》與《よ》重郎《じゅうろう》をストライキの首謀者と認めたため、田中ら周りの生徒たちは「この二人の犠牲者を出すことにしのびずストライキを解いた」という（田中克己「思い出の中から」・『思想の科学』第九一号、一一八頁）。

竹内もまた、寮生活を共にした中野清見の回想に触れ、「この事件の性質は、じつは中野が書いているよりももっと複雑である。そして私は、おそらく中野が想像するよりも深く事件の中心部にいた」と記し、「ともかくこの事件は純粋の自然発生的なものでなく、ある程度の計画性はあったのである。指導中枢はあらかじめ、善行の生徒の向背を計算してあった」ともいっている（「中野清見著『ある日本人』あとがき」一九五八年二月、⑬三六）。

竹内が委員を務めていた校友会学芸部の機関誌『校友会雑誌』の「後記」には、学校当局の強まる検閲への憤りが表明されており（第九号、一九三〇年六月、⑰七三）。ストライキ突入前夜には、検閲で不掲載となった小説「村のピオニール」について述べていると思われる次のような文章が残されている。

> 内容は農村の疲弊と小作争議を通じて少年たちが、ピオニールの結成にまで意識を高めてゆく経路を、荒いタッチでスケッチしたもの。僕らが良いと思うものが余す所なく奪われてゆく。斯くて吾々の雑誌も定跡を辿りはじめた。人々は真の学芸運動の為に学芸部を見棄てねばならなくなったのだろうか。それとも単なる吾々は無能だろうか（第一〇号、一九三〇年一一月、⑰七三）。

そこには、思想信条の自由を抑圧する権力と徹底的に闘おうとする姿勢や、無産階級とその運動への共感など、早くものちの竹内を彷彿とさせるものがみてとれる。と同時に、後年竹内が、当初の予想を覆して「日ごろ左翼的な言辞を弄する景気のいい連中の間から顔色を変えるやつがたくさん出たばかりでなく、一括反対派に数えられた運動部の中から、もっとも頑強なストライキ主張者があらわれた」ことについて、次のように述べていることは注目すべきであろう。

私としては、それまで軽蔑していた高校生風の「純情」や「感激」や「頑張り」を改めて見直さざるをえなかったし、人間の行動様式が「思想」に直接するものでないこともこのときに学んだ（前掲「中野清見著『ある日本人』あとがき」⑬三六〜三七）。

そして、性格も竹内とは正反対で、しかも「スポーツの中でもとくに野蛮な柔道部の一員」であるため自ら求めて近づく気になれなかった中野に対しても、「私と中野をへだてていた膜がとれて、私は彼の反骨を本物と考えるようになった」という（同前、⑬三六・三七）。竹内が後年、官と野の対立を固定化して野にありさえすれば反体制で革新的とみなす態度に警告を発しているのも、こうした若き日の原体験に根ざしているのであろう。

竹内にとって三高のある京都、なかんずく四条河原町の「コマドリ」という喫茶店は「文学青年のあこがれの地」で、竹内もなんどか立ち寄ったが、ここでも「エトランゼ」であることを自覚せざるをえなかった。そんな竹内は、一九三一年三月一〇日に大阪高等学校を卒業したあと、結局「大阪がイヤで、また東京に舞いもどった」のであった（前掲「京都の縁」⑬二一）。

2 「中国」との出会い

(1) 中国文学との出会い――東京帝国大学支那文学科の時代――

大阪高校を卒業した竹内は、一九三一年四月、東京帝国大学文学部支那文学科に入学する。旧制高校時代を「文学青年」であったと述懐する竹内（⑰五八）が大学での対象を中国とするにいたった理由について、のちに詩人となる田中克己は「竹内は東大の支那文学科、わたしは東洋史学科をえらび、ともに中国を愛する意思を実現せしめた」と回想する。「無試験を狙った」という受験上の都合とともに（『状況的』三七）、当時の中国文学が「プロレタリア文学のなかでの景気のよくない」「よわいもの」であったことが挙げられており、特に後者の感情は中野重治の朝鮮に対する共感の影響によるものだと述懐される。すなわち竹内の選択は対象としての中国への愛といった単純なものではなく、中国文学の置かれた状況への共感という、より深い情念に裏打ちされたものであった。

消極的なものであったとはいえ、理性と情念によって支那文学科を選択した竹内であったが、東京大学文学部の現実はそんな文学青年の淡い期待を完全に裏切るものであった。「籍だけは中国文学科においていたが、本気で中国文学をやろうという気」はなかった（⑤二五）という竹内を待っていたのは、「文学」と銘打ちながらも近代的な方法としての「文学」とはかけ離れた、前近代中国のみを対象とするまさに伝統漢学の世界であった。のちにこの現実を振りかえった竹内は、支那文学科を「まったく阿呆な存在」とし、また「文学のにおいもない」と切って捨てている。竹内が勝手に思い描いていた文学という近代的方法論の普遍性は、日本における中国の扱い方の一つの顕著な現れ方に無残に打ち砕かれたのである。

方法論としての文学が全く通じない世界に身を投じてしまった竹内は、一方で対象としての中国への接近を試み始める。中国語の選択は学科の必然であったとしても、五月には芥川龍之介の『支那遊

図3　魯迅

記』を読み、また七月には『中央公論』に載せられた「蒋介石の支那」（長岡克暁）で中国問題への関心を開かれ、さらに一〇月には刊行されたばかりの国際プロレタリア叢書の『支那小説集・阿Q正伝』（四六書院）を早々に入手し、ここで初めて魯迅の「阿Q正伝」（林守仁＝山上正義訳）に接することになる。この魯迅との初接触に、「ユモレスクなるに感心」したと記録している竹内だが、のちに初めての中国旅行を述懐するなかで、この頃までに読んでいた魯迅（や胡《こ》適《てき》）の訳本で得たイメージが役に立たず、「実際の目で見る民衆生活の状態とあまりに大きくかけ違っていたところから、ショックをうけた」としている（「孫文観の問題点」⑤二一六）。実際に竹内が魯迅に関心を払うようになるのは、魯迅の死に接して以後のことであった。

他にこの国際プロレタリア叢書の一冊には、白川次郎のペンネームで尾崎秀実《ほつみ》が「中国左翼文学戦線の現状を語る」として、竹内が支那文学科を選択したきっかけとなった「景気のよくない」中国プロレタリア文学の現状を激越に語る文章を寄せており（『尾崎秀実著作集』第三巻、二六九～二七三頁）、またその現状紹介にあわせて胡也頻「黒骨頭」・柔石「一個偉大的印象（偉大なる印象）」・馮鏗「女同志馬英の日記」といった、この年の二月七日に蒋介石の白色テロの犠牲となった作家の作品が載せられていた（他に左連作家・戴平万の「村中的早晨（村の黎明）」）。東大の支那文学科では充足されなかった竹内の「文学」――特に中国文学への関心を満たし、やがて郁《いく》達夫《たっぷ》研究へすすむきっかけとなったのは、あるいはこの一冊だったのではなかろうか。

竹内が中国への接近をようやく本格化させようとしていたこのころ、日中の間には満洲事変が勃発していた。事変の端緒となった柳条湖事件の翌日・九月一九日の竹内の日記には「本日朝刊にて昨日来満州に日支軍の衝突あるを知る。北支の風雲漸々急なるか。諸株安くして郵船のみ高し」（⑰二八九）とあるほかは、六大学野球の結果や読書などのとりとめのない学生生活の記録に終始しており、このことも国際プロレタリア叢書で魯迅をはじめとする中国左翼作家連盟の作家たちの作品に接するまで、竹内の中国への関心は決して高くはなかったであろうことを物語っている。

一九三二年、学生生活二年目に履修した支那語のテキストに『馬氏文通』が指定されたことが、竹内に新しい出会いをもたらした。中国初の文法書とされるこの書を借りるため、五月一日、はじめて武田泰淳《たいじゅん》を訪問した。二歳年したながら竹内と同期入学であった武田は、入学式後に得度して仏門に入り、また五月には東京中央郵便局で軍事郵便の取り扱いに反対する反帝グループのビラまきに関わって検挙され、一ヵ月の拘留から解放されたのちそのまま東大を退学していた。竹内はそんな武田に、おそらく差し当たり必要ではなくなったであろう教科書を借りに行く――よくある学生間の教科書の融通だったのであろう。しかし、そんな何気ない出会いが、二人を終生の盟友へと結びつけて行く。一時間余りに及んだとされる当日の雑談の中身は伝わっていないが、当然中国文学にも話は及んだであろう。

図４　晩年の武田泰淳

　こうして中国への関心をようやく深めつつあった竹内は、外務省対支文化事業部の助成による中国への団体旅行に参加することを決めた。「青年期の逃避欲を満足させた」（⑬二七九）この旅行の基本は、八月七日から二二日までの一六日間で朝鮮半島経由で大連まで達するかなり駆け足のものであった。大連で解散となった後は帰国するも独自に旅行を延長するも自由であったようで、竹内はその足で天津から北平《ペイピン》（一九二八年に北京から改称）に向かい、八月二四日から北平に「留学」することになる。もっとも「留学」とは名ばかりで、「単独旅行者として北京に居残った」（⑤二五）と言うのが実態に近かったであろう。そのためこの北平滞在も特に期限を決めていたわけではく、浜大尉という中国への留学経験豊富な北平駐屯歩兵隊の将校から「余り長く滞在せず、引き上げて来年にも時局おさまりし後」の再来を進められ（九月五日）、また滞在のための費用を無心した実家からも帰国をうながされる（九月二〇日）なか、結局一ヵ月余りの滞在を経た「寒くなるギリギリ」の九月三〇日に北平を後にして帰国の途に就くことになる。

　この北平滞在の経験が、のちに「あれがなければ中国文学なんかやらなかった」（⑬二三八）と言わしめる、中国文学研究者・竹内にとっての大きな契機となったとされるが、「遊平日記」としてまとめられた当時の日記からは、書籍の購入と中国語の個人授業を受けたほかは、北平の街中の各所を訪ねるなど忙しい様子がうかがわれるばかりで、必ずしも中国文学への関心を決定づけるような契機は見いだせない。たしかに北平滞在中の竹内は書籍の購入に積極的であったが、勘だけを頼りに買いあさったという現代文学のほかにも、商務印書館では『穆天子伝』や『西京雑記』などの伝統的な漢籍を積極的に購入している。さらに池田弘道の雑誌コレクションにも関心をよせ、帰国後に外務省に提出することになるレポート「中国における新聞事業の研究」のためのいくばくかの調査を行うなど、中国に向き合うにしてもあまり焦点が定まった感じは見られない。

竹内はこの北平滞在を、「私は中国で、生きた人間を見た。それは感動的な出来事であった。私は、この人間の心を知りたいと願った」(⑬二七九)、「私の目的は、中国人の心をつかみたい、自分なりに理解したい、一歩でもその中に踏み込んでみたい、ということであった」(⑤二六)と述懐し、このことが中国文学研究と中国文学研究会に繋がったとする。それではここで竹内が見た「生きた人間」とは何だったのであろうか。竹内が北平に滞在した約一ヵ月の間には、前年に起きた柳条湖事件―満洲事変の勃発した九月一八日を記憶にとどめるための国難記念日があった。日記によれば、ある程度の緊張をもって当日を迎えた竹内であったが、実際には大きな騒動もなく肩すかしのような一日だったようで、また事変に対する感慨の片鱗も書き残されてはいない。

一方で竹内は、九月一一日に商務印書館版の孫文『三民主義』を購入する。竹内は北平到着早々に北平図書館で孫文像を見学しているし(八月二五日)、またしばしば日本に送った手紙に貼付するために手に取った郵便切手も、日本あての特別料金五分のものは孫文の肖像をその中心にあしらった

図5　竹内留学当時の中国から日本宛の封書郵便料金（5分）の孫文切手（倫敦版単圏）

「孫文票」であったし、同じく日本あて料金のハガキの印面も孫文票を流用したものであった。こうした孫文の再偶像化が進む北平の露店で入手した『三民主義』を、「何日かかかって、おわりまで読み通し、そして自分が新しい道の世界へ導き入れられたことを感じた」、「北京滞在中に読んで、深い感動を受けた」本としている（⑤二八）。日々の記録に忙しい北平滞在中の日記が、『三民主義』を購入した翌日の一二日限っては「寂寥を感ず。大連を出る時と二度目なり。終日一歩も出ず。夕刻、木村氏来る。夜、院子を歩みて瞑想にふける。語学の必要を痛感せり」と非常に簡潔な記述に終始しているのも、あるいはこの日は『三民主義』を読みふけっていたためではなかろうか。

この出会いによって竹内は、「中国人の生活からどうしてその文学（思想と形式）がうまれるか、あるいは文学がどういう生活的地盤の上に成り立っているか、その私の疑問が『三民主義』を読むことによって一挙に解けた、少くともそれを解く糸口が感性的に発見でき」、さらに「まるごとの中国人をそこに感じた。中国人「一般」という気がした。霧がはれて、ものの形が見えてくる、あの感じが内的体験として感じられたのである」（⑤二九）。同時に竹内は、生涯を通じた大切な仕事となる翻訳の問題にも開眼することになる。竹内は岩波文庫に対抗して創刊された改造文庫に収められていた「金井（寛三）訳の『三民主義』を読んでいたので、内容は一応わかっているつもりだったが、原文にふれて、まったくちがった印象を受け取った」（⑤三〇）。竹内が初めて接した『三民主義』の原文からは「孫文その人の熱弁が、大きく起伏する波のような独特のリズムにとって伝わって」きたし、「しかもそれは、天から降ってくるものでも地から湧いてくるものでもなく、巷の噪音に共鳴しながら伝わってくる」ものであった。「まさしくそれは生活共同体の中で鳴りひびいている雄弁であり、生活そのものを煮つめて出て来た思想」であった。竹内は「感動をおさえることができなかった」。「ああ、中国人がここにいる、現に目の前にいる中国人の純粋結晶がここにある、という感じ」を実感した（⑤三〇～三一）。

やがて竹内は、「中国人の心情なり思考様式なりを「一般的に」つかみたいとき、ある問題について中国人ならどう考えるかを推論できないか、推論に自信が持てないときなどに、よく『三民主義』を取り出して、気ままにページをくってみる」（⑤二八）までとなった。竹内は、孫文が紡ぎ出した言葉の中に「文学」を見出し、そしてこの発見を逆用して「文学」の中に社会を―思想を見出す方法にたどりついたのである。道を見失い、おぼろげながらも見失った道を中国に見出しつつあった一文学青年が、稀代の思想家へと脱皮する第一歩であった。

帰国後の竹内は、年度末に中国旅行のレポートを提出したほかは、卒業年次に入っても朗読劇の演出を引き受けるなど、相変わらずの文学青年ぶりを発揮していたが、一方で『資本論』（高畠素之訳）

図6　郁達夫

に取り組みはじめる。竹内が中国で開眼した孫文は最後に「連ソ・容共」の姿勢に至ったが、竹内はその思想を自らに内面化するために共産主義思想に本格的に取り組み始めたのであろうか。しかしながら竹内を魅了したのは共産主義思想そのものよりも、マルクスの論理的批判のあり方だったようである。時間的な余裕から読書が進むであろう夏季休業中の八月、竹内は『資本論』の購読を一時中断し、カントにとりくんでいる。このとき竹内が選んだのは、マルクスの土台となったカント哲学の本命ともいえる『純粋理性批判』ではなく、その入門書ともいえる『プロレゴーメナ』であった。あくまでマルクスを理解せんがためのカントだったということであろうか。

　こうして旧制高校以来の文学青年としての魂を、中国体験を経て近代社会科学的思想とひもづける準備が進んでいた竹内を待っていたのは、卒業論文の執筆と卒業・就職という現実であった。卒論のテーマに選んだのは、当時の竹内が好んでいた「主情的な作家」(③一四八)の一人で、日本ともゆかりの深い左連作家の郁達夫であった。九月下旬になってようやく郁達夫を読み始めた竹内は「きわめて面白く、夏休み中に読み始めたことを後悔」したが、一一月に入ると一九三〇年までに刊行された六冊の『全集』と、その後のものを集めこの年の三月に刊行されたばかりの『懺余集』および『日記九種』などを対象に「連日一冊ずつ読書」を進め、一二月には竹内にとって初めての中国現代文学に関する著述となる「郁達夫研究」を書き上げ、卒業論文として提出した。支那哲学支那文学科の同期卒業生三四名のうち唯一の現代中国文学を対象とした卒論提出であり、また一九〇五年の支那哲学支那文学科の設立以来でも、前年の小森政治「魯迅論」に次いで二人目という異色の卒論であった。竹内の回想によれば、この卒論は「おわりに「閲」と墨書してあるだけで、読んだ形跡はなかった」そうで、また口述試験も唐詩の詩体についての一問しか、竹内の記憶には残っていない（⑯二三七）。それでも竹内は卒業とされた。

　この卒論は後年の竹内の回想によれば、「百枚ほどのあやしげな作家論をでっちあげて提出した」（⑯二三七）ということになるが、たしかに竹内が郁達夫に本格的に取り組んだのはこの時だけであり、のちにその抄録のような形で『中国文学月報』に郁達夫を紹介するための文章を掲載したほかは、郁達夫に言及することすらまれとなった。『竹内好全集』の最終巻に初めて公刊されたこの卒論を瞥見すると、「第一部　考証的研究」ではその詳細な叙述と注釈から、後年の「研究者」としての竹内の資質がすでに完成していたことがうかがわれ、また「第二部　郁達夫論」では作者の魂を鷲掴みにせんばかりの対象への没入が感じられる。ただし、あまりにも遅すぎた卒論への取り組みは、「中国社会及び文化の特質から出発して、逆に郁達夫の存在の必然性を導き出す予定」（⑰一六一）の第三部の完成をゆるさなかった。このため少々変則的な二部構成となった竹内の卒論であったが、奇しくものこの二部建ての構成は、のちに盟友・武田泰淳が『司馬遷』で示したものによく似た形となった。ともあれ竹内は、多くの宿題を残したままの卒論の提出をもって学生生活に別れを告げ、中国文学研究者としての新しい人生へと、その歩みを進めることになる。

(2)「戦い」の始まり――『中国文学月報』の時代――

一九三三年後半、やや遅ればせながらも卒論に取り組んでいた竹内は、同時に自らの進路についても考えなければならなかった。国策会社であった南満洲鉄道株式会社――満鉄がその候補として考えられたようであったが、その調査部への門戸は必ずしも広くなく、大きな望みはもっていなかったようである。一方で四、五年の中国への留学も考えていたようで、多少の幅は持たせつつも、竹内はこの時期に中国を自らの生涯のテーマとする覚悟を決めたのだろう。就職に現実的な望みを持ち得なかった竹内だが、中国を対象とした文学研究への思いはすでに止みがたいものとなっており、卒論の執筆と同時に、大学卒業後の研究の場となるであろう研究会の立ち上げを構想しはじめていたという。郁達夫を取り扱った卒論が、中国現代文学の場となった魯迅や周作人《しゅうさくじん》らの「文学研究会」と、郭沫若《かくまつじゃく》や郁達夫らの「創造社」についての紹介から始まっていることも、このような構想が生まれた背景だったのかもしれない。

さて卒論が無事受領されたのちの一九三四年一月早々、横地倫平・岡崎俊夫とともに具体的な研究会設立の話し合いを持ちはじめたが、日記の記載によればすでに「中国文学研究会」という名称だけはおおむね決まっていたようである。同月二四日には日比谷図書館へ向かう途上の武田泰淳が竹内を訪れ、二時間ほどの会話の中で中国文学研究会に勧誘されている。竹内はこの時、「現代小説相当読んでいるのに感心す」と記しているから、当初は武田にそれほどの期待はしていなかったのではなかろうか。ともあれこれ以降、武田は急速に研究会設立の主要メンバーとなり、三月一日に研究会設立の第一回準備会が開かれた際には、横地・岡崎・佐山（[illegible]）とともに設立メンバーに名を連ねることとなる。また「中国文学研究会」をその名称として正式に決定したのも、この時である。

現実化した中国文学研究会の立ち上げであったが、対外的に披露するまでの準備期間中の竹内は、満鉄への就職や中国への留学への未練も断ちがたく、就職の口利きの依頼や留学生活のための情報収集も並行していた。これらの試みはあまりうまく実を結ばなかったが、特に留学が実現しなかったのは、竹内の実家の家業が傾き始めていたことも関係しているのかもしれない。また五月には徴兵検査を受け、「第二乙」種を宣告されたことに「多少がっかり」したとしているが、これは確実に兵役から逃れられる丙種が本命だったということであろうか。

七月二日に満鉄への就職を正式に断られる中で、丁玲《ていれい》や茅盾、田漢などの中国現代文学作家の作品に広く手を出しながら、『資本論』の講読を再開して『日本資本主義発達史』にも手をだすなど、処遇の決まらぬ身の不安を社会経済史方面の勉学に向かわせていた竹内であったが、陸軍士官学校の漢文教官を務めていた松井武男の知遇を得ると、松井を介して増田渉や松川朴平などをあらたな同志として得、立ち上げてはみたものの実績の乏しかった研究会の仕切り直しにとりかかる。そんななか、研究会に一つの契機が訪れる。周作人の来日である。

魯迅の実弟として、時には魯迅よりも名声のあった周作人は、当時北京大学の教授であったが、同僚で日本文学研究者であった徐祖正《じょそせい》とともに来日することになっていた。竹内がその歓迎会を開くので協力して欲しいと魯迅とも交流のあった作家の新居格《にいいたる》から唐突に頼まれたのは七月一九日のことであった。七月二五日に中国文学研究会の主催としてこの歓迎会は開かれることになり、竹内はこの会のために在京の文人たちの間を奔走することとなる。ようやく関係者への案内状の発送にこぎつけた七月三一日の日記に、竹内は「連日の奔走で疲労。しかし大いに愉快なり」と記している。

八月四日、一九二二年に上海東亜同文書院出身の宮田武義が日比谷に開業した広東料理店・山水楼を会場として歓迎会が無事開かれた。出席した佐藤春夫、島崎藤村、有島生馬、堀口大学ら錚々たる顔ぶれを前に、中国文学研究会の名称が正式に使用され、また文人たちの間に認知されることとなった。これよりややして一〇月三〇日、本郷三丁目の帝大仏教青年会館で中国文学研究会の第一回例会が開かれた。午後六時から始まったこの会は五〇名の来聴者を得、報告会後の茶話会が終わった時には一〇時半を回っており、十分に成功だったとも思えるが、それでも竹内は外部からの参加者の少なさなどから「尚お不安あり。涙が出そうな気持にな」った。この不安はひとり竹内だけのものでなく、武田・岡崎・横地もまた同様な不安をもっていると感じた竹内は、最後までのこるのはこの四人になるのではないかという予感を決心に転じて、会の運営を本格化させてゆくことになる。一二月五日に第二回例会、同九日には謝冰瑩《しゃひょうえい》を迎えての懇話会を、それぞれ盛会のうちに終え、会の運営を軌道にのせる一方で、研究会の会誌創刊の可能性を探って行くことになる。

こうして中国文学研究会を立ち上げるなかで、竹内は茅盾の『子夜』に出会う。「刊行された直後に上海へ注文してこの本を入手」（③一四八）した『子夜』を竹内が読みはじめたのは、第一回例会の余韻冷めやらぬ一一月四日のことであった。当初は「頗るカイジュウなり」（⑮七四）と感じたこの作品も、「中途に及んで興味津々たり」（同前）となり、その日のうちに半ばを読みあげた。一日置いて一一月六日は終日『子夜』を読みふけり、七日にこの長編小説を読み終えた竹内は、のちにこのときのことを、「当時まだ未熟な語学で読み、そして感動した」。「最初に中国文学への活眼をひらいてくれたのが『子夜』なのだ。圧倒的な量感によって、中国文学おそるべしの感を抱いた」と、ふりかえっている（③一四八）。

年が明けて一九三五年一月四日、前年末より進めていた謝冰瑩の「梅姑娘《メーグーニャン》」の翻訳が仕上げられ、翌日『婦人文芸』に入稿された。二二日に掲載紙である『婦人文芸』二月号を受け取るまで、「早く雑誌が出て世評をききたしと思」い（⑮八六）、「恋人を待つ如き心持」（⑮九〇）だったという。竹内のライフワークとなる翻訳は、こうして中国文学研究会の会誌である『中国文学月報』に先駆けて世に問われることになる。この間、研究会の雑誌創刊について会議を重ねつつ、会場の確保に苦労をした第三回例会も二六日、学士会館を会場として開催された。郭沫若を演者としたこの会は朝日新聞学芸欄に告知を出したこともあり一〇四名の参加を得、竹内をして「涙流るる盛会なり」とまで日記に書かしめている（⑮九二）。この郭沫若の手で揮毫

図7　芽　盾

された題字を得た研究会の会誌――『中国文学月報』がようやく印刷所から仕上がってきたのが二月二八日のことである。原稿の入稿から校正まで、日記に残された竹内の尽力の数々は、この雑誌にかける竹内の心意気を素直に物語っている。こうしてようやく中国文学研究会の運営も軌道に乗ったかと思われた矢先、竹内は政治と学問との二つの事件に直面する。

図8　中国文学研究会での竹内（奥の右から2番目）と武田泰淳（右奥端）（『アサヒグラフ』1953年5月27日号より）

図9　『中国文学月報』第1号表紙と奥付，『中国文学』第60号表紙

四月一四日夜、前年満洲国皇帝に即位した溥儀《ふぎ》の訪日を出迎えることを、そして満洲国を承認することを拒否した謝冰瑩が逮捕されて目黒警察署に拘留される、いわゆる「謝冰瑩事件」がおきる。ついで謝冰瑩と交友のあった武田泰淳も予防検束的に同じ目黒警察署に拘留されてしまう。謝冰瑩は拷問を伴う二〇日間の拘留の後に、武田は謝冰瑩より長く二五日間の拘留がさらに二〇日の延長を受け四五日目にしてようやく解放された。

このとき竹内は「原稿不足にて苦労」（⑮一一一）していた『月報』第三号に急遽「会告」として、まず謝冰瑩が中心となって中国文学研究会を創ったという読売新聞の報道は「誤報」であることを訴え、また後記に続けて『月報』第一号に掲げた「中国文学研究会に就て」を再掲している。ここで、「中国文学研究会は中国文学の研究と日支両国文化の交驩《こうかん》を目的とする研究団体で、現在、例会（毎月一回）懇話会、月報発行等の事業を行つて居ります。将来は研究雑誌の刊行、展覧会、講習会、文化クラブの設立等を漸次着手したい計画です」と、研究会が純粋な学術研究団体であること、また将来にわたってもその性格を変えるつもりがないことを再び表明する。これを発足して間もない会の宣伝文の単なる再掲と受け止める人も多かったろうが、巻末最終頁が定席の「後記」を一頁前倒しとして、先の「会告」と見開きに配置したのは、謝冰瑩事件からできたばかりの研究会を守るとともに、その守るという行為を弁解めかしたものとすることで謝冰瑩や武田を切り捨てるようなことにならぬよう、細心の注意をもって編集した竹内の「抵抗」の形だったのかもしれない。なお、「中国文学研究会結成のころ」として公刊されていた一九三四年の日記に続けて竹内全集で公開された一九三五年の日記では、四月一一日の後、五月三一日までの間が欠けている。自分たちにも警察の手がのびるものと予測していた竹内があえて書かなかったのか、あるいは全集編纂の段階で割愛されたのかは不明である。

武田の拘束中も董康《とうこう》を招いての第二回懇話会（五月五日）、鍾敬文《しょうけいぶん》を招いての第三回懇話会（五月一八日）が開催され会の運営が軌道にのる中、『月報』紙上で初めての学術的論争が立ち上がる。七月に発行された『月報』五号に掲載された竹内照夫「所謂漢学に就いて」がそのきっかけとなった。この号の後記に「竹内氏の寄稿は比較的これまで等閑視されていた重要な問題を提り上げ、示唆に富んだ論文と思います。之に対する論駁なり、批判なりを期待します。活発な討論を展開したいものです」と、竹内照夫論文を対象とした反論を広く求めるとともに、「我々が小さいながらもこの月報を刊行している理由の一つは、発表機関の極度に少ない我々の学界のために、自由な意見が吐ける天地を少しでも拡げたいが為であります」と、『月報』こそがその場となり得ることを、竹内は宣伝している（⑭二六）。

すでに予定していた「現代小品文特輯」のために二号を空けた『月報』の第八号、期待した竹内照夫論文への反論を得ることのできなかった竹内は、「漢学の反省（竹内照夫氏の所論を駁す）」（⑭一九〜二二）と題して自ら議論の火ぶたを切った。ここで竹内は、伝統漢学が「聖学」にまで昇華していることを認めつつ、なおその聖学たる漢学が「イデオロギイとして不用化され、脱棄てられ」ながら「余りにも多くの封建的桎梏《しっこく》を一身に背負わされて、社会の進化の外に身動きもならず形骸化され（ルビ――引用者、以下、注記のない場合は同様）」ているとする。「頭のいいとよばれる学生は多く漢文科を選ぶことを潔しとしない」堕落している現実を指摘し、「学問」と「学界」・「アカデミイ」の峻別を求めた。そして竹内照夫の「所論に対して半句の抗議も申し込まれなかつた」ことに対して「罪はむしろ我々自身の肉体的現身に転化されてくる」と警句を発している。東大文学部の支那文学科に対して抱いていた反発を、ついに活字媒体で表明し、竹内生涯の戦いとなる漢学への宣戦布告をおこなったのである。

　しかしここで注意しておきたいのは、竹内は漢学そのものを批判するよりも、むしろ漢学を聖学たらしめている学界の状況こそを批判の対象としていることと、またこれを批判しないことこそが自分たちの罪となることを指摘している点である。竹内は終生にわたって様々なことがらについて批判を行った。しかしその批判は単なる対象への非難ではなく、批判されるにいたらしめた状況と、それと向き合う自らの姿勢への問いを、つねに伴ったものであった。竹内における批判の形式は、ここにすでに成立していたのである。なお『月報』第八号は第七号で紹介した二幅の木刻版画についての解説を載せることが予告されていたが、「原稿輻輳のため」次号に先送りされている。活字のサイズを異にしているので同列には論じ難いが、竹内の「漢学の反省」がちょうど一頁半、第九号に回された「現代中国の木刻」が一頁と四分の三とほぼ同量なことを見ると、竹内照夫論文への早急な批判を一刻もはやく表明したいという竹内の執念を感じることができはしまいか。

　竹内が口火を切った漢学問題は、『月報』第九号では「漢学を繞《めぐ》る諸問題」として竹内照夫による

「非道弘人」と題する反論とともに、丸山正三郎「漢学者とヂャーナリズム」、武田泰淳「新漢学論」が掲載され、また「会員消息」として竹内の批判を「安逸な豆戦艦流」としりぞける中島千秋よりの私信までが紹介されている。『月報』第一〇号では当の竹内照夫からの「会員消息」で「とにかく面倒くさいからもう「漢学」については沈黙します」と終戦宣言が出されるがそれでもなお、同じ会員消息欄に吉村永吉の批判を載せ、さらに後記で「漢学の問題も討論を打切ったのでなく、いくらでも展開を望みます」と、さらなる議論を求めている。竹内はこの議論に何らかの決着をつけることよりも、中国文学に携わる者だけでなく中国に携わるすべての者がその呪縛の下にある漢学についての議論を続けることにこそ、その意義を見出していたのかもしれない。

さて『月報』は一〇月刊行の第八号の段階ですでに創刊号の在庫が無くなっているなど順調な滑り出しを見せ、一九三六年四月の第一三号には一五名の同人の、五月の第一四号には一一九名の会員の、それぞれ名簿を載せて会の順調さをアピールした。しかし一方で原稿の不足もあり、ついに一九三六年一月の発行がかなわず、また二・二六事件の発生もあり第一一号を三月に入ってようやく発行すると、第一巻をこれで打ち切りとした。また、その六月には武田とともに編集の主力であった岡崎俊夫が朝日新聞社の名古屋支局に入社し東京を離れることになる。こうして環境が少しずつ変化の兆しを見せるなか、『月報』は魯迅特集を組むことになった。

竹内にとって生涯最後の講演となった「魯迅を読む」（③四五六～四七三）の中で「そのころ魯迅という人は名前は知っていますけれど、そんなに読んでないし、理解がとてもできなかったんだけれども、思い切って特集号を組んで、そこで私なりに読んだかぎりでの魯迅のまとめをやりまして、最初の「魯迅論」というごく短いもの」を載せたと語っている。こうして「魯迅論」（⑭三七～四五）と大上段に構えた表題で書かれた竹内にとって初めての魯迅論は、「最近の魯迅については知る所が甚だ少い。日頃、雑誌類をあまり読まぬし、この魯迅論を書く前に一とおり目を通すつもりの著作の、実は半ばに及ばず、特に転換後に書かれたものには殆ど触れていない」と手の内を明かしたうえで、「たとい全部を読み得たとしても、おそらく魯迅を理解することは困難だろうと思う。魯迅の問題が全体の問題を包括するからである」と、なかば投げやりともとられかねない自身の魯迅への心理的距離を告白している。一方で「魯迅の尻馬に乗って小品文派を攻撃はするが、己の負担に於て文化を改革する熱意を示さない」「空騒ぎばかりで、ろくな小説も書けぬ連中が」魯迅を取り巻いている現状を批判する姿は、漢学と戦う竹内の手法と相通じるものがあり、竹内が自らの方法論を使って魯迅に恐る恐る近づいて行った、そんな趣すらある佳品となっている。

　こうして何とかなじみの薄かった魯迅についての文章をまとめた竹内であったが、この原稿を仕上げたところに飛び込んできたのが魯迅逝去のニュースだった。既に版組が終わっていた月報ではあったが、竹内は版組を崩さぬよう魯迅の「死」と題された短文を、ちょうど三頁に収める形で訳出して会としての弔意とした。思わぬ形で、竹内にとってライフワークとなる「魯迅の翻訳」を経験することになったのである。ただしこの二つの経験でたちまち竹内が魯迅にとりつかれたのかというと、そうではない。

その年の一一月から一二月にかけての郁達夫の来日に際して竹内は、『月報』第二二号（発行は翌一九三七年一月一日付）に「時報的な要求あって郁達夫を紹介するため旧稿を抄する」「郁達夫覚書」（⑭五四～六二）を発表している。その末尾には「達夫の評伝は折あらば書きたい念願を今に絶たぬ」と、卒論提出から三年を経てなお研究対象としての郁達夫への興味が失われていないことを独白している。この時、外務省の東方文化事業（対支文化事業）の一環として招聘された郁達夫は、約二ヵ月の滞在中に四度の講演機会をもち、その第三回目の講演が中国文学研究会の例会として日華会館を会場に予定されていた。しかし一二月五日に予定されていた講演に先立つ一二月二日、日華学会でおこなった講演が「反日講演」であると警察総監の注意を引き、五日に予定されていた中国文学研究会の第一六回例会での「中国の詩の変遷」という講演は、「高橋君平ヨリ好意ノ忠告ヲ受ケシ為任意右講演ヲ中止」（外秘第三〇六一号「文化視察ト称スル中国左翼作家郁達夫ノ言動ニ関スル件」）とせざるを得なくなった。「突如外部の事情から中止の止むなきに到」った例会は、急遽竹内による「中国文学研究の方法」という講演に差し替えられた。竹内は講演を監視する特高をごまかすために「なるべく難しい話をながながしゃべった」（⑬二一六）。この講演が『月報』第二三号の「中国文学研究の方法の問題」という特集につながり、竹内も改めて「私と周囲と中国文学」（⑭六七～七二）という一文を寄せることになる。

竹内はこの中で、「他人の言葉で談《かた》られた体系」への疑問を投げかけ、自分自身の言葉にすら、それが本当に自分の言葉なのかに疑いを持つ。そして全体＝普遍のなかでの特殊としてのみ中国文学の特殊性を認めながら、漢学が継承してきた伝統的な文学概念への拒絶を明確にする。そして「対象としての中国文学――それは私にとって、中国文学であると共に、中国文学としての響きをもつ」と、文学概念のなかの中国類型の探求と同時に、その文学を成り立たせる中国そのものに「日本人としての私」がどう近づいてゆくのかを問うてゆく。皮肉なことに郁達夫の代理で行なった講演に端を発した自らの立ち位置を問い直す作業以降、竹内が郁達夫に言及することは稀になってゆく。それでは魯迅が郁達夫に代わり得たのかといえば、そうはならなかった。竹内が魯迅に本質的にたどり着くためには、さらなる中国経験を経る必要があった。

3　戦中の中国と向きあう

(1)　日中戦争下の中国留学――「北京日記」の時代――

竹内にとって待望であった中国長期留学が実現することになったのは、一九三七年に入ってすぐのことであった。これは外務省文化事業部の第三種補助金を利用しての二年間の語学留学であり、日華学会の高橋君平の斡旋によるものであった。七月中旬の出発が予定されていたため、六月には中国文学研究会の事務所を自宅から本郷のビルに移し、また『月報』第二八号には竹内の文章にしては珍しく修辞の多い「留別の言葉」を寄せている。しかし日中の歴史の現実は、この竹内の万感をこめた留別の言葉を一時空文と化してしまう。七月七日、北京郊外で日中両軍の衝突――盧溝橋事件が発生する。

この翌日の晩、竹内は学士会館を会場とした中国文学研究会の第二三回例会で「「子夜」と「第三代」」というタイトルで茅盾と蕭軍《しょうぐん》の代表作についての報告を担当している。この日はほかに武田泰淳が「李健吾の喜劇について」という報告もしているが、タイミング的にこの例会は事実上竹内の送別会も兼ねていたであろう。しかしこうして出発の準備が着々と整う竹内に反して、一度は収まるかに見えた日中両軍の衝突はむしろ拡大の一途をたどり、竹内が申請していた留学許可も保留とされて出発のめどが立たない状態が続いた。またその間に、『月報』第二八号で竹内に代わって「後記」の執筆を担当し、「さらば竹内好の門出を祝福しませう」と締めくくった千田久一が、同じく研究会同人の陣内宜男と相前後して応召、竹内を残したまま中国戦線に送り出された。竹内は忸怩たる思いで『月報』に復帰し、「再後記」と題して自らや千田の状況を報告するとともに、時局の中で揺れる研究会事務局の苦境も隠さずに報告することとなる。

　会の混乱の下で一部同人の入れ替わりなどにより何とか編集体制を整えて第三一号を発刊した竹内に、九月二九日、保留となっていた留学許可が下りた。皮肉なことに、日本軍による北平から天津一帯の平定作戦が終了し、チャハル作戦の発令により華北戦線の中心が内モンゴル方面へ移るとともに、また第二次上海事変により華中でも大規模な衝突が起こったことで、日本軍の占領下におかれた北平一帯が相対的に安定した地域となったことが、竹内の留学を実現せしめたのである。こうして一度は中断した留学の準備を再開した竹内の下に届いたのは、拡大する戦線に対応するがごとく武田泰淳までもが召集されるという知らせであった。竹内は自らの出発の前日、一〇月一六日に武田の出征を送り、その翌日、ようやく自らも中国へ向かうこととなった。

中国へ向かった竹内を待っていたのは、戦火に毀《こぼ》たれた天津の街での研究会同人・陣内宜男との再開であった。小一時間の再会のなかで「戦争の話を聞いた」後、戦地に向かう陣内を見送った竹内が向かった北京（一〇月一三日に日本軍を背景として成立した臨時政府が北京と改称）は、天津よりも落ち着いて見えたという。しかし竹内と同じ境遇であったはずの「三百の留学生の過半は今なお通訳のため前線に出ている。その中には生死のサダカならぬものさえ居」るなかで、「時たま通訳から帰つてきた留学生にきく話はここに記せぬほど生々し」かったにもかかわらず、「僕は北京へ来てから日毎に戦争に遠ざかる気がしてならない」と感じていた（「北京通信」⑭一〇七～一一三）。竹内は戦時下の北京――中国に何を求めていたのだろうか。

『月報』に公開されることを前提として書かれた「北京通信」に続けて、こちらは公開を前提とせずに研究会の留守を預かる同人たち宛に書かれた手紙が、「北京通信（二）」（⑭一一三～一一八）として『月報』に掲載されている。ここで竹内は、北京の固有文化を話題にあげながら多くの文学者が北京を離れ、また抗日文学派の集った『文学雑誌』（商務印書館）が刊行できなくなっていることに触れ、「かえすがえすも残念なのは、事変前に来て抗日の実情を目のあたりに見られなかったことです。たとへば家一軒借りるのも容易ではなかったという話です。しかし、人間と人間とがどんな眼付をして憎しみあったかは誰も話してはくれません」と、彼が中国で本当に見たかったもの、それは抗《あらが》う中国人の姿であったことを吐露している。ここで竹内が想定した抗いとは、目前の盧溝橋事件

図10　**竹内と交流のあったころの楊聯陞**（『哈佛遺墨（修訂本）』商務印書館，2013年より）

に始まる日中全面戦争への抗いという短絡的なものではなく、初めての中国旅行では不活発に抑え込まれていた満洲事変への抵抗の精神を連綿と受け継ぎ、特に一九三五年の冀東《きとう》防共自治政府の設置をめぐって発生した一二・九運動や一二・一六運動のような、大学生や知識人を巻き込んだ大衆による日本の侵略に対する持続的な反対運動だったのではないだろうか。そしてその抗いの対象となった日本人である竹内は、その抗いを自らの肌で感じることを願った。この倒錯した感性こそが、竹内の中国を見つめる日本人としての最大の特質だったのかもしれない。戦時下の中国にいながら、戦争を「肌」で感じられぬもどかしさ、その煩悶の中にあった竹内の生活は日ごとに放蕩の度合いを深めていったが、一方でこのころ竹内は一人の若い中国人を知ることになる。終生にわたってお互いの信頼が揺らぐことのなかった畏友・楊聯陞《ようれんしょう》との出会いである。

北京到着早々に清華大学の銭稲孫から語学の相互学習の相手として紹介された楊聯陞は、竹内より四つほど齢若い中国古代史研究の俊英であった。一一月九日に初めて会った二人は、その月の下旬から始まった語学の相互学習を軸としながらも、あるいは碁友として、あるいは若き学究者として交友を重ね、一九三九年にいよいよ北京を離れることになった竹内がその最後の晩に会ったのも、この楊聯陞であった。両者の間には、ともに後年に振りかえることになる「黙契」が存在していた。それは政治向きのこと——時局についてはお互いに口にしないということである。自然に成立したこの関係を、敗戦後の竹内は「私はあなたをいたわっていたのでしょうか。そうです。不遜にもいたわっていたのです」と、届けるすべのない手紙の中で振り返っている。その「いたわるつもりであなたを傷つけていた」のは、「文化の深さは、蓄積の量ではなく、それが現在あらわれる抵抗の量によって測られるということ、あなたがその一端につながっている北京市民あるいは全中国民衆の眼に見えぬ抵抗がどんなに大きかったかということ」に「文化問題として気付いていないこと」に原因があったと、悔悟の念を表している（「中国人のある旧友へ」⑬六一～六四）。一方で楊聯陞の政治的沈黙を、「沈黙の抵抗派であることを私はみぬいていたし、私がみぬいていることを彼は知っていた」とも振り返っている（一九六二年、楊聯陞来日時の日記、⑯二一七）。

戦後の話になるが、アメリカに渡った楊聯陞との連絡もやがて回復し、両者は終生の友誼を交わすことになる。これは政治的な不幸な背景にもかかわらず漢学や文化一般についてしばしば意見を交わし、また良き碁友として闊達に交わった北京時代があってこそのものだったろう。また、戦時下にありながら戦争を肌で感じることのできないことをもどかしく思っていた竹内にとって、この「沈黙」によって抵抗する中国人の実際を楊聯陞との交流から感じたことはかけがえのない体験であったろうし、またその後の竹内の中国認識の基底をどれだけ支えたことであろうか[*]。

＊竹内と楊聯陞との交誼については、山田智「竹内好と楊聯陞」（『静岡大学教育学部研究報告〈人文・社会・自然科学篇〉』第六六号、二〇一六年）参照。

　さて、竹内が最初に居を定めたのは、紫禁城の北に続く景山公園から東に二キロと離れていない南弓匠営南椿樹胡同《フートン》であった。朝陽門から入ってすぐの「まがりくねった袋小路の、一番奥」の「鄭という家の、狭い北向きの部屋」が北京での寓居となったが、竹内は「その部屋がいやであった」と率直に語っている。その理由は部屋の狭さや北京城の東城壁に近すぎるがゆえに生じる採光の悪さのほかに、来客に「勧める椅子にさえ事欠いたみすぼらし」さが大きく、竹内はこのみすぼらしい部屋を来客に見られることを気恥しく思っていた。この思いが堪えがたいほどに肥大化したのが、佐藤春夫の突然の訪問であった。すでに四月二四日に田中克己から、そして五月一二日には保田與重郎より来訪を予告する葉書を受け取っていたが、それでも一五日に佐藤竜児・保田に伴われての雨中の佐藤春夫の訪問は、竹内にとって唐突なものに感じられたようである。竹内はこの後、体調を崩した佐藤の入院にも付き添いながら翌月初頭までを佐藤の応接に費やすことになる。

　佐藤を応接する間の五月二五日、竹内は待望の転居を実現する。すでに二二日に下見を済ませ、「頗《すこぶ》る気に入」（⑮二一四）っていた新居は、南弓匠営とは朝陽門北小街という通りを挟んで紫禁城側に隣接する「東四《トンスー》」とよばれる街区にあった。こうして北京に到着いらい――一九三八年の一月五日から二六日の間、内務省事務官であった赤羽穣の顧問となり毛家湾にあった公館に住みついた以外は――北京生活の拠点となっていながらも、ついに竹内が良い感情を持つことができなかった胡同の一室をようやく離れることになった。「しかし、その部屋がいやであったということは、つまり、支那がいやであったということである」（「佐藤春夫先生と北京」⑭二八九）と、このときの否定的な感情が持つ思想的な意味を竹内が自覚するにいたるのは、留学から帰国したのちのことである。

新居のあった東四は南端の一条から数えて最北を一四条とする街区で、この一四条の外側には、清末の改革派政治家・梁啓超《りょうけいちょう》の旧宅などもあった。竹内が居を構えたのはちょうどその中央を横断する七条の一角にあった胡同で、「南に向いてガラス張りの廊下のある、広い独立の一棟であった」。竹内にとってこの新居は快適だったようで、「ボーイを雇い入れ」「庭に草花を植えさせ」た。こうして待望の新居での生活を機嫌よくはじめた竹内であったが、やがてこの新居での生活も、「もの倦く、日を過ごした。支那語の学習をやめた。次第に、酒をのむようになった。おしまいに、取りかえしのつかぬことが起こって、僕の留学の期限は切れた」（同前、⑭二八九）と、竹内にとって不満足に終わった留学生活の象徴のような時期として記憶されることになる。

実際には、この新居に移ったころの竹内は、在北京の日本人や楊聯陞（字《あざな》の「蓮生」名義での執筆）をも巻き込んで「北京特輯号」と銘打たれた『月報』第四二号の現地編集に取り組み、また七月一二日から一一月二七日の間は、北京留学に来た飯塚朗に寓居の一室を提供して共同生活を営んでいるし、さらに三月から日本語講師を務めていた近代科学図書館の職を辞し、九月から北京大学理学院――日本占領下の臨時政府が偽置した北京大学――の講師に転じるなど、一面では留学生活の充実を感じさせる日々でもあった。が、こういった多忙さの反動だろうか、このころから日記には飲酒と女性に関する記載が増えはじめ、また隣家の噪音への不満からさらなる引っ越しを考え始めるなど、精神的な

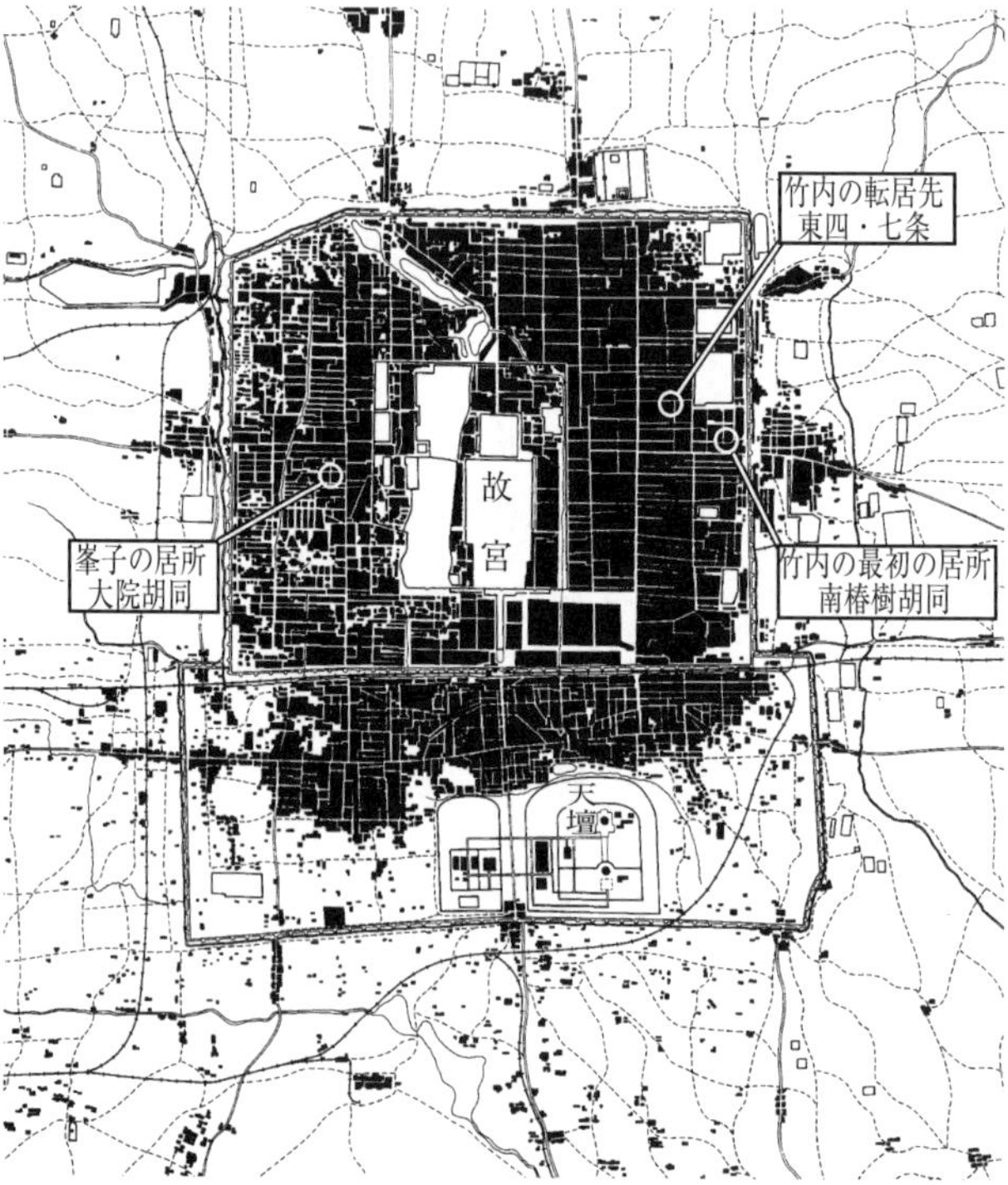

図 11　城壁があった頃の北京の地図と留学時の竹内および峯子の居所（陳正祥編『中国歴史・文化地理図冊』原書房，1982 年，に加筆）

後退面に入りつつあった。

そんな竹内のもとに届けられたのが『月報』の第四四号だった。一一月一八日の日記によれば、竹内は手元に届いた『月報』に載せられた武田泰淳の「北京の輩に寄するの詩」に感動したとある。竹内は武田の詩のどこに感動したのだろうか。『月報』第四四号は武田の詩を雑誌のちょうど真ん中に見開きで載せているが、巻頭には「一家言」と位置づけて「土民の顔」という戦地にあった武田からの、檄文にも似た独白を載せており、これが武田の詩の序もしくは詞書とでもいうべき内容を持つものであった。武田はいう。「アジア的なるもの、東方文化の一つの源流をなす支那を形づくつてゐる」「此等の住人はおそらく大部分の支那研究者、支那旅行者の眼にとまらなかったやからでありませう」、と。また「文化人・東方における知性の華を花咲かせることを夢みる人は、一人の農民の表情の中に人間の表情をよみとる深い愛がなければなりません」ともいう。そして、「勝手な独断を押し付ける態度ではなくて、あらゆる法則や概念の束縛を離れて、流れ溢れる東方の文化の泉に浴する謙虚な姿がほしいものと思ひます。そのために苦悩しそのために絶望するともなほその影を追ひもとめる情熱は、静かに思索する者の胸にこそ宿りうるでありませう」としめくくった。

翌一九日、相変わらずの隣家の喧騒に負けた竹内は、昨日受けとった武田の詩を早口で朗誦しようとしながらも舌がもつれ、また武田の詩に応える詩をつくろうとしながら行き詰ってしまう。竹内は、武田の詩のどこで舌をもつれさせ、何故に詩作に行き詰ってしまったのだろうか。武田の詩は謳う。「北京に集いし我等が輩よ／中支からでは悪口もとどかぬなれど／かくもあこがれの一角に集りし輩に／何か言はずに居られようか」と。同じ中国文学研究会の同人も、あるいは戦地にバラバラに送られているのにたいして、北京留学組は次第に数を増していた。そんな北京留学組を武田は「今お前等あこがれの北京の秋／澄みたるは北京の空だけで／お前等の眼は黄塵に濁つてゐるだらう／黄塵に濁るとは何たる幸福者ぞ」と断定し、その彼らに対して「北京の輩よ腸を出せ／たとへ売られ行く豚の腸より安くとも／落ちて黄塵にまみれるであらう」と求める。最後に武田は「自分でわからぬT君の脳と」と北京留学組を個別に名指ししたうえで、「やがてちぐはぐのお前達の中から／どんな子供が生まれようが／大陸のことだかまふものか」と突き放す。

竹内はこの詩に肺腑をえぐられる思いだったのではなかろうか。その夜のうちに「東京行きの空想にふける」ようになる。「精神の転換」を求めざるをえなかったのである（⑮二五一）。しかし現実には簡単に帰国ができるわけでもなく、竹内は日常生活に放蕩の度合いを増すことで、武田が突き付けた指摘から逃避し続ける。一二月四日の日記には「昨年北京へ来てから三、四月頃までの生活の印象はあざやかである。今日記をよんでもあざやかであるが、それ以後のはあざやかでなし。また日記に書くべきことをもらし、書かなくてもいいことばかり書いてあるのも、またいやになる点なり」（⑮二六六）と、自らの北京留学生活とその記録を振りかえるが、一度崩れ始めた生活が容易に立て直されるはずもなく、放蕩の記録と化した日記もまた、饒舌さを増していった。

年が改まって一九三九年、北京留学最後の一年は、竹内にとって待望であったはずの一時帰国が二度も待っていた。二月下旬、竹内は父親の希望にしたがって見合いのために帰国した。この縁談は後年の回想によれば、竹内の父親が竹内を「自分のうまれ故郷へつなぎとめておきたい」がために、「嫁を信州から迎えること」を画策したものとされる（⑰三四）。ひとたびは信州松本の奥座敷・浅間温泉まで足を延ばして見合いをした竹内だったが、松本に向かう前日から発熱していた父は、竹内帰郷の翌日、あっけなく亡くなってしまった。「父の死によって私は動揺し、いくらか妥協したい気持ちもあった」が、葬儀を終えて四月下旬に一度北京に戻った後の六月、亡父の遺骨埋葬のため再び日本に戻った竹内は約一ヵ月の滞在の間にこの縁談に正式に断りを入れつつ、留学の予定通りの切り上げと『月報』の市販雑誌化の構想などを固めた。留学の片づけ程度の期間となった最後の北京行きでは山東半島の青島行きの船を利用し、青島から北京に向かう途上の周村（現在は山東省淄博市の一部）で軍務についていた弟の潔と再会した。「激しい気性」で竹内家を支えてきた父の死に「困惑」したという竹内は、この再開した弟に「家の事情を話す」も「父の死には互いに触れ」なかったという。

様々な感慨の下、七月一九日、「五十日ぶりに北京に帰」ってきた竹内は、七月二三日、料亭「万寿」で峯子という女給にであう。「インテリめいてやや美しく話あいそう」というのが最初の印象であった。これが八月二日の日記では早くも「万寿のみねちゃん」となりその身だしなみに「好感が持てた」といい、八月五日の記載では「みね坊」と茶化したような書かれ方となる。以前つきあいのあった芳子への思いにもさいなまれながら峯子に振り回されていた八月一八日、中南海を案内した竹内は、初めて彼女に「哀恋の情」を感じた（⑮三一九）。二二日には腕を組んで歩くまでになり、煩悶の夜を過ごすこととなる。結局峯子との関係を「多くの人々の噂とな」るまで親密化させた竹内は、彼が住んでいた東四とは北京市内では正反対の「西四」に近い大院胡同にあった峯子の下宿をしばしば訪れるまでになる。「みね坊」から「峯子」へと日記の表記も変わっていった。

九月七日に北京を離れた峯子への思いを、歯痛に苦しみながら暮らせた竹内であったが、峯子を「結婚の対象として思ったことは不思議に一ぺんもな」かった。二八日には北京に戻った峯子を迎えた竹内であったが、この日を境に二人の関係は次第に冷めて行き、竹内の自覚としては一〇月七日が峯子への思いが終わった日となる。それ以後、竹内は自らの峯子に対する思いと、また峯子自身の思いとを反芻しながら帰国の準備に追われることとなる*。

＊峯子との関係が竹内にどのような影響をあたえたかを文学という側面から論じたものに、岡山麻子『竹内好の文学精神』（論創社、二〇〇二年）および余禕延「竹内好の文学観の形成―北京留学を契機として」（『立命館文学』六六二、二〇一九年）がある。

竹内の留学期間中の記録は、一九三九年一月七日までの一部が「二年間」として『月報』に抄出されたほかは、「北京日記」として全集に収録されるまでは公刊されることはなかった。全四冊にわたるこの期間の日記のうち、第三冊目（一九三九年四月二八日～一二月一二日）の七月五日からは、それまでの縦書きが横書きに改められているという。こうして今、竹内の日記からその留学生活を復元してみると、特にこの最後の三ヵ月半の記録は、留学の記録というよりもむしろ竹内の私小説といった趣が深い。峯子という一人の女性、その過去への思いを馳せながら自らの情意と向き合う。中国現代文学からやや遠ざかり、岡本かの子を耽読しながら過ごした留学生活の後半を記録した文章からは、文学青年であった旧制高校時代のむかしに『校友会雑誌』に小早川素夫名で発表した「男たち」（⑰五九～七〇）と題する小説の息遣いを、たしかに感じ取ることができる。当初の思いとは異なり、あるいは時勢に巻き込まれながら、思いに任されぬ二年間を過ごした竹内だったが、この後半の日記は、以後の人生を文学研究者・思想家として生きてゆく竹内の、文学青年としての筆致を素直に走らせた最後の記録として自らの人生に秘め続けたものだったのだろうか。

(2) 「中国」と「支那」——差別性との正対——

一九三九年一〇月一五日、竹内は留学を終えて北京を発ち、二一日に東京に到着した。それからまもなくして、さまざまなことが竹内のなかで一区切りついたのであろう、大阪高校の同級生ですでに日本浪曼派の中心人物として活躍していた保田與重郎や武田泰淳らに会っている。竹内は、北京時代にもすでに「近代の超克」論や東亜協同体論に関心を向けつつあったことが、「『文藝春秋』よむ。座談会面白し。亀井勝一郎相当のものなり。それと杉森孝次郎の議論で東亜共同《(ママ)》体とか新秩序の意味少しわかる」(「北京日記」一九三八年一一月一四日、⑮二四八)といった「北京日記」の記述からみてとれる。竹内は戦後も亀井にたいしては、彼が侵略戦争と帝国主義戦争を分けて前者にのみ責任を負おうとした点で高い評価を保持していた(「近代の超克」⑧三一〜三四)。このような「近代の超克」論や東亜協同体論への傾倒は、すでに抗日の影をも喪失した北京で暮らすことの居心地の悪さから抜け出したいがゆえに、日本の侵略を糊塗する論理を模索するなかで生じたものといえよう。*

＊のちに竹内はこの北京での二年間を回顧して、「すさまじい叫喚に、街中がひしめいているような気がし」てしばらく街へ出ないと街の相貌は変わり、「うきうきした、開拓者気分だけがあるように思え、そうした空気がいやでたまらず、しかし、それを如何ともしがたい自分の無力さに腹が立って、否定的な感情だけが募った」といい、「いま考えれば、あのカメラをぶらさげた開拓者群の氾濫も、懐しい風景の一つに過ぎないのだが、そんな余裕はそのころはなかった。僕も、やはり事変に興奮していたのである」と記している(「蒙疆の印象」一九四二年八月、⑭三八二)。

翌四〇年二月四日、竹内は保田を訪ねたあと、「真実かなわぬ気がし、保田という男、並々ならぬえらさがあると感じた。ものを全体的に感じ、鋭く判断し、その判断が人間的基調に立っている感じであった。俺などよりはるかに広い感じであった。帰ってからみじめな自分が省みられた」と、彼に対する敬意の念を書きとめている（「北京日記」一九四〇年二月四日、⑮三八七）。召集解除となって帰還していた武田と会うのも久しぶりで、武田が持ってきた『中国文学月報』の原稿に、「支那を愛することなく研究する態度はいけない」と「割に素直に書いている」ことを、竹内は「自分の悪い影響を受け出したのではないかと云う気もする」といいつつ内心ほくそ笑むのであった（同前、一九三九年一二月五日、⑮三七一）。また同じころ、歴史学研究会例会で日支文化交流の史料の話が持ち上がり、さらに「日本語の本の展覧会」をやろうという話にもなったといい、竹内は「こういう話をしていると、またいつか昔の情熱が少しずつ返ってくる」と記している（同前、一九三九年一二月七日、⑮三七二）。

それから一ヵ月余りのち、竹内は武田と会って話をしたあとに、「俺の生活が近頃充実してきたように感じ、それをためしてみたかった。何か迷うものがなくなった感じなり」とも記している（同前、一九四〇年一月一八日、⑮三八二）。武田によると、そのような竹内は「文化的昂揚期」にあった。竹内自身も、「そうかもしれぬ。鬱々たるものがあるのは本当で、今度こそと云う気がしきりにする」とそれを認めた上で、「何かしなくてはならぬ。『コギト』の連中とも交ってみたいと思っている。俺はあまりに世界がせまかったのかもしれぬ。俺は自信が出てきたようなり」（同前、一九四〇年二月四日、⑮三八七）と書きとめている。『コギト』は、保田與重郎・田中克己ら大阪高校の卒業生たちが中心になって一九三二年から発刊していた文芸同人誌であった。

一方で竹内は、武田が「不思議な気持」を訴えるのを「文化の基礎がゆらぐ気持だろうと思う」と言って「目黒村の不安」と名づけ、自らの北京生活も実は「そういうものの連続であった」ことを告白している（同前、一九四〇年二月四日、⑮三八七～三八八）。それから抜け出しての「文化的昂揚期」は、これまで彼の視野に入っていなかった東亜協同体論や『コギト』誌上での議論などに可能性を見出すことによってもたらされた側面が大きいのではなかろうか。

なお竹内は、一九四〇年三月、定職を得るために回教圏研究所の研究員となってイスラーム研究のなかの中国部門を担当し、召集されるまで務めた（「わが回想」⑬二四五～二四七）*。回教圏研究所は、イスラム学会を母胎として一九三八年三月に設立された回教圏攷究所が機構改革によって改称されたもので、日本が日中全面戦争に突入していくなかで直面した中国における「回教徒問題」に対処するための国策の一環にほかならなかった**。

＊竹内のイスラーム認識については、臼杵陽「竹内好のイスラム観―戦前と戦後のあいだで」（安丸良夫・喜安朗編『戦後知の可能性―歴史・宗教・民衆』山川出版社、二〇一〇年）で論じている。

＊＊詳しくは、臼杵陽「戦前日本の「回教徒問題」研究―回教圏研究所を中心として」（『岩波講座「帝国」日本の学知』第三巻〈東洋学の磁場〉、二〇〇六年）を参照。

『中国文学月報』が『中国文学』と改められて市販雑誌となったのもこのときであった。竹内はいう。

「私たちは巨きな流れが私たちを押し流そうとする力に抵抗することで自分の存在の確かさを自覚し励みとした。その巨きな流れが今は逆流して再び私たちを押し流そうとするように思う。その流れにも一度脚下を洗われてみるために私たちはこの冊子をも一度発足したいと思っている」と（「『中国文学』後記・第六巻」第六〇号、一九四〇年四月、⑭一九九）。

そうはいいつつも、竹内の「支那の現代文学」への興味の減退を押しとどめることはできなかった。その原因の一つは、「僕らの自由に見得る範囲の刊行物には今の支那人のもっている考え方や感じ方の匂のようなものが（言葉の理屈でなく）あまり嗅ぎ出せない」ためであり、そうなると「高等学校の校友会雑誌を読んで日本文学を論じようとするようなもので、そういうことからも僕はだんだん支那の現代文学を考える興味がなくなるのではないかという気がする」と述べる。そして日本の文学者の上海紀行には「心牽かれるもの」がないことをあげ、「今の支那には日本の文学者を不安がらせるものさえないのだろうか。かあいそうな支那、と僕らは思う」と記している。そうしたなかにあって魯迅はすでに、「ちかごろになって、気がつくと魯迅を思い出していることが時々ある」という存在になっていた（同前、第六二号、一九四〇年五月、⑭二〇二～二〇三）。

竹内がこうして「支那」の「現代文学」に興味を失っていったのは、彼のなかで、のちに前景化する「近代」＝「現代支那」の超克が頭を擡《もた》げてきていたことと不可分であろう。北京で抗日運動の実態が見られず、あるべき抵抗の「近代」をつかみとれなかったことが、茫漠たる「不安」に結びついていったのではなかろうか。しかし竹内は、そうした状況を作り出している要因を、人びとが多々陥りがちなように中国民衆に求めるのではなく、あくまで日本の側に見出そうとし、自らがどれだけ中国の民衆を理解しえているのかとの問いを直接間接に発し、自己に内在する差別性と正対していった。一九四〇年七月、『中国文学』第六三号の「後記」に書いた「支那及び支那語に関してわれわれは満足な字引を持たない。それは何故であるか、またわれわれの文化に対してどういう意味を持つかを考えたかった。それにはまずどんな字引が出ているか知る必要があった。この問題は僕らに解決がつくまで何度でもくり返す」(⑭二〇三〜二〇四)という一節がそれであり、翌月号に「支那と中国」と題する文章を寄せ、その二つの呼称を入り口にしながら自らの中国認識を問うていった。

竹内が問題にしたのは、かつて自分たちがしてきたように、漢学、支那学と対決するために「中国」と称することで、あたかも中国に対する「侮蔑」から免れているかのような意識に陥ってはいないかということであり、それは、当該時期の日本と中国の非対称な関係のなかで、はたしてそこから免れることが可能なのかという根源的問いに発していた。彼は、「中国という言葉を会名に用いて少しの疑惑も抱かなかった」自らの意識を直視してこのように述べる。

> 多少の支那文字を読み習い、多少の支那人と識った僕らは、支那人がどんなに支那とよばれることを嫌うか、逆に中国とよぶことが彼らをどれほど喜ばすかという、頗る単純な国民心理の洞察に基いてこれが応用を企てたわけである。僕らが支那人を愛したかどうか、いま遽かに云えぬ。少くとも僕らは、支那人の識るところとなり、彼らに好意を抱かれることを以て自身の仕事の有利に展開すべきを信じたのである(⑭一六二〜一六三)。

自己を振り返って次のようにもいう。

僕自身ものを書く場合、やはり中国という言葉の方を多く用い慣った。中国語とか、中国人とか、熟さぬ言葉も幾重なれば親しさを増す。親しさを増せばそれはやがてわが言葉となる。僕は自分を他と分つ欲望を感じた。漢学や支那学の伝統を打ち倒すために、中国文学という名称は是非ともこれを必要としたのである（⑭一六四）。

「中国」と「支那」の言葉の起源等をたどりながら自分の「欲望」を見つめての煩悶は続き、そのなかで見出されたのは、北京に暮らす二年間に「支那という言葉に忘れていた愛着の念を再び感じ出していた」ことであった。竹内は、自身に言いきかせるように次のように述べる。

僕は理屈で中国をきらったわけではない。僕は自分に支那がふさわしいと直覚したのである。支那こそ僕のものだ。ほかの何ものよりもそれはいま僕の心情にかなう。見栄や虚飾は人を疲らせ《ママ》るばかりではないか。僕には支那が丁度いいのだ。言葉は言葉としてのいのちを自ら生き栄えよ。僕が支那人を軽蔑しようとしまいとそれは僕だけに繋ることだけだ。僕はただ言葉の古調を愛し、つたない生の慰めとしたいだけだ。僕はこの心の風景を何と説明したらいいか。ああ、願わくばこの世の賢者たちよ、ここに到ればもはや僕の饒舌はまともに自分を描きかねるのである（⑭一六七）。

竹内が「軽蔑」につながる危うさを引きうけてまでも「支那」にこだわったのは、近代の衣をまとった「中国」というよそよそしい呼称にはおよそなじまない中国の民衆を目の当たりにしたからにほかならなかった。二年間北京に暮らして「生涯かかっても解ききれない人間の運命の重荷」（④一六七）を感じはじめていた彼をよりいっそう追い詰めたのは、その「重荷」から解放される時間であったはずの、洋車に乗っているときに車上から目にした「走る機械」となっている車夫の存在であった（④一六八）。「洋車ひきの男たちを友としてしばしば自虐的な快感を貪った」自分と同様の「放蕩無頼の留学生」を、「家畜のように従順に、路傍の闇に主人の帰りを待ち明か」す（④一六九）その姿を思い起こしながら、同じように「中国」と「支那」の間で葛藤したであろう中国の知識人梁啓超や郭沫若、そして蔡元培《さいげんばい》にも思いをいたらせながら、竹内の煩悶は終わりを知らないかのように続く。

> 車夫に支那人を発見して僕が支那という言葉を使うようになったとすれば、説明はまことに簡単だが、実際はそんなわけではない。たしかに彼らは支那人である。厚手の絨毯を敷きつめた客間で、相手の顔色を窺いながらおずおず口に出す中国人という日本語の響きは決して浮んでこない。だが、それだけなら、直接彼らに接する前に、日本の畳に寝ころんでパアルバックでも読んでいればそれでいい。ながなが洋車ひきの物語を綴ってみるのも、故《ことさ》らに寓意を弄《もてあそ》ぶ意味では勿論なく、僕らの中国文学が危い哉とはっきり嘆いてみたいのである。中国文学といい、中国文学研究会という。そう云ってみたところで何になろう。年老いた洋車ひきの裸の背筋を流れる汗を見つめて、この者に何を加え得るかと問うのである。訪うことの無意味を説明しなくていい。加え得ると答えることも、加え得ぬと答えることも、同様に無意味であろう。それは僕から近代の文学を截り離す働きだけはあるのだ。茫漠たるもの、これを天地といい、これを混沌という。現

世に栄えた人間も、いつかは滅亡するにちがいない。人間の帰属するある種の本源なるものは、これを民族の名でよべば、それは支那民族のことではないかと僕は思うのだ（④一七一）。

しかし、「僕の感興はなかなか造型されて出て来ない」ことを自覚せざるを得ないため、「結論に当る理窟」にいたる。

　今日、支那を中国に代えんことを主張するものは、どれだけ支那人の支那という言葉に対する感情を知悉しているか。また論者は、日本語の語彙に中国という言葉を挿加えることに幾許の自信があるか。過去に支那と称したことによって、たしかに支那を侮蔑したか、いま中国と称することによって、必ずこれを軽蔑せぬか、何人も己の胸に問うことなくして言葉の問題を提出するとするならば、文学の背信これより甚しきはないであろう。（中略）もし支那に支那人が侮蔑を感ずるならば、その被侮蔑感を僕は払拭したい。いつか支那人の前で、ためらうことなく、相手の気兼を忖度することなく、はっきり支那と云いきれる自信を養いたい（⑭一七二）。

それは、言葉の言いかえではすまされないという、当初の問いに戻るだけのものにはちがいなかったが、「支那」と「中国」という呼称の問題に託して、中国の現実と直面した自らの苦悩を正面から見つめ、それが切々と開陳されたのであった。

　あるときには竹内は、「巨大な建造物の崩れかかるような幻覚」に襲われた。「その崩れ落ちるのは勿論われわれ個人の力で支えきれるものでないことは承知しているが、目まいがしてならない。棒切れ一つ持って駆け出したとて仕方ないから、じっと坐っている方がいいのだ。しかし坐っていることは苦しい。苦しければ苦しいままに人はやはり形象に縋《すが》りたくなるものだ」（「『中国文学』後記・第六巻」第六八号、一九四一年一月、⑭二一〇）と、その苦しみが語られる。しかし一方ではまた、何もなしえない情勢の下で焦燥感を抱くなか、「支那問題や雑誌の統制の上にもいろいろの問題があった」が、「僕らの雑誌があるだけで日本の文化が維持され、支那の日本への敬愛が保たれるという不幸な状態の自覚は、態度としてやはり今日から明日へ引継がれなければならないであろう」（同前、第七〇号、一九四一年二月、⑭二一一）と「支那」を愛し愛される――たとえそれが前述のような問題を孕んでいたとしても――気持ちのみを保持しつつ地道な作業を続ける決意をも記すのであった。

　竹内が「国語運動」をとおして「支那」における近代の成立の問題に向き合ったのも、その思いの延長線上のことであったといえよう。同時期に『支那語雑誌』に連載した「支那の国語運動」のなかで、「支那の国語を成立せしめた決定的な時期」は一九一九年を中心とする「文学革命という文化運動の時期」であるとして、胡適が主導した文学革命の時期に、「近代国家と共に発生する国民文化」としての「国民の言語」の成立を端緒を見出している（⑭二一八～二一九）。しかしながら竹内は、「政治革命が不徹底であったように、言語の問題もまだまだ未解決の点が多」く、「民族の伝統の中に古典化し得るような雄大な国民文学が生れていないことも、支那の国語が今日なお完成の域に届いていない証左」（⑭二三五～二三六）との指摘も併せて行っている。

　竹内はその原因を日本の側にあると受け止めたがゆえに、ここでは言語を通して日中双方のネイションの成立のあり方を追究することに向かう。しかしその際にも彼は、日本と中国が「同文」で

「文字が同じだから言葉まで同じであると考えるのは絶対に誤である。こういう誤解のために、どれだけ感情の疎隔が発生したかわからない」と、安易に中国と日本を同一化させてしまうことを強く戒めるのを忘れなかった。その上で、「日本と支那とが、今日共通の文化圏を有つことの必要が痛感されるならば、まず手近な国語運動から出発して、共同の漢字整理に当ることは可能でないだろうか。私は、可能であると考える。勿論、そのためには、漠然とした同文という観念でなしに、それぞれに国語を深く研究してその限界を自覚することが先決要件をなすのは云うまでもない」（⑭二四〇～二四一）と述べて、文化のレベルでの対等な交流を模索していたのである。

しかし同時期に、竹内は次のようにも記している。

> 私たちは、いつも霞に似たものを距てて支那を眺めている。支那は、身近にはあるが、とらえがたい。支那で考えた支那と、日本へ帰って考えた支那とは、全くちがうような気さえする。（中略）事変ののち、何年ぶりかで北京を訪れたときは、あまりにも北京の変りない姿に驚かされた。それは、昔のままの北京を再び見た喜びとともに、混乱に取残された何かみじめな北京への反発でもあったのである。しかし、その鷹揚な北京も、私の暮した二年間に、事変前は想像も許されなかったほど激しく相貌を変えてしまった。その変化のあわただしさに、私もいつか自分が「老北京人」のような気持になり、街の騒音を厭って、柳の古木のある寓居に籠りきる日が次第に多くなっていった（「支那の子供」一九四一年四月、⑭二五三～二五四）。

自らが求めてきた北京＝「支那」の思い通りにいかない現実が語られており、そうであるがゆえに竹内は、やがてそうした「現代支那」すなわち「近代」を〝超克〟することに突破口を見出してゆかねばならなかった。

(3) 「無気力」からの脱却――「大東亜戦争と吾等の決意（宣言）」／「世界史の哲学」の発見――

竹内と武田泰淳は、アジア太平洋戦争が始まる前のころは一日か二日おきに互いの間を往復していたという。そんなときに訪れたのが、一二月八日の日米開戦の報であった。竹内は後年、当時の日記を読みつつ、次のように回想している。

> たとえば、武田が来たと。何を話したかというのは書いてないんですが、何か非常に悲観的であるとか、そういうことが書いてある。それは自分の裏返しなんですね。裏返しというか、同じなんですよ。非常に無気力な時代です。われわれも、そこにいたわけですね。それがふっ切れるのが、十二月八日なんだ（前掲「わが回想」⑬二五六）。

竹内がこの時に直面して、「大東亜戦争と吾等の決意（宣言）」（『中国文学』第八〇号、一九四二年一月、⑭）を書いたことは周知であるが、それは、日中全面戦争以後の侵略戦争という認識のもとでは「自身を否定するより仕方なかった」心情から出発したものであり、その「宣言」のなかにいう「無力」な自身の否定から肯定にいたらしめるためのものであった。したがって、前節で述べた、「盧溝橋事件」後の中国社会と向き合う竹内の深い苦悩を踏まえずしてこの「宣言」を論じることはできない。

「宣言」は、自らを奮い立たせるように、「歴史は作られた。世界は一夜にして変貌した。われらは目のあたりにそれを見た。感動に打顫《うちふる》えながら、虹のように流れる一すじの光芒の行衛を見守った。胸《むねのう》ちにこみ上げてくる、名状したがいある種の激発するものを感じ取ったのである」という高揚した文章からはじまる。

率直に云えば、われらは支那事変に対して、にわかに同じがたい感情があった。疑惑がわれらを苦しめた。われらは支那を愛し、支那を愛することによって逆にわれら自身の生命を支えてきたのである。支那は成長してゆき、われらもまた成長した。その成長は、たしかに信ずることが出来た。支那事変が起るに及んで、この確信は崩れ、無残に引き裂かれた。

ここで語られる「支那」への「愛」、そしてそれがゆえに「舵を失った舟のように、風にまかせてさ迷った。辿り着くあてはなかった」というのも紛れもなく真実であろう。「現実はあまりにも明白かつ強力で、否定されようがな」く、「くよくよと思い煩らい、一も行動に出ることなく、すべてのものを白眼に視た」という。そして「われらは、いわゆる聖戦の意義を没却した。わが日本は、東亜建設の美名に隠れて弱いものいじめをするのではないかと今の今まで疑ってきたのである」(⑭二九五〜二九六)。ところが、「強者」すなわち欧米帝国主義に対する「東亜」の「民族解放」のための宣戦布告と理解することによって、「積年の鬱屈」が解消された。後述するように戦後も竹内は、この戦争がアジアへの侵略戦争としての側面を持っていたことは受け入れても、欧米に抗する対帝国主義戦争としての側面があったことを否定せず、それゆえにそのことが克服すべき西洋＝文明開化と、引き継ぐべき東洋＝伝統という構図として竹内を拘束し続けたのであった。

一二月八日にはじまるその年の「日記」*にも、「宣言」と同じような心境が次のように綴られている。一二月八日の日記の内容は以下のようであった。「一億国民は今たしかに一致したと思はれる。不思議なことである。昨日まではどうしても否定的にしか考へられなかつた。今日はそのもやもやがふき飛んだ感じを掩ひえない。政府の処置も当を得てゐる」。そうして「自分が召集されるだらうと云ふことはあまり念頭に来ない」とはいえ「たゞいろ〳〵の始末をしておかねばならぬとは思ふ」との覚悟も余儀なくされた。しかし、「何べんか涙のこぼれさうな澄んだ気持に襲はれた。あまりの以外さから来る興奮でもあるだらう。二・二六以来のショックである。しかし、それだけではないやうだ。日露戦争のときのことが想像される。いろ〳〵の不平不満が一瞬にして消えさる心理と云ふものも、やはりあるのかもしれない。千載一遇とは全くこのことだ。緊張は長くつゞかないかもしれない。しかし、今までなかつた国民的自覚が少しづゝでも沸き上つてくるのも事実なのだ」。竹内は、自らの身に及ぶ召集という不安にも勝る興奮を味わっていた（前掲「竹内好の手紙」）。

＊単行本に添える予定で起こしてあった「日記」である（前掲「竹内好の手紙」『辺境』第三次季刊五、一九八七年一〇月秋号、二頁）。

「十二月十三日（土）」の日記も、一〇日の「海軍の大戦果発表」に「何とも云へぬ壮快な気持」を味わったとの感慨にはじまり、「支那事変に何か気まづい、うしろめたい気持があつたのも、今度は払拭された。支那事変は今度こそは立派に生きた」といい、中国史研究者の野原四郎が「とにかくこの戦争は進歩的な戦争だ」と発言したことに同意しつつ、「これを民族解放の戦争に導くのが我々の責務である。支那事変もそのやうになつて、はじめて生きるであらう。戦争は大東亜戦争と命名された。今や我々も自信を得た」と記している。竹内は、この年の四月から東亜研究所および京北実業校で中国語講師をしていたが（「年譜」⑰）、それも早くやめて「本当の仕事にかゝりたい。やりかけてゐるのを片つけて、現代中国史と『三民主義』の翻訳とにかゝりたい。今こそ本当の仕事をやるべき時だ」と綴っている。「うしろめたい気持」の「払拭」は、実はそうありたいという願望でしかなかったのではなかろうか。それゆえに「本当の仕事」をすることで「うしろめたい気持」を懸命に乗り越えようとしていたのではないか。

「十二月三十日」の条には、『中央公論』新年号の座談会「世界史的立場と日本」を読んだ感動が、「息もつけぬほど面白かつた。いづれも西田幾多郎の弟子であるが、西田哲学の幅広さがよくわかつた。（中略）東京の連中、これから見るととても問題でないやうな気がした」と記されており、竹内の関心が急速に「世界史の哲学」へと向かっていったことがみてとれる。高坂正顕・西谷啓治・高山岩男・鈴木成高という、いわゆる京都学派の人びとによって行われたその座談会は、「意外にも世上多少の注意を惹」くこととなり、そのあと同じ顔ぶれで第三回までなされ、それが『世界史的立場と日本』と題して一九四三年に中央公論社より単行本として刊行され話題を呼んだ。その座談会は、ヨーロッパ中心主義を否定し、「新しい世界史的事態を把握」するための「世界の革新」を掲げている点で、竹内の琴線に触れるところも少なくなかったことは首肯できる。

しかし、これまでも日本の侵略の現実を見つめてきた竹内にとり、そうした転換を成し遂げることが容易でないことは想像に難くなかった。「宣言」から一年後、竹内は次のように記している。

> ちかごろ思うこと、三十年の生涯の空しさである。いったい何をしてきたか。何もして来なかったのである。今になってやっと世の中の動きが少し分りかけた。それも説明されたから分ったので、自分で開拓したのじゃない。情けないが本当である。それでも、為政者の口真似と時流への迎合を商売にしている漢学先生よりは僕らのほうがマシかと思ってもみるが、ドダイそんな比較がすでに卑屈である。これからはもっと胸を張り、自信にみちた行動をしたい。戦争を行う決意に負けないように、潔い行動をしたいと、そればかり考えている。／（ママ）それで、この機会にもう一度改めて支那を見てきたいと思っている。

うしろめたさが払拭しきれないからこそ、懸命にそれを覆い隠す「自信」をつくり出そうとしたのであろう。竹内はそのような足掻きのなかで、「一年間編輯の実務を担当してくれた斎藤（秋男――引用者）君が近く晴れの入営をする」に際しても、「大東亜戦争下に名誉の門出を送ることは、『中国文学』にとっても嬉しいこと」と記した（「『中国文学』後記・第七巻」第八一号、一九四二年一月、⑭三〇三～三〇四）。

また一九四二年二月から四月にかけては、回教圏研究所の調査旅行で中国を訪問する機会があり、その見聞の結果を次のように記している。

大東亜共栄圏に建設が現実的に進行するにつれて、さまざまな角度から将来の理想の構想が議論されていることは、まことに喜ばしいことである。われわれは歴史を作りつつあるという自覚に立っている。真の大東亜の建設は容易なことではないが、いつかそれを実現するという希望は、決して見失うことがない。そういう希望の下に、将来の新しい世界を建設する足場となるべき現在の東亜共栄圏内の諸地域を眺めてみると、あらゆる点に於いて、その雑多な様態に驚くのである（「東亜共栄圏と回教」一九四二年七月、⑭三四七）。

竹内はその旅行で訪問した「満洲国」をも、「一切の民族的差別待遇が撤廃されている。単一の満州国民として遇され、国法の遵奉が要求され、その代り信教の自由が保証されている。大体、日本と同様と見て差支えない」と高く評価することを躊躇わなかった。「回教徒」問題についても、「事変」を経て日本の指導が確立してからは、「単一の中華民族であるという自覚」を吹き込んできた「旧国民政府」のやり方は破棄され、「北支」に「中国回教総連合会」、「満彊」に「西北回教連合会」という回教徒の組織体が出きたことが「日本の指導によって生れたもの」として称揚されているため、「そこでは民族問題を表面に出さずに、回教徒の経済的、文化的地位の向上を図るための地味な工作が行われている。大多数の回教徒が貧窮に喘いでいる現状にあっては、いきなり政治を持ち出さないこの態度は賢明と評されよう」ととらえていた（同前、⑭三五四～三五五）。全面解決とはならずとも、民族性を認めた政策が行われていると竹内の目に映ったことが、せめてもの救いだったのであろう。

しかしながら、その後も竹内は、それで真に「民族的差別撤廃」がなされたのかとの問い返しを続けた。回教徒に接する日本人指導者たちの訴えに耳を傾けながら、「自ら創りつつあるものは、創りつつあるという自覚と、創らんとする希望の形があるだけで、完成した姿は現実には与えられていないのだ。（中略）創られたものは、創らんとする意志が必ずしも実現するとは限らない」（「北支・蒙彊の回教」一九四二年九月、⑭三七九）と、為政者の思い通りにはゆかぬことにも思いを馳せた。また、指導者の一青年による、「命令によって回教徒を神社参拝に連れていかなければならないことがある。自分は敬虔な気持で神社に参拝するが、彼ら回教徒が本心から神社に拝礼するかどうかという疑惑がいつも起る。もし本心からの拝礼でなかったら、それは神社に対する不敬でもあり、自分はその苦痛に堪えない」という述懐にも傾聴し、「僕はそれを聴いて、問題の深刻さと、微妙さに、思わず嘆声を発するだけであった」と述べる。そうして「詳しい事情を調べずに、仮定の上に立って議論を進めてはならぬほど、問題の性質は厳粛である」ことを認めつつ、「ただ、それと関連して考えられることは、宗教に限らず、すべて国内問題と対異民族の処置とは区別されなければならぬこと、また単なる些細な不注意からよく大きな事件が引き起されること、ことに宗教の場合にそれが多いこと、わが日本の文化が本質的におおらかで包容性に富んだものであること、厳粛な問題が俗吏などの手で目前の功利や低い観念に利用されることがあってはならぬこと、などである」という。竹内は、イスラームの民族意識の抹殺に大いに躊躇いを感じつつも、日本の文化が「おおらかで包容性に富んだものである」とすることでその疑念を押し込めたのであろう。竹内はその指導者たちに対して、「その尊い体験を、充分に生かして頂きたい。つまり個人だけの体験に終らせずに、われわれ大東亜の建設を荷うもの全部に分けてもらいたい。過誤は訂し、失敗は再び繰返さぬために、お互の忠告と助言を期待するために、何らかの形で自己を表現して頂きたい。われわれは孤立しているのではない」と語りかけ、現地で直接問題に接するその一人一人の体験をつないでいくことに託するのが精一杯だったのであろう。このようにもいう。「現在の指導者たちは、新しい道を行くものである。過去に規範を求め得ない。自己とその周囲だけが道場である。こうした場合、人間の弱点は、安易な観念に就きたがるものだが、今の指導者諸君が、そうした手易い道を選ばぬことを深く信じ、更に一段の研鑽を望みたいと思う」(「北支・蒙疆の回教」一九四二年九月、⑭三七九〜三八一)。「新しい道を行く」というメッセージを発することが、当該時期の竹内にできるせめてもの抵抗であったといえよう。

旅を終えてしばらく経ち、「旅の心を忘れていった」竹内をとらえたのが中野重治の『斎藤茂吉ノート』(一九四一年)であった。竹内は、それを読んで「二、三日は、世界と自分とが変ったように、ぼんやりしてしまって、ただ一つのことだけが頭にこびりつき、何も考えられなくなった」といい、「この二、三年、これほど感動を受けた書物は、他になかったような気がした」とまでいっている(「旅日記抄」一九四二年一一月、⑭四二四頁)。それが竹内をとらえたのは、「現代が「書かれている」」点であった。「それと対蹠になる」——当人の政治的立場において、という意味であろう——保田與重郎の『万葉集の精神』(一九四二年六月)にも「現代が書かれている」といい、同様のものとして和辻哲郎、「高坂正顕や高山岩男の一派」もあげている(同前、⑭四二六)。

後年、竹内は『斎藤茂吉ノート』のなかの「ノート七　戦争吟」についての感動を語っていることからも、それはこのとき竹内の心を強くとらえたものの一つであったとみることができよう。中野が「支那事変」を詠んだ作品が「強く茂吉の個に即している」ことを繰り返し評価していること、さらには日露戦争の「単純・透明」さに比して「今日の戦争は、部分的には散文的に見えるまでに厖大・複雑となり、したがってはるかに高い詩的構想・統一を要求している」ことに注目しており（『斎藤茂吉ノート』初版一九四一年、講談社学術文庫、二〇一二年）、転向後の中野と自らの苦悩を重ねたのではなかろうか。後述の『魯迅』は、この『斎藤茂吉ノート』に方法を学んだ（「『魯迅』創元文庫版あとがき」一九五二年九月、『斎藤茂吉ノート』「解説」）というのも、そのことの現れであろう。

竹内にとって「現代」を書くことは、「十二月八日を、今日まで、僕らは実現しなかったばかりでなく、実現しようとすることに怯懦《きょうだ》でさえあった。これは、やはり書けないことの方の弁解になってしまったが、書かなければならぬと考えるのも、その同じ気持から出て来るのである」（前掲「旅日記抄」⑭四二八）と述べるように、「一二月八日」を〝実現〟すること、すなわち米英との戦争を、「世界史の哲学」によって正しいものと認識する作業を進行させていくことにほかならなかった。

(4) 中国ナショナリズムとの格闘

その作業に踏みだすことに竹内は、なぜかくも怯懦し逡巡せねばならなかったのか。それは、中国への侵略戦争と日米戦争が実は切り離せないものであることを熟知していたからであろう。「決意」から約九ヵ月後に竹内が世に問うた「新しい支那文化」（一九四二年九月）という文章は、彼の中国ナショナリズムとの葛藤の証しであったといえよう。
冒頭、彼はそのことを覆い隠すように、次のように記す。

> 大東亜戦争が、支那事変を世界史的構想の中に生かしてくれたことは、私たちにとって、何とも云いようのない、ありがたいことである。（中略）私たちにとっては、歴史の書き換えにも等しかった。支那事変から大東亜戦争への発展の歴史的必然さについては、今日、私たちにとって、国民心理の黙契といったものが成り立っていて、いささかの疑いを挿むことも許されない。疑いが予想されぬほど、私たちは誇り高く、自信に満ちている。ただありがたいと思うだけである（⑭四二八〜四二九）。

もはや残された途は「決意」に寄りかかることしかなく、抱え込む矛盾を「自信」によって消し去ることしか残されていなかったというべきか。しかし彼はそこに留まることはできず、「私たちにとって明確極まりないこの同じ事実が、しかし、支那人一般にとっても、私たちと同じような明確さに意識されていると考えるのは、恐らく間違いである」という。「大東亜戦争」による衝動の受け方は、「私たちの場合とは、かなりちがった色彩と方向」によるものであるとし、次のように述べる。

> この衝動の受け方の食いちがい、東亜共栄圏の理念に対する相手の無理からぬ分らなさ、その分らなさから逆に、私たちは、私たちの受けた衝撃の非常に特殊的な国民的感動であることを読みとり、その国民的感動が、特殊的であるがために、そのままの形では相手に通用しないことの意味も覚えるのである。一口に云えば、支那人は、大東亜戦争を支那事変の延長と考えている（⑭

四二九）。

自らが抱いた「国民的感動」は「特殊的」であり、中国人に通用しないということを竹内は痛いほどにわかっており、「東亜共栄圏」に安住することの綻びを、このような迂遠ともとれる表現であっても語らずにはいられなかったのであろう。独善的なナショナリズムに陥ることなく、「国民的感動」が他者にはとうてい共有しえないことに思いを馳せることができたのは、「支那」を愛し「支那」と正面から向き合ってきた竹内だからこそであったといえよう。綻びを覆い隠さず、それを見つめ、むしろその綻びの隙間をこじ開けていくことによって、次なる段階が準備されていった。

竹内は、そのような中国ナショナリズムとの葛藤を抱え込んでいるために、「高次の立場から」の中国ナショナリズムの「解釈のし直し」へと向かわねばならなかった。次のように記す。

> 今日の支那は、南京（もしくは南京と北京）と重慶と延安との三つの政権に分割されている。私たちにとっては、重慶と延安は、超克さるべきものとしてあるだけだが、支那人の立場に立てば、私たちが南京による重慶や延安の超克を望むのと同じ度合では、中央政権の当事者と雖も、このことをそう単純に割り切って考えはしないであろう。（中略）
>
> 民族主義の解釈に当って、大アジア主義を採るか、排外主義を採るかによって主張が分れるだけである。民国革命以後、国民革命を経て支那事変に到るまで、独立の国民国家の結成という目標は、支那民族のやみがたい願望となって一貫して流れている。その延長線上に、支那事変はある（⑭四三〇）。

すなわち、「大東亜戦争」を肯定して「大アジア主義」に向かうことは「中国ナショナリズム」を排外主義とみなして否定することであり、国民政府の置かれた重慶と中国共産党の拠点とされた延安という抗日戦争の二つの中心地は「超克」の対象であった。しかし先にもみたように、中国ナショナリズムを見限ることは、竹内にはとうていできないことであった。それゆえ彼は、「私たちが重慶を憎みきれぬという国民感情の奥には、私たちの歴史観と支那の国民心理とのそのような誤差が漠然と意識されていると考えられる」（⑭四三二）とつけ加えるのであった。歯切れは悪いが、竹内には、中国民衆の立場に思いをいたらせる窓が開けられていた。

だからこそ彼は、「近代の超克」へと向かわざるをえなかったのである。なぜならば、「近代」の産物以外のなにものでもない中国ナショナリズムの否定は、「近代」を超克の対象とすることによって可能となるからである。しかも、超克すべき「近代」を擁しているという点で日本にも中国と同じ位置づけを与えることになり、そのことによって日本の側に身を置く竹内は救われるからである。

新しい支那文化は、それが真に新しいと云われるためには、従って旧国民政府の文化理念と平面に対立するものではないためには、従って大東亜共栄圏を担う国民文化に昇華するためには、単に支那という国土に成立するだけでなく、清朝以来の支那を世界とした世界観と、それの無意識の継承である旧国民政府のそれとを、高次の立場から解釈し直したものでなければならぬ。言葉を換えて云えば、日本文化を包括した、もしくは媒介としたものでなければならぬ。日本の側から主観的に云えば、大東亜共栄圏を規範とする日本文化が、その全身を支那文化に没入することによって、自らを鍛えられた輝きあるものとしてそこから引き出す過程において、対象的に支那文化をそれ自体に新しい支那文化たらしめるようなものでなければならぬ。具体的に云えば、歴史と民族の解釈のし直しから始めねばならぬ（傍点――引用者）（⑭四三一〜四三二）。

繰り返される「解釈のし直し」は、もっぱらそのような自分の内にある葛藤を押さえ込み、自身を納得させるためであったといえよう。そうしてその到達点として提示される「新しい支那文化」とは、「近代」や「民族」を〝超えた〟ところに成立するはずのものであった。その具体像はいっこうに示されることはなかったが。

竹内は、一九四三年の年頭に、「宣言」にはじまり「世界史の哲学」の発見にいたった一年間を回顧して次のように述べる。

> 大東亜戦争宣言を書いたのが去年の一月号で丁度一年前である。この一年間、僕らは夜が明けたように、はじめてはっきりした眼で世の中を眺め、自分を眺めてきた。今までわからなかったことが少しずつ分るようになった、まちがっていたことも多かったし、気づかなかったことも改めて発見した。（中略）それを個人について云うと、たとえば京都の世界史派を発見したのがこの一年間である。（中略）大東亜戦争の勃発によって昨日の新聞までが太古のように古ぼけてしまった中に、この座談会だけが戦争を理論的に予言していた。僕は驚嘆に近い感動でこの座談会記事を読んだことを覚えている。それからこの一年間はこの四人の著書を力めて漁った。哲学

に縁の薄い僕が西田哲学に異常な関心を抱くようになったのもこの座談会が契機である。（中略）今では二人（竹内と武田泰淳——引用者）とも世界史一派にあきたらなくなっている。追求はしても、限界を予想した追求の仕方になっている。それほど現実の進行が、世界史派を追越すほど速いのかもしれぬ。そのあきたらぬ空隙が、日本主義一派（たとえば生みの哲学*）などへの関心の高まりに僕らを誘うような気がする。（中略）そうした場所にいて、僕らは常住身を投げかける対象としての支那を考えているのである（「『中国文学』後記・第八巻」第九一号、一九四三年一月、⑭四四四〜四四五）。

*利根川東洋『生みの哲学—日本的世界観の論理』（一九四二年、理想社）をさす。

彼にはやはり、常に向き合うべき存在としての「支那」があった。竹内は、「世界史の哲学」にいったんは接近してみたものの、もやは次第にそれから気持ちが離れつつあることを正直に吐露していた。

(5)「近代」＝日本／「現代支那」の超克へ

そのようななか竹内は、一九四三年一月二三日、中国文学研究会の解散と『中国』の廃刊を提案し、それを実行に移す。彼は、「会をつぶそうと思ったのでなく、改革を企てたのである」といい、解散の「第一の理由」は、「今日、われわれが党派性を喪失したこと」すなわち「中国文学研究会は中国文学研究会としての特色を失った」ことにあった。竹内にとっては、「会は不断に成長するもの」であり、「永久に自己否定を繰返すもの」でなければならなかったが、会は「世俗化」され、「世俗化されてゆく自己自身を否定すること」が困難になってしまったのであった。「今日の文化は、本質において官僚文化である。官僚文化は性格として自己保全的である」と考える竹内にとって、中国文学研究会はそのような「今日の文化の通念から理解されぬことは止むを得ぬ」ものであり、「むしろ私たちがそのために自らの会を閉じる争いの対象こそ、そのような文化の通念の生れる根元なのであ」った（「『中国文学』の廃刊と私」一九四三年三月、⑭四四七～四四九）。

そんな竹内にとって「大東亜の文化は、自己保全文化の超克の上にのみ築かれる」ものであり、「大東亜諸地域の近代的植民地支配を観念として否定している」ものと位置づけられた。彼はいう。「私はそれを限りなく正しいと思う。植民地支配の否定とは、自己保存慾の抛棄ということである。個が他の個の収奪によって自らを支えるのでなく、個が自らを否定することによって他の個を包摂する立場を自らの内に生み出してゆくことである。奪うことによってでなく、与えることによって世界が描かれねばならぬ」（⑭四五〇）。依然として、「大東亜の文化」を植民地否定の理想の姿とみなさなければ収まりがつかなかったのであろう。

竹内は、漢学・支那学の否定から出発した中国文学研究会が、「いちじるしく支那学化してゆく傾向にある」ことを認めざるをえず、それは彼にとって耐えがたいことであった。竹内によれば、「漢学や支那学は歴史性を喪失しており、現実の支那の理解に対して無力である。従って現代文化に係わりを持たぬ」ものであったが、中国文学研究会もまたそうなりつつあることを免れなかった。「このことは、中国文学研究会が権力や官僚的背景を持たぬことの結果で、政治の問題ではあるが本質において文化の問題ではない。それは中国文学研究会の正しさを害うものではなく、むしろ正しさを立証するもの」であるという。しかしそれがいみじくも「中国文学研究会自体の成長によるよりも、たとい中国文学研究会の正しさを消極的に裏書きするとはいえ外部からの弾圧に基くところが多く、従って学問の変革としては中途半端に止ったことを極めて遺憾に思うのである」といわざるをえなかった（⑭四五一～四五二）。すなわち中国文学研究会は「現代文化」と「係わり」をもたない、あるいはもつべきでなく、そうであるがゆえにまた「支那学化」を余儀なくされるものであり、そのときそのディレンマを回避するには解散しか途はなかったのである。

次の一節は、中国文学研究会と「現代文化」のありようについての竹内の見解を端的に伝えている。

> 大東亜戦争は世界史の書き換えであると云われている。私は深くそれを信ずる。それは近代を否定し、近代文化を否定し、その否定の底から新しい世界と世界文化を自己形成してゆく歴史の創造の活動である。この創造の自覚に立ったとき、私たちははじめて自己の過去を見、その全部を理解することが出来た。中国文学研究会を、それが正しきがゆえに狭しとする立場がそこから生れた。中国文学研究会は否定されねばならぬ。つまり現代文化は否定されねばならぬ。現代文化とは、現代においてあるヨーロッパ近代文化の私たち自身への投影である（⑭四五三）。

すなわち「ヨーロッパ近代」が中国を侵略し抑圧しているからこそ、それを否定せねばならない。そしてそれに代わるのが「大東亜」であり、彼によれば「大東亜は自己の内に、否定の行為を通じて生み出されねばならぬ。それのみが創造であり、創造のみが文学である」というのである（⑭四五六)。

中国文学研究会の解散とほぼ同時期、竹内は「現代の支那文学」を否定する文章を綴った。「現実の支那の文化的な荒廃さというものは、ほとんど虚無に近いもので、思うだに戦慄を禁じ得ぬ底のものである」と。同時に竹内の批判は、そのような状態に陥った「その相手の肉体的な苦しみを余所にして」、一九四二年一一月三日に開かれた大東亜文学者大会に向けられる。それは「軽い気持でお祭り騒ぎをやった」ものであり、竹内はそれに「心ある日本文学者の仕打にあるまじい情なさを覚える」という*。そして彼はいう。「思いやりなくして何の文学ぞ」。竹内には、「心通わぬ形式的な儀礼のために、わが文学を犠牲にし、わが愛する相手を傷けてまで世俗と妥協すること」は許しがたいことであった。「文学がないということは文学精神がないということにはならぬ。支那は枯死した民族ではない。むしろ文学精神は民衆の間に横溢していると私は信じたい。(中略)しかし、われわれにとって都合が悪いという理由で、ことさらそれに向って眼を閉じ、真の実在からすれば架空の存在に過ぎない形象だけを問題とするならば、それは私たちが日本文学を生きる正しい態度とはならぬ。それは文学における十二月八日の実現への道とは逆である」(「現代の支那文学」一九四三年三月、⑭四五九~四六二)。竹内は、「ヨーロッパ近代」に侵された「現代の支那」を乗り越える可能性を、「支那」の民衆が創造する「文学精神」に見ようとしていたのである。

*この件について、次のような記載もある。「はっきり云えば、大東亜文学者大会は、日本文学報国会にとって恰好な催しであるかもしれぬが、中国文学研究会の出る幕ではないと思うのである。(中略)僕個人はともかく、少

くとも公的な立場を持った中国文学研究会としては、役人ぶった歓迎の片棒を担ぐことは伝統が許さぬのである」。

また、中国文学研究会の日本文学報告会への関与に関してこのようにもいう。「弄ばれる支那文学が痛ましい。昭和十七年某月某日某の会合があって、日本文学報国会が主催したが、中国文学研究会は与らなかったということを、その与らぬことが、現在においては、最もよい協力の方法であることを、百年後の日本文学のために、歴史に書き残して置きたいのである。そのため、概略の経緯を以上に記した次第である」（「大東亜文学者大会について」一九四二年一一月、⑭四三四～四三六）。

そのあとに書かれた「現代支那の文学精神について」（一九四三年七月）は、何故に竹内が「近代」の否定にそこまでこだわるのかを赤裸々に語ったものであった。

現代支那を「近代」として把えるのでなければ、現代支那の種々の問題は理解されないのではないか。私は近ごろになって、この考え方に自分がますます傾くのを感ずる。ことに大東亜戦争以後、日本の世界史的立場と、従って東亜共栄圏建設の歴史的必然さが全貌を現わし、その主体的役割を私たちが自覚として持つに到って、つまり、近代が超克さるべきものとして、否定の対象となったがために、今日その全体の意味が私たちに明らかとなったのであろう。支那を近代として理解しなければならぬという十年来の私たちの主張は、もはや漠とした直感の形でなく、ゆるぎない確信に近いものとなってきた。支那は近代として理解しなければならぬ。それのみが支那の理解である。従って、支那を近代として理解せぬすべての支那論と闘わなければならぬ（⑭四六三）。

すでにみたように、「支那」は「近代」として理解されるべきものであり超克すべきものとみなすことにより、「近代」を超えて「世界史的立場」に立つ大東亜共栄圏も正当化しえたのである。その際に、「近代」を持ったということにおいて日本と「支那」を同一に見ることにより、竹内は救済されるのであった。ここでも竹内は再度、やや弁明ともとれる、中国文学研究会の解散の意味を説いた。「支那は近代として理解しなければならない」がゆえに、そのような理解に立たない「支那論」と闘うべく会を維持してきたが、「大東亜戦争によって、近代の全部の意味が、その否定者としてそれと相対する私たちの主体的な自覚において実現されたとき、つまり私たちが一切の自己の過去を知ったとき、支那に近代を見るという私たちの主張がその豊富な内容を露わにしたとき、私たちは、自分の行為が正しかったと信じたがゆえに「中国文学研究会」を解散した」と(⑭四六三〜四六四)。すなわち、「支那学」に抗って「支那」のなかに見出そうとした「近代」が否定すべきものとなったとき、その営みは意味を失う。そうして以下に述べるように、もやは「ヨーロッパ的近代」を持ったという意味で、「現代支那」も日本も同じなのであった。

> 近代とは、云うまでもなくヨーロッパ的近代の意味である。従って、わが日本が持ったものとも同じものである。日本の近代が独自であった如く、支那の近代も支那独自であるが、それは大きく見れば近代という世界史の中の風土的な独自さであった。(中略)云い換えれば、現代支那は、近代の支那における自己実現であり、近代の中に変貌している古典支那の伝統以外に、それと無関係な古典支那は存在しないということである(⑭四六四)。

しかしながら、すでにこのときに竹内は、中国の側に日本とは異なる、すなわちたんなる「盲目的な欧米崇拝」ではない「独自な近代」を見出していた点に注目する必要がある。竹内は次のように述べている。

> 現代支那が近代としてのみ理解されるということは、支那が独自な近代を持ったということである。日本の支那論の多くは、その外貌を見て、極端な盲目的な欧米崇拝の如く云い、無自覚に古典支那を捨て去るものと考え、そこに近代への願望の熱烈さを見るものは極めて少い。この偏見こそ、支那人が日本人の支那論に対して発する非難の眼目の一つである。支那は近代を欲したので、それを得るために欧米文化を容れ、それによって自国の古典を書き改めたのである。日本にとって欧米文化の輸入が自由であった如く、支那においてもそれは自由である。支那の古典破壊が激烈であったのは、それだけ彼らの桎梏が大きく、その願望が強烈であったからである（傍点——引用者）（⑭四六六〜四六七）。

第二章でも改めて述べるように、戦後竹内が、日本とともにヨーロッパ近代の側に置いた中国をそこから切り離して東洋の側に置くために大いなる苦悩を経ねばならなかったことについては、平石直昭の指摘（「竹内好における歴史像の転回—大東亜・魯迅・アジア—」『思想』二〇〇六年一〇月）のとおりである。ただし同じ「ヨーロッパ近代」の範疇にありながらも、「極端な盲目的な欧米崇拝」は中国の側ではなく、逆にそのようにしか中国を理解できなかった日本の側——「支那論」者に限らず——こそが内包しているものと竹内は見ていた。「世界史の哲学」において「支那」を大東亜共栄圏に包摂することを正当化した竹内であったが、中国のこれまでのありようを見つめてきた彼にあっては、その間の中国の「桎梏」に目を瞑ることはできなかった。竹内はさらに、「支那を理解するには明治維新史を繙けという周作人の忠告も、支那の近代化運動が明治維新の模倣だという意味ではなく、明治維新が独自であった如く近代支那もまた独自であり、維新史の正しい理解の態度が同時に現代支那への正しい理解の前提たるべきを示したものと思われる」（傍点——引用者）（⑭四六七）と述べるように、中国を内在的に理解することによって、戦後に、よりいっそう明確に意識されることになる日本と中国の近代の相違についても、ここにすでにその端緒が示されているのである。同時に、戦後の明治維新論への関心の萌芽もみてとれる。

　竹内による中国の「自主的な近代」「本当の「現代支那」」の追求は続き、そのなかで改めて、「近代支那の決定的時期」として一九一九年の五・四運動が提示される。竹内によれば、従来一般に画期とされてきた阿片戦争は、「ヨーロッパ側から考えて、支那が近代の世界史に包摂された時期」であり、竹内は「そのような経済史的な近代でなく、逆に支那が近代を包摂した時機、近代が支那において自覚的になった時機を考えたい」のであった。すなわち「支那が独自の近代を持ったと主張したい」竹内は、「日本におけると同様、支那にもモラリッシュ・エネルギーの発動があった」のであり、「その歴史的な時機として、強いられた近代が主体性を獲得した時機として、五四を考えたい」という（⑭四六八）。五・四運動に現れた、前代とを断ち切る「新しい精神の勃興」を激成せしめたのは「文学革命の運動」であり、それが「人生的立場をとる『文学研究会』と芸術主義に拠る『創造社』」の二流派を生み出した。そして政治的には、五・四運動と、一九二五年五月三〇日にデモに立ち上がった民衆に租界警察が発砲して死傷者を出した五・三〇事件、そして「支那事変」の三つがあり、それに対応する文学精神が「文学革命と無産者文学と民族主義」であるという（⑭四七〇）。

しかしながら、そのようにして中国の「自主的な近代」の意義を見てとったがゆえに、かえって竹内の苦渋は続いた。竹内は、「現代の支那民衆の第一の念願は、私の信ずるところでは、彼らの近代を貫くことである。つまり国民的統一を完成することである。云い換えれば彼らの現代文学を描くことである」とした上で、次のように述べる。「仮に私たちの大東亜文化の理想がこの方向に背馳するものであるとするならば、私たちは彼らの協力を求め得ぬだろう。逆に、現代支那が全き体系として包摂される場所へは、彼らは欣んで従うだろう」。しかし、それに対しては続けて、「ただ、そのような場所は、近代日本と近代支那が同列に否定されることによって全く生かされるような場所でなければならぬが、その実現のためには、異常な決意と努力が私たちに要求されるであろう」との留保をつけなければならなかった（⑭四七一）。つまるところそのような「場所」を出すような具体的展望は依然としてまったくないままであり、「大東亜文化の理想」はあくまで竹内の願望でしかなかった。

しかし竹内は、それを探し当てるための模索を続けた。北支派遣軍『国民政府参戦と北支派遣軍将兵』を、「大東亜建設の課題を精神の問題として、何よりも文化の問題として捉えている」との理由で「感動を禁じなかった」とまでに評価してみるのもその現れであろう。竹内がそれにことのほか注目したのは、「支那の場合は「日本人が中国の独立国家たる権威とその誇りとを尊重し、正義と誠意を以て真の提携を図る」ことによってそれは達成されている点であり、それは、「「誤れる優越感を以て中国人を劣等視」し「中国の独立国家たる権威とその誇り」とを傷け、かかる支那観を植えつけることによって「日本人が独善主義あるひは圧迫」を支那に加えることを黙許、あるいは奨励して「真の提携」を阻害してきた」「私たちおよび私たちの先輩である支那研究者たち」の対極にあるものと映ったからであった。竹内は問う。「支那は、近代国家を建設することを、日本の支那学者を喜ばすことよりもより多く必要と感じたのである。国家の生存が儒教よりも大切だったのである。然るに、その故をもって五四以後の新文化運動を非難する日本の支那学者は、「中国の独立国家たる権威とその誇りとを尊重し」ているだろうか」（「支那研究者の道」一九四三年七月、⑭四七二～四七四）。

その一方、「今日でも権威の如く一般には信じられている」内藤湖南に対しては、「『国民政府参戦と北支派遣軍将兵』の態度と異ることは明瞭であ」り、「「支那の歴史が、従来其の変化の遅緩なる例を示して居た」のに「全く反対の結果を齎ら」すような現象が起きたとすれば、それは歴史法則の変革を示すものではないかと考え、認識の態度を反省するのが正しい学問の道であるに拘らず、この学者は「支那事情に通達した」と信ずる自己の独断を疑わず、却って歴史そのものを錯誤なりと裁いている」と手厳しかった。内藤批判は、「この高名な支那学者をして「他の信用をも落し、自らも茫然た」らしめた不幸な近代支那の苦悶は、学問の態度としての「誤れる優越感」をもって現われているのである」と続く。さらに「一湖南の問題は、単に一湖南だけの問題ではない。私は、支那学者の九割までが、湖南もしくは湖南以下であることを確言する」とも述べている（同前、⑭四七六〜四七七）。五・四運動にはじまる中国民衆の要求に応えるために、中国といかに対等の関係を持つかということに思い巡らす竹内であったからこそ、「誤れる優越感」に浸る態度は許しがたいものであったのだろう。

　そして、そのような内藤の対極の存在として挙げられるのが北一輝であった。北の『支那革命外史』は、「私たち支那研究者の座右を離してならぬ書物」であり、「日本人の血で書かれた、支那研究の鑑」なのであった（同前、⑭四七八）。竹内は北の著作からの引用を受けて、「歴史が人類の罪悪の浄化であるならば、私たちは、自らの手で誤れる支那研究を書き改めることによってのみ、大東亜共栄圏の盟主たる新しい世界史的な日本を築くことが出来るだろう」と述べている（同前、⑭四八〇）。

　同じころ竹内は、葉紹鈞『小学校教師倪煥之』を翻訳して「序文」を記す機会があり、そこに次のように記している。

　この作者（葉紹鈞——引用者）の作風は、私たち（中国文学研究会の仲間）が風土的な作家と呼んでいる老舎や沈従文とはかなり匂いがちがうのである。しかし、それが実は本当の現代支那であると私は考える。高等教育を経ず、留学もせず、ヨーロッパ近代文学を直接にはさまで身に著《（ママ）》けなかったであろう作者によって、外国の近代文学の紹介も十分には行き渡らぬ環境の下に、口語文体の未確立の時期の不自由な表現手段をもって、普通に云われる「支那的」とは異った作品が書かれたという事実に、注意して頂きたい。日本の近代文学が単なるヨーロッパの模倣でな

いと同様、支那の近代文学は直接には支那自体に内在する近代性の展開である（傍点——原文）

（「葉紹鈞『小学校教師倪煥之』訳者序」一九四三年九月、⑭四八四）。

ここでも「ヨーロッパ近代」とは異なる〝内在的な〟「近代」が探し求められており、それを竹内は「本当の現代支那」と呼んだ。そして、日本の近代文学のなかにも同様にその可能性が求められており、竹内の日本の近代の位置づけは揺れていた。

そのようななかで竹内は『魯迅』を書きあげ、「啓蒙主義者魯迅と、小児に近い純粋な文学を信じた魯迅の二律背反的な同時的存在」という「彼の本質的矛盾」をそこに見出して、戦地に向かっていくのである。

4　『魯迅』と戦場経験

(1)　『魯迅』への到達

竹内好の名を不朽のものとした『魯迅』の懐胎は、一九四一年五月のことである。日本評論社『東洋思想叢書』の執筆者として、野原四郎が赤羽尚志に竹内と武田泰淳を推薦したのがきっかけだった。一九三七年の出征以来、『史記』の世界にのめり込んでいた武田が司馬遷をそのテーマに選んだのは、本人にとっては自然なものであったろう。一方で竹内は、「中国文学研究会の最初のころは、あんまり関心が無かったんです」「たまたま日本評論社のシリーズの企画があって、その中で何か一つやろうと思っていたときに、向うで魯迅の全集がでたわけですよ。本を集めるのは苦手なんだけど、全集がでたらこれはやりやすいだろうと思って選んだというぐらいのことなんです。だから、あのときどうしても魯迅でなきゃいかぬということではないんです」と、晩年に述懐しているように、必ずしも魯迅は竹内の脳裏の中心を占める存在ではなかった（一九七五年、「わが回想」⑬二七四〜二七五）。一方で、このころ「ある人に（中略）魯迅は君の師でしょう、魯迅に学べ、と諭された」（⑭一五二〜一五五）という話も残されているから、本人の自覚とは別に、周囲には魯迅と竹内の近似性が知られていたのだろう。

　このころの竹内は、回教研究所や東亜研究所に加えて京北実業と三ヵ所の勤務の中で、劉半農『賽金花』の翻訳（→第二章2⑴）にも追われていた。この年の一二月には対米英開戦を受けての興奮を「宣言」としてまとめた竹内だったが、この「宣言」が無記名で発表された『中国文学』第八〇号（一九四二年一月）には、「支那を書くということ」（⑭二七九〜二八六）が、こちらは記名で載せられている。ここで竹内は「僕らの内では、魯迅も生長していかないし、北京の空だっていつも曇っている。ひとを嗤《わら》えたものでない。誰だって、そうヤスヤスと支那を書けるものではないのだろう」（⑭二八〇）と、「僕ら」が内面化する対象として魯迅が、やや唐突に挙げられている。『魯迅』執筆契約半年を経てなお魯迅にとりかかれない後ろめたさがあったのだろうか。この後も回教研究所の出張による二ヵ月半ばかりの中国旅行があり、また日本文学報国会や大東亜文学者大会への対応など、中国文学研究会もまた時局の中に飲み込まれて行くなか、『中国文学』の出版をゆだねていた生活社との関係も悪化し、やがて一九四三年一月二三日の中国文学研究会の解散と雑誌『中国文学』の廃刊決定を迎えることになる。この転変する環境のなかで、竹内が実際に『魯迅』の執筆にとりかかったのはいつのことであろうか。

全集の年譜では「二月、作家論『魯迅』の執筆を進める。以後、秋まで執筆継続」（傍点——引用者）（⑰三〇一）とあるが、執筆の具体的な開始時期については触れられていない。廃刊の決まる直前に書かれた『中国文学』第九一号（一九四三年一月刊）の後記には「僕と武田は一週間に一、二度は必ず会っており、この一年間の話題の中心は主に世界史一派と司馬遷であった」（⑭四四五）とある。ここで言う「司馬遷」は司馬遷個人の話でもあったろうが、それは何よりも執筆中であった武田泰淳の『司馬遷』をめぐる話題であったろう。一方ここで魯迅には一切触れていないところから見ると、竹内が『魯迅』の執筆に実際にとりかかったのは、一九四三年に入ってからのことと考えられる。『司馬遷』の刊行が一九四三年四月であるから、竹内は一九四二年中は週に一、二度、武田の『司馬遷』執筆に付き合い、それがひと段落したところで自らの『魯迅』にとりかかった、とも考えられるのではなかろうか。

遅くとも二月には執筆にとりかかった『魯迅』の原稿であったが、四月までは葉紹鈞『小学教師倪煥之』の翻訳が並行していたため、本格的な執筆は、一一月九日の脱稿までの半年間ほどではなかったろうか。この間、竹内は後に『魯迅』序章の骨格となる「魯迅の矛盾」を発表している（『文学界』一九四三年一〇月、⑭四八六〜四九五）。「序章——生と死について」と改題されて『魯迅』に収められたさい、文意の整理のための細かな増補がおこなわれ、全体が二部構成に分かたれているが、その第二部がはじまる直前、第一部の最後に次の一文が加えられている。「死は生をうむが、生は死へ行きつくに過ぎない」(①九)。

「司馬遷は生き恥をさらした男である。」という、すべての読者の脳裏に焼き付く強烈な文章から始まる武田泰淳の『司馬遷』をすでに十分に知っていた竹内にとって、『魯迅』はこの『司馬遷』に近づくべき、あるいは乗り越えるべき苦闘の産物ではなかったろうか。『司馬遷』の第一編「司馬遷伝」に呼応するように「伝記に関する疑問」から『魯迅』を始めた竹内は、武田が司馬遷自らが残した手紙のうち唯一伝わっている「仁安に報ずるの書」(『漢書』司馬遷伝)の全文を二部に分けて引用してその伝の中核としたのをなぞるように、豊富な引用によって魯迅の「伝記に関する疑問」を構成している。しかしここには武田『司馬遷』のような激しい筆致はない。「自序」の段階から「私達は学生時代から、漢学と言うものには、反感を持っていた」と挑発的に筆を進める武田に肩を並べるためにも、死という凝縮点にこだわって書かれた「魯迅の矛盾」をその序章として据える必要が、竹内にはあった。

かつて竹内がその死に並行して発表した「魯迅論」では、文学者としての魯迅への評価は決して高いものではなかった。これにたいして武田は、「ジャーナリストぶった早呑込みに反対する」と公言し、「彼(魯迅)の出発点は自己をもふくむ社会に対する怒りである。自己をみつめることがきびしかった彼は限りない猜疑心にかりたてられた」(一九三七年三月「影を売った男」『武田泰淳全集』第一一巻）と自らの魯迅観を示していた。このときにはこれに応えることのできなかった竹内は、八年の歳月を経て『魯迅』で自らの確立された魯迅観を示すことになるが、それに先立ってかつて十分に向き合えなかった魯迅の死を定位する必要があった。

「追い立てられるような気持で、明日の生命が保ちがたい環境で、これだけは書き残しておきたいと思うことを、精一杯書いた」（創元文庫版「あとがき」一九五二年、①一七二）と、のちにふりかえる『魯迅』は、「魯迅にとって、死は彼の文学の完成である。しかし青年たちははじめて自己の孤独を知った」（⑭四八七および①五）と、魯迅の死と、魯迅以後の「青年」の孤独を位置づけた「魯迅の矛盾」を「生と死について」として序章にいただき、そしてその中心に先の一文を加えたことで、完成した。竹内はまた、これによって死なずに生きのびたことで『史記』を残した司馬遷と、死によって次の時代と対峙した魯迅とを対比させることになり、ようやく『魯迅』を武田の『司馬遷』と同じ叢書として世に問うことができた。

竹内が『魯迅』の原稿を日本評論社に渡せたのは、一一月九日のことであった。それから一ヵ月もしない一二月一日、竹内に召集令状が届けられた。目に見えぬ召集の日を怖れながら筆を進めていた竹内は、「これが完成した直後に召集令状が来たのを、天祐のように思った」（①一七二）という。校正と跋文を武田泰淳に依頼して出征した竹内を戦地に残したまま、一九四四年一二月、『魯迅』は刊行された。

図12　『魯迅』初版（1944年：左）**と再版**（1946年：右）

竹内の代表作となった『魯迅』についての論評は戦後から始まるが、それらに先立って、竹内自身が自らの『魯迅』との向き合いを始めている。「自分の書いた『魯迅』につき考えること多し」（一九四六年九月二三日、「復員日記」⑮四二九）と、「一日、魯迅をよみ暮らす」（九月二九日、⑮四三〇）のと並行して『魯迅』に向き合った竹内は、『魯迅』を執筆した当時の情熱をそのままに記録として残しつつ、より論理的な魯迅論を展開してゆくことになる。三〇〇〇部刷られたという初版に続き、新しい版を組んでの五〇〇〇部増刷に際して、出版社が独断で「支那」を「中国」に、「支那事変」を「日華事変」に直したことに対して抗議をしたのも、このころのことである。

『魯迅』の執筆を通じて真に魯迅と邂逅した竹内は、戦後の思想家としての歩みの中で、自らが魯迅からうけた思想的導きを解き明かして行く。

> しかし、もし真理が相対的であるかないかを問われたら、現在のままでは、つまり、今日の私の環境のなかでは、そのかぎりでは、相対的であると答えるほかないように思う。私はそれを経験的に知っている。私にとって真理であるものが、役人や学者には真理でなく、役人や学者に真理

である（と私が思う）ものが、私にとって真理でないことが多い。私はそれを経験から知ったのであるが、魯迅をよむと、かれが私とおなじものを、私よりはるかに正確に感じていることがわかったので、それによって私の経験内容は確かめられ、問題を解く手がかりを与えられたわけである。／私は、魯迅とこのような道で出あった。私が魯迅に出あったのは、私にとって、ひとつの事件であった（「近代とは何か」一九四八年、④一三九）。

私にとって、すべてのものを取り出しうるという合理主義の信念がおそろしいのである。合理主義の信念というより、その信念を成り立たせている合理主義の背後にある非合理的な意思の圧力がおそろしいのである。そしてそれは、私にはヨオロッパ的なものに見える。私は、自分のおそれの感情を、そのものとしては気づかずに過ごしてきた。日本の思想家なり文学者なりの多くが、少数の詩人を除いて、私が感じるようなものを感じていぬこと、かれらは合理主義をおそれていぬこと、しかもかれらが合理主義（唯物論も含めて）と称するものが、どう見ても私には合理主義に見えぬこと、を感じ、私は不安であった。そして私はそのとき魯迅に出あった（同前、④一四四）。

竹内が魯迅に出あうためには、真理と合理主義の社会的二重性への不信感の成長が必要であった。それは、学問の自由が失われて行く時代にはじめた漢学との戦いや、日中戦争下の北京への留学、そして対米開戦後の精神的高揚と政治的逼迫などの、ここまで見てきた数多くの体験が欠かすことのできない糧となったであろう。そうした経験によって自らの魯迅理解が完成していることに、竹内が自ら気づいたのは、戦後の『魯迅』執筆までの道程のふりかえりと、『魯迅』に導かれながら魯迅を再読し、翻訳してゆくなかでのことであろう。魯迅を中国の近代化にどう位置づけるのか、ひとつの到達点となったのが一九四九年一二月の「思想家としての魯迅」（『哲学講座』第一巻、筑摩書房、①一五八～一六三）である。ここでの竹内は、魯迅の姿を通して、これまで自らが抗ってきたものが何であったのかを確かめているかのようである。それは皮相的な近代批判ではなく、近代を導入する姿勢そのものが反近代的であることへの抵抗であり、それはむしろ近代を信ずればこそのものであった。一気呵成に書かれたと思われる竹内の魯迅理解完成の吐露を分節的に紹介するのは、筆者の力の及ぶところではないので、少々長くなるが以下にその中核部分を引用する。

> 自由、平等、その他一切のブルジョア道徳の輸入にたいして、魯迅は抵抗した。抵抗したのは、それらを権威として外から押しつけることに抵抗したのである。基盤のない前近代社会へ新しい道徳を持ちこむことは、それらを前近代的に変形してしまうだけで、人間を解放することにはならず、かえって圧制者を利する手段に転化するにすぎないことを、かれは見抜いていた。この洞察は、体験にもとづくものであって、その点でかれは、植民地的現実から目をそらさなかったということができる。「醒めた現実主義者」というのは、その意味である。したがって、新しい価値をふりかざすことによって古い価値に対抗しようとした同時代の進歩主義者とは、かれは一度も同調せず、むしろそれらと執拗に戦った。これは道徳にかぎらず、科学、芸術、社会制度、すべてのものに関してそうである。

> 進歩主義者から見れば、このような魯迅は、頑強な保守主義者に見える。しかしかれは、一切の古いものも容赦しなかったのである。かれほど徹底して封建制と、それから生まれる虚偽とを憎んだものはいない。ただ、かれの場合は、解放された人間の理想像を一方に描いた上での、目的意識をもった行動ではなかった。人間は解放されねばならず、究極的には解放されるであろうことを、かれはほとんど疑わなかったが、その解放にいたる道は、かれの場合は、閉ざされていた。あらゆる解放が幻想に見えた。これには、かれの青春の希望を奪った辛亥革命の失敗の痛手が、深く影響していると思われる。ともかく、外から与えられる救済をかれは信じなかった。そこで、彼の反逆は、自己にたいする反逆という形であらわれることになる。
>
> 　中国のおかれている後進性を直視し、しかも一切の解放の幻想を拒否したとすれば、そこには絶望しか残されない。孫文のような実際家は、あらゆる失敗に屈せず、失敗のたびに理想と現実を結ぶ橋を更新していくことができたが、芸術家である魯迅には、それができなかった。しかし、また芸術家であるために、つねに全人間内容をかけた生き方を求める一義的な文学者であるために、絶望を目的化して諦観哲学を作り出すことも、かれにはできなかった。一切のものを信じなかったかれは、自己の絶望さえ信じる気になれなかった（①一六〇～一六一）。

一九五二年に創元社文庫として『魯迅』が新装されると、この「思想家としての魯迅」は附録として収録され、以降『魯迅』と切りはなすことのできないものとなっている。こうして『魯迅』執筆から始まった竹内の新しい魯迅理解の旅は、思想家として歩み出した戦後に一つの終着点を迎えるが、その過程で竹内はもう一つの大きな体験をする。『魯迅』脱稿後に待っていた召集兵としての中国での戦争体験である。竹内自らが多くを語らなかったこの体験も、竹内の思想形成、中国認識形成に少なからず影響をあたえているのではなかろうか。以下、項を改めてこの戦争体験について探ってみたい。

(2) 軍隊と中国、そして敗戦——戦争体験のなかで——

一九四三年一二月四日、竹内は千葉県佐倉の東部第六四部隊に入隊した。佐倉の基幹部隊は近衛第五連隊で、かつて武田泰淳が配属された近衛師団隷下の部隊であったが、この年の六月、改組により近衛師団から新設の近衛第二師団へ配属替えとなり既にスマトラに移駐していた。乙種合格組の竹内が配属されたのは、近衛師団とは正反対の位置づけになる独立混成旅団（以下、独混）——独立混成第一七旅団、通称「峰部隊」であった。一九三九年に損耗激しい第一〇一師団の予備役補充兵などを中心に編成された独混一七旅は、一九四二年に湖北省の岳州（岳陽）に移駐するまでは上海や武昌周辺での警備任務が中心の、予備戦力的部隊であった。しかし竹内が入隊する約半年前に「江南殲滅作戦」（一九四三年四月〜六月）と称される大規模な洞庭湖・長江中流域の掃討戦に組み込まれ、激しい戦火を経験することになる。南京大虐殺以降、特に対米開戦期以降では最大の、死者だけでも約三万人が犠牲となった虐殺事件——「廠窖《しょうこう》虐殺事件」を生んだこの作戦で、独混一七旅は大隊長三名を失うという損害を受け、旅団本部も岳州から咸寧へと一三〇キロメートル近い後退を余儀なくされていた。一二月二八日、竹内はこの咸寧におかれた独混一七旅本部で、これも独混特有の、正規連隊所属大隊とはことなる独立歩兵大隊、その第八八大隊――峰第二部隊に配属された。

竹内が配属された独立歩兵第八八大隊には、中国文学研究会同人・斎藤秋男が上等兵として配属されていた。斎藤は江南殲滅作戦で負傷し、「半年ちかい病院暮らしのあと、〝原隊復帰〟したばかりだった」（斎藤「回想・戦地体験」『追悼』二一一）。この斎藤の耳に入ってきたのは「厚生省派遣・おとっちゃん部隊」と言われた補充兵の中に「竹内ハオという兵隊がいるぞ」という情報だった。期待されない補充兵の一人――それが偽らざる竹内の戦場への入り口であった。それでも竹内は「口をきりりとむすんで、目のすわった、一見して他の兵隊さんとはすこし違った」様子であったというが（三谷作七「竹内上等兵を語る」『回想』二一〇）、ここで語られる竹内の外貌はよく知られた日頃の竹内そのものであり、戦地でも平常心を保っていたのか、あるいは内面の緊張がかえって外貌を普段通りにとどめていたものだろうか。ちなみにこの三谷作七とは当時は老川姓の曹長で、「本部の下士官で私を殴らなかったただ一人だった」（⑯三四七）と竹内に記憶される人物である。後年竹内は、この三谷の懇請を受けて、独立第八八歩兵大隊の記念碑――「黎明の碑」の銘文（⑬一三九～一四〇）を起草することになる。

このころ独混一七旅の主任務は長江から支流の湘江に沿って南下する粤漢《えつかん》鉄道（広州～武昌）の確保にあり、竹内が配属された独立歩兵第八八大隊第三中隊も、独混本部のあった咸寧から鉄道に沿って西南に一〇キロほど離れた汀泗橋《ていしきょう》鎮におかれた。三月に入ると竹内は暗号手としての教育を

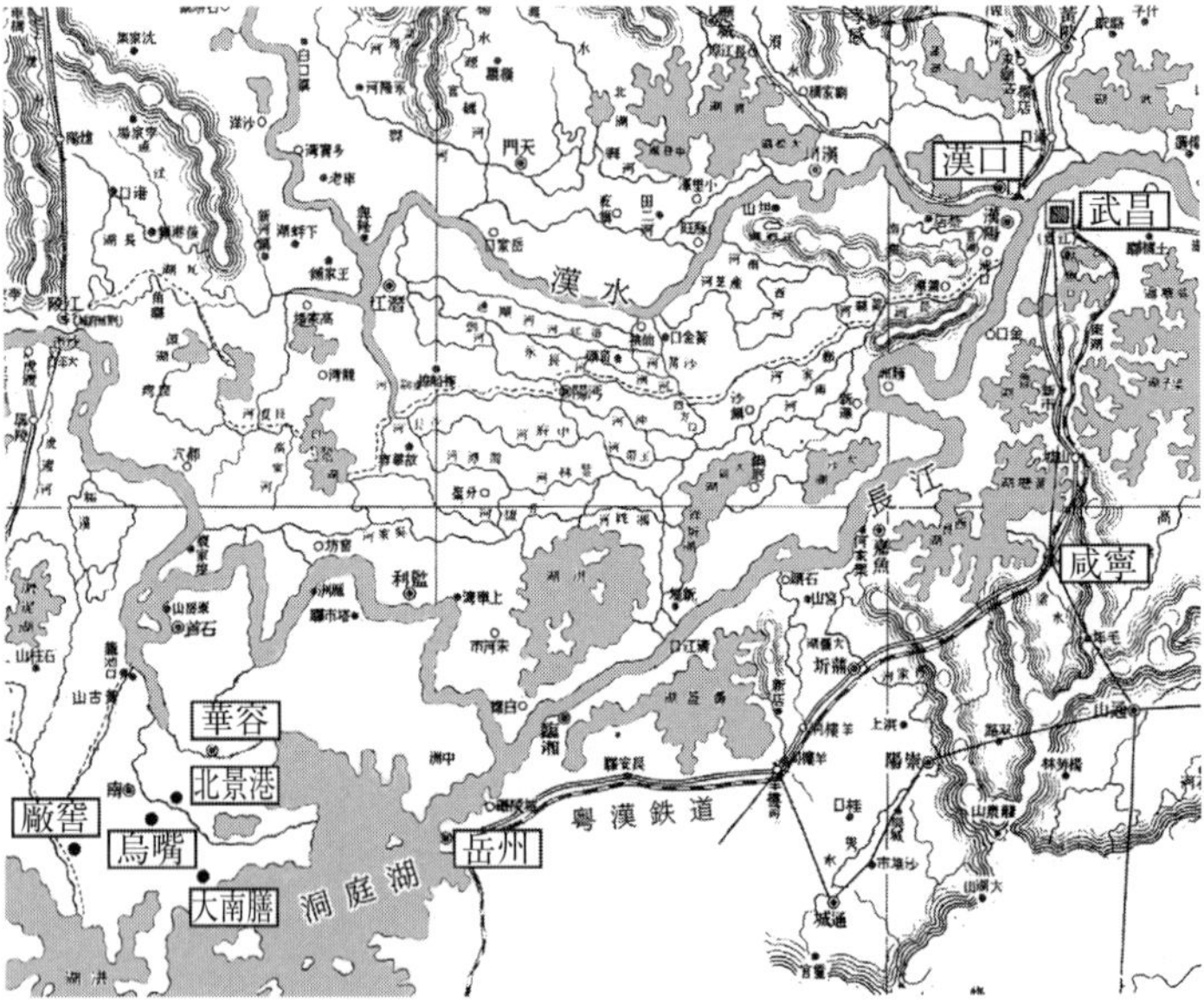

図 13　湖北省から湖南省にかけての竹内の従軍関係地（「湖北省東部」（東亜同文会『新修支那省別全誌』1918 年，に加筆修正）

咸寧の独混本部でうけたが、計器類を運搬する体力がなく脱落して中隊に復帰する。その後間もなく中隊は長江を越え湖南省の華容県に進出した。この時期、制海権を失い東南アジア占領地からの資源輸送に苦しんでいた日本軍は、香港から北京への陸路による物資輸送を実現するために、粤漢鉄道全線の確保を目指した「大陸打通作戦」（一号作戦／豫《よ》湘桂《しょうけい》会戦）の第一段階（四月〜五月。第一二軍による河南省方面の作戦）を発令していた。この「大陸打通作戦」の目的からも洞庭湖対岸一帯の確保は戦略上外せないものであり、独立歩兵第八八大隊が進駐した華容県は、日本軍の主たる進行方向から外れていたとはいえ、接敵の可能性のある最前線であった。そのような情勢の中、五月には竹内は大隊からの命令を口頭のみで伝達する命令受領兵となり、ふたたび銃火器にたずさわる任務から離れた。

やがて大陸打通作戦の第一段階が終了し、第二段階――独混一七旅の属する第一一軍による湖南省方面の作戦が始まろうとする中、竹内の大隊は華容県から南進して北景港鎮という運河に面した港町に移り、その第三中隊は運河の対岸の「烏咀」――おそらく烏《う》嘴《し》郷――に進出した。竹内は命令受領

図 14　現在の北景港（上），**北景港より臨む対岸**（中），**北景港の街路**（下）
（2019 年 3 月 22 日，山田撮影）

の任により北景港と烏嘴の間をしばしば往復したであろうが、「ただの一度も、命令受領の失敗がなかった」（前掲三谷、二一一）という。

六月に入り大陸打通作戦の第二段階が本格的に始動すると、独立歩兵第八八大隊本部も運河を越えて南県、さらに南大膳鎮まで転戦した。この作戦の中で竹内は命令受領から機関銃隊への配属となり、竹内の戦場体験は本格化する。後年、竹内は戦地で見た中国を「忘れ残りのシーン」として次のような述懐をしている。

> たとえば荒野のまっただ中にポツンと置き去りにされた部落の廃墟のイメージがある。その鬼気せまる印象は今なお強烈である。柱と壁は残っているが、建具は何もないがらんどうの家並みが往還をはさんで両側に延々とつづいている。人の気がないばかりでなく、生き物の気がまるでないのだ。先行した日本の軍隊が荒らしたのか、それとも、さらにそれに先行する軍閥の軍隊が荒らしたのか、それさえわからない。土間の陽の当らぬ部分は、うっすら地皮に被われていて、まるで何百年も前からの廃墟のように見える。行軍が部落にさしかかって、そこを通り抜ける間だけ、軍靴の反響が異様に高くなる。そうした廃墟を何回か見た（⑩一九〇）。

華容県から南県を経て、そしてさらに南下したこの進路こそが、竹内が配属されるちょうど一年前の廠窖虐殺事件の現場の一角であった。このわずか一年前の江南殲滅戦の余燼冷めやらぬ中国の片田舎の風景、「図らずも中国の農村を垣間見ることができたことは、その要因が侵略の軍事行動にある点を別にすれば、中国文学を専攻する私にとって、願ってもない幸運だった。それなしには農村を見るチャンスはたぶん一生なかったにちがいない」（⑩一九〇）という竹内の脳裏に記憶されたのは、そんな荒涼とした景観だった。またこの間、「部落を占領していた敵軍と正面衝突し」、「一回目の交戦で小隊長が戦死、二回目は小競合いに終わった。地雷でばらばらにふきとばされた遺骸を目撃、敵は殺さなかった」という。また「行軍中、落後するので有名だった。落馬して意識不明になったこともある。アメーバ赤痢にも苦しんだ」という（「年譜」の本人談、⑰三〇二～三〇三）。

しかしこの作戦の主戦場は同じ湖南省でもはるか南方の衡陽攻略戦であり、竹内が経験した最前線は、日本軍の大規模な作戦の進行方向から外れた後方部隊の小競合いに過ぎなかった。そのため竹内の勤務も「毎日、中隊じゅうの洗濯物をかき集めて、川へ洗いにゆく生活が何日かつづき、その揚句が分哨勤務に追っぱらわれた」（⑩一九一）という、戦場としてはのどかなものであった。また「この分哨勤務で、たまさかの楽しみは、近在の農家へ買い出しにゆくことだった。買い出しといっても、じつは体のいい徴発だが、そこは駐屯部隊の作法で、タバコなり塩なりの交換物資はかならず持参する。戦況が不利になるにつれて、現地調達の割合はだんだん大きくなった」（⑩一九一）と、戦況の悪化を肌で感じながらも中国の農村生活にじかに触れる貴重な機会となっていた。

翌七月には大隊本部勤務となり、北景港にもどって今度は宣撫班所属として最前線の緊張した空気から逃れることになった。北景港鎮は、現在、藕池《ぐうち》河とよばれている運河の東支流に面した港であり渡し口であった景港渡口を中心に営まれた鎮市であり、陸路で二〇キロ以上離れた華容県の県城よりも、水路で一〇キロほどの南県の県城にむしろ近かった。竹内の宣撫班は町外れの学校におかれた大隊本部から離れた「街道町の中心部」におかれていたというから（⑬七五）、鎮を西北から東南に貫くメインストリートと、北景港鎮の運河側の入り口である景港渡口に繋がる現在の郵政路との交差する十字路付近にあったのだろうか。この時の北景港の街は「廃墟に近い」状態で、また「住民の大半はまだ避難先からもどっていなかった」というが、これも一年前の江南殲滅戦の影響だったのではなかろうか。しかし竹内は後年、この荒廃していたはずの北景港鎮での宣撫班時代を「私の軍隊生活で、この時代は極楽だった」（⑬七六）とふりかえる。

　宣撫班で竹内の直接の上司であった木崎潔（軍曹）の回想（『回想』一二三）によれば、「一般中国民衆の保護と懐柔工作」を任務とする宣撫班の仕事のうち、「竹内さんはすくなくとも前者について当時異常な程の情熱を傾け、民衆処ぐうに打ち込んで居」た。また「常に全文全種（同文同種――引用者）でありながら、戦わねばならないという矛盾に悩んで居」た。そんな中で「虚脱状態にあった地域の少年を含めた一般民衆の補導と日本の理解を深める目的で発案開校した日本語学校」で「大きな成果」をあげたという。またこの宣撫班の責任者であった木崎が他の任務もあり不在がちだったことから、「一切を竹内さんと斎藤（秋男）さんにお委せして来ましたが、万事順調で当時の部隊長から感激されていた」という。竹内の記憶ではこの宣撫班では「ただ一人の兵隊として、気ままに暮らしていた」とあり、また斎藤の回想でも宣撫班への従事期間の記憶に曖昧な部分があるが、ともあれこのような僻地の一部隊に、中国への思いを強く持ちまた中国語に通じている人材が二人もいたことは異例であろうし、その彼らの宣撫活動のかいあってか、竹内が宣撫班に配属されてきたときには荒廃していた北景港鎮も次第に住人が戻って来るようになった。

竹内の北景港生活は、咸寧から岳州へ再進出していた独混一七旅司令部勤務になった翌一九四五年の五月に終わりを告げるが、この一年に満たない間に竹内が北景港の住民に与えた印象は決して小さなものではなかったようである。少し時代が下って、日本の敗戦により北景港に駐留していた独立歩兵第八八大隊の立場が一転した際、先に紹介した三谷の回想によれば、「湖南省大学の学長」（詳細不明）は、「中・日の関係はこんなことで別離して行くものではない。日本人の中に竹内好という人がいる限り、やがては中日の関係は強く結ばれるだろう。老川（三谷の旧姓）、おまえは生きて帰れ、そして竹内好という人間を大事にしてほしい」と語ったといい、また竹内の上司であった木崎が戦犯として捕虜になった件では、華容県長の袁辰基が「竹内好の直接の上官であった木崎宣撫班長だから」という理由で、長沙で軍法会議にかけるために移送する機会を使って木崎の身柄を日本軍に引き渡すことにしたという。竹内にとって「極楽だった」北景港での生活とは、単に戦闘的任務から解放されたというだけのことではなく、ここで、竹内なりに中国の民衆生活の中に入り込み、中国の一般民衆とともに日中のことを話したり考えたりする、彼の人生で唯一の機会となったことも含めてのことであろう。そしてそれが単に竹内の独り相撲でなかったことは、日本の敗戦後のエピソードからもうかがい知れる。

岳州の旅団本部に移った竹内は報道班に入り、また中国語教育の助手ともなった。この旅団司令部での勤務は竹内にとって「風当たりが強く」「気づまり」なものであったというが、竹内本人が勤務

図15 「日華親善」と書き付けられた，日本軍占領下の岳陽楼

した報道班は旅団本部のある営舎の外の建物にあり、「なるべく用事をつくって気ばらしに町へ出ていった」り、旅団本部にいた「同文書院出の私より中国語のうまい兵長」の案内で岳州城の西門にあった岳陽楼や城内の天主教会へ行ったり、また町の有力者や学問好きな民間人を訪ね歩くなど（⑬八二～八三）、ここでも前線的な緊張感からは解放された日々をすごしたようである。後年の回想でも、ここで見たはずのポツダム宣言を、「自分とは何の関係もない、遠い世界の出来事という感じがしたにすぎなかった」（⑬八六）という。

　八月一五日、報道班という立場にありながら予告された天皇の放送を「暑をさけて、室内に」いて直接聞かなかった竹内は、同僚の老兵から日本の降伏を告げられる。アメリカ軍の本土上陸後に国内が分裂した形での敗戦を予想していた竹内にとって、突然やってきた日本の降伏は「ガッカリさせ」られるものであり、また「何者かに対して腹が立ってならな」いものだった。そのため、「解放のよろこびも、生き残ったことのよろこびも、はじめはあまり実感にはならなかった」。「集団生活をしていなかった」竹内は「八・一五のショックを兵隊の感覚でとらえることはできない」と述懐しながら、のちにこの日を「つらい思い出の事件」

として「屈辱の事件」（⑬七七〜八五）という文章にまとめることになるが、八月三一日に現地除隊（召集解除）となるまで竹内の軍隊生活は続いた。この間に「戦後」の竹内に繋がる一つの思想的契機があった。ある朝の点呼のさい、竹内の元中隊長だったという当番士官が軍人勅諭斉唱に際して「我国の稜威振はさることあらは汝等能く朕と其憂を共にせよ」の箇所を、「異例なよみ方」をした。「単なる修辞として何げなくよみ過していた勅諭に、この緊迫した表現がふくまれていたことを知っ」た竹内は、「明治の精神を改めて見なお」すことになる。

　さて、敗戦から復員までの竹内だが、現地除隊直後の動きはあまりはっきりとしない。斎藤秋男の回想では、岳州から漢口へ向かう除隊兵から竹内が「重慶へ行く」「重慶がムリなら長沙まででも行きたい」と言い、「反対に」行ったことを聞いたとする（「幻覚のなかの〝8・15〟」『回想』一二一）。あるいは重慶の大学で謝冰瑩が教鞭をとっていたことをどこかで知り、その伝手を頼ろうとしていたのかもしれない。

　竹内の足取りがはっきりするのは、九月末に岳州から漢口に移動し、一〇月一〇日、去る六月には衡陽から武昌に移駐していた第四野戦鉄道司令部・第二〇四停車場司令部（一九四五年二月、佐倉で編成）鉄道運営隊の臨時通訳となったところからである。竹内は翌年の六月の内地復員までこの部隊と行動を共にし、前線や長沙への出張をこなしたという（⑮四一六）。

　この時期の竹内の足跡でもう一つはっきりしないのが、武昌での謝冰瑩との面会の時期とその経緯である。竹内にとって敗戦後初の文章である「不堪回首——献給謝冰瑩先生——」（一九四五年一一月二二日、⑬九一～九四）では引っ越し中だった謝の家に竹内が訪れたことになっている。竹内没後の謝の回想文「無限の悲しみ——幾人かの日本の友人を偲んで」（『方法としてのアジア』創樹社、一九七八年、所収）では、竹内が謝の勤めていた新聞社を訪れたとしているが、謝によれば竹内はこの時、武昌で捕虜になっていたという。両者の面会の具体的な日付も不明確だが、謝によればそれは「民国三十四年の冬」のことだとされる。一方竹内はその日を明確にはしていない。*

＊前掲竹内の「不堪回首」中に「曬秋」とあるが、この「秋」は、季節の秋ではなく豊作となった農作物そのものを指すもので、これらを風に晒すことが季節を問わず「曬秋」と称されたものではなかろうか。

先に述べたように竹内が第四野戦鉄道司令部の臨時通訳となったのが一〇月一〇日なので、謝のいう通り両者の面会が冬のことであるとするならば、あるいはこの野戦鉄道司令部での勤務のなかで何らかの理由で中国軍の捕虜となり、その解放を謝に求めたのかということになる。また翌一九四六年の一月付けで臨時通訳から軍属傭《ぐんぞくやとい》となったのも、この件で身分的な担保が必要となったためかもしれない。もちろん竹内の文章中にはこれらの事情は一切触れられていないが、まだ降伏から半年と経っていない先行きの見えない状況下の中国で書かれた文章であることを考慮すれば、その経緯の全てを書くことはできなかったということは充分に考えられる。ともあれ、謝冰瑩が漢口に来たのは日本の降伏後のことであり、また翌年には母校・北平師範大学で講義を持つために漢口を離れるということもあったので、両者が漢口で面会できたのは非常に幸運なことであった。

一九四六年四月、竹内は第四野戦鉄道司令部とともに武昌を離れ、六月には鹿児島の地を踏み、二年半にわたった竹内の従軍体験は終わりを告げる。以上のような経緯をたどった、「自由を奪われていた期間」（⑥一八一）であった「三年の屈辱」（③五三）は、竹内の思想形成にどのような意味を持ったのだろうか。あるいは竹内本人によってさえ一つのまとまった経験として認識されるこの期間には、質的には三つの異なった経験が複雑に絡み合っており、またこのことが竹内の思想をより豊かで確固たるものにした。その三つの経験とは、一つは「軍隊」を経験したことであり、次には「敗戦」の経験である。そして最後に「中国」経験の充実も見逃すことができない。

竹内が軍隊で経験したのは、その直接的な暴力機能から生じる悲劇ではなく、組織としての軍隊が持つ二重性であった。「私は自分が軍隊を体験したからよくわかったが、軍隊ではすべてのものが二重にある。たとえば実際の戦闘と記録された戦闘（これが真実の戦闘であり、したがって、そこだけから責任が発生する）とは別のものだ」として、「役人や政治家が嘘をついているように見えるのが、じつは嘘をついているのではな」く、「かれらは架空の（したがって実在の）責任にたいして忠実であるにすぎない」ことを実体験として理解し、「ヒエラルキイとよばれる日本文化の構造」下にある日本では「人民のあいだからうまれる指導者」は生まれないとし、「日本人は、指導されるか、指導されるのがいやなら自分が指導者になるよりほかに生きられない。むしろ、指導者は同時に被指導者であり、被指導者は同時に指導者であるように、目に見えぬ糸で縦につながれている」と、ドレイの実例を軍隊のなかに見出し、それを日本社会を一般につらぬくものと確信するようになった。

中国経験という点から振りかえると、そもそもこれまで華北を中心とした地域に限られていた竹内の中国における足跡が、華中・江南地域に広がることになったのは、一九四二年の回教研の出張からである。しかし、この出張の中で徐州から上海までの総滞在日数は二二日間であったというから、ここからさらに上海での住宅事情・家屋調査に費やした時間や都市間の移動時間などを勘案すれば、上海から足を延ばした杭州や蘇州での滞在日数は極めて限られたものとなろう。『中国文学』に発表された杭州・蘇州についての記述（「旅日記抄」⑭四〇九～四一三）も、杭州では西湖の畔での心象の描写と、また蘇州では城内を楽しんだ様子が伝わるのみであるが、それはそれ以上の見聞を得る時間がなかったというのが実際のところなのであろう。すなわち、竹内がここまでに実際に体験してきた中国とは、基本的に華北の乾燥地帯と、上海・杭州・蘇州といった限られた江南の、その何れも都市――城壁と城門によって都市外の「農村」と明確に区切られた閉ざされた生活空間だけであった。都市外の中国は、竹内にとっては移動する車中から眺める、車窓の風景であった。

しかし竹内が駐留した北景港は、これまで竹内が経験してきた中国のいずれの都市とも異なった、江南の小都市――城壁を有さず田園風景と直接つながる「鎮」と呼ばれる生活空間であった。武田泰淳に『魯迅』の原稿を託して出征した竹内であったが、その魯迅の原風景である江南の世界を直接知ったのは、じつにこの従軍のときがはじめてであったことになる。のちに竹内は「ふつう、江南というと揚子江下流地域だけを指すが、この場合は、中流までふくめて、毛沢東の生まれ故郷のあたりまでをふくめて日本との同質性を考えていいと私は思う。あるいは四川省までふくめていいかもと思うが、なにしろ足を踏み入れたことがないので、そこまでは遠慮しよう」（⑩三九三）と、日本と中国江南地域の同質性について言及するが、ここでわざわざ「毛沢東の生まれ故郷」として長江の中流域まで含めるのは、同じ湖南省の地を実感しているという自信があってこそのことであろう。

またこの北景港の地は、竹内が「ふるさと」と感じた臼田の街にどこか似た街でもあった。郡役所が置かれて地方政治の中心でもあった臼田も、そもそもは佐久甲州街道による陸運と千曲川の水運との交わる街として栄えた商業中心の宿場町であり、特に街道に沿って発達した街並みがその中心であった。北景港もまた華容県城から続く陸路と南県城から続くクリークとの交点に栄えた街であり、港を中心に運河に沿う形で街並みが発達しており、竹内の所属する大隊本部がおかれた「学校」などの近代的行政の産物は街の外れにおかれていた。このような竹内にとってどこか心許せる庶民の町での生活経験を提供してくれた北景港は、宣撫班勤務の気楽さとも相まって、竹内にとって第二の「ふるさと」としてその中国像により一層の深みを与え、都市への留学や一過性の旅行などではうかがい知れない「農村生活を知っている」という大きな自信となったはずである。

にもかかわらず、竹内は戦後この北景港での体験を積極的には「売り物」にしていない。それは、竹内の従軍が、「戦場」として中国を知った武田をはじめとする同輩たちの経験とは全く異なったものであったために、一面では「戦場を知らない」というコンプレックスにもなっていたためではなかろうか。実際に、竹内の語る軍隊体験は、いくつかの面から相当に卑屈なものとなっている。兵隊としての竹内は「第二乙種」という決して名誉とは言えない位置づけにあり、やがて配属されたのは武田の近衛第二連隊とは対極にある独立混成旅団であり、また語るべき兵士としての戦場での武勇伝もなかった。弱兵だった竹内は「鉄砲を一ぺんも撃っていない」（『状況的』三九）ために中国人を直接殺害するという原罪を背負って戦後を生きることを免れた代わりに、より論理的、あるいは思想的な側面から日本と中国との戦争と向き合う必要があった。

竹内が戦場の代わりに実感したのは「弱い者いじめ」としての戦争と、それへの自らの嫌悪感であった。先に日中戦争の全面化によって竹内を襲ったこの「何とも言えないようないやな気持」（『思想の科学』（第五次）二二）は、対米英開戦により一度は払拭されたかのように思われた。「大東亜戦争と吾等の決意（宣言）」（⑭二九四～二九八）によってその思いが振り切れたと宣言した竹内はしかし、召集され、彼が肯定した米英との戦いの場ではなく、対米英開戦後も相変わらず続いていた中国侵略の現場に配属されることになる。さらに、この「弱い者いじめ」の構造が単に日本から中国に対しての侵略行為としてだけではなく、日本の軍隊内部にも併存していることをいやおうなく実感させられる。戦後の竹内思想が、例えば六〇年安保をめぐる竹内の戦いが単純な反戦平和に収斂されずに、より大きな社会構造の問題として展開される素地は、この戦場にいながら戦闘をあまり経験することが無かったところにあるのではなかろうか。

この戦場からの距離感は、また同時に竹内の敗戦経験をも規定することになる。のちに「民族の屈辱でもあり、私自身の屈辱でもある」（⑬七八）と振り返る「八・一五」は、竹内にとっては暦上に二四時間で区切られた日付という点ではなく、この八月一五日を起点としてジワジワと実感され、その実感を振りかえったときにまたその起点として思い返される符号であった。この実感とは竹内個人のものというよりも竹内の周囲の日本人、竹内とともに従軍していた民間人通訳や幹部候補生あがりの軍医、さらに戦後の竹内思想のよき競走的伴走者となった丸山眞男の、そういった様々な日本人の敗戦の受け止め方の総和であり、竹内はその一つ一つを見つめて、そこから敗戦に至るまでの日本人の思想をとらえ直すことで戦後の思想的営為の糧を得た。この思想的経験こそが竹内にとっての敗戦経験だった。

第二章　「戦後」からの出発（一九四五〜一九六〇年）

1　「インテリ」と民衆

(1)　思想の「再建」をめざして

敗戦から約一〇ヵ月を経た一九四六年六月三日、竹内を乗せた船が中国をあとに出帆した。チフス患者発生のために予定より遅れての乗船であり、同様の理由で着岸にさらに日数を要し、鹿児島で下船できたのも二三日のことであった。それから列車で移動し、二六日に品川に到着した。

日本に着いてからまもなく、竹内は埼玉県の浦和（現さいたま市）に居を定め、応召中の空白を取り戻すべく、戦中から交流があった野原四郎*を訪ねたり（六月二九日）、雑誌『新中国』『中国文学』をはじめ『東洋経済新報』『展望』『新日本文学』などの入手が容易でない雑誌を精力的に購入したりして、懸命に中国や日本社会の情報を収集していった。また七月一一日には日本共産党本部に行き、『アカハタ』編輯担当の高橋勝之のもとに赴いて最近号を購入するなど、政治社会情勢を把握しようと努めていた様子がうかがわれる。

＊竹内は野原と、それに山口一郎・斎藤秋男を加えた四人で『中国革命の思想―アヘン戦争から新中国まで―』（岩波新書、一九五三年）を書いている。

中国文学研究会もこの年の三月に再建され、雑誌『中国文学』も竹内不在のまま復刊されていた。しかし復員後にこれを知ることとなった竹内は、復刊を手放しに歓迎するのではなく、「伝統は、守らるべきものであると同時に、内より毀たるべきものである」と述べ、復刊の意味を根源から問うた。竹内においては、「あらゆるものが党派性に在る時代に、党派的でないこと、党派性を拒むこと、アイマイにすることは、それ自体が別の党派性であ」り、その「党派性」に無自覚であってはならなかった（「覚書」＊一九四六年八月、⑬九五・九九）。戦争中、「党派性」の喪失を理由に中国文学研究会の解散を決断した竹内であったが、会に関わるに当たって再度「党派性」の意味を問うたことは、自己の決意のほどを再確認する作業でもあったであろう。

＊この「覚書」は、復員後最初に書いたものだったが日の目を見ず、一九四九年刊行の『魯迅雑記』に収めて公表された（「『魯迅雑記』あとがき」一九四九年六月、⑬二八三～二八四）。

また、次のようにもいう。「私の考によれば、「隣邦支那を敬愛」すること一般「支那の文学に親しむ」こと一般、そんなものは存在しない。そういう言葉は無意味である。ただ、そういう無意味な言葉に凭《よ》りかかることで安心している人々は存在すると云える。そしてそういう人々は、「日本文化の復興」という創造的の仕事とは縁がない。本当の「日本文化の復興」は、そういう人々から自分を区別する党派性を、自覚をもって育てていく実践の中だけから生れるのである」（同前、⑬九九）。それは、「党派性」の問題とともに、耳心地のよい「無意味」な言葉によりかかることの不毛性、ならびに欺瞞性を指摘したものであり、のちに竹内が向きあうことになる日本社会の差別の問題にも相通ずる点を含んでいたといえよう。竹内は、毎週開かれていた中国文学研究会旧同人の例会には、九月以後毎回出席したという（「年譜」⑰三〇三）。

なお、応招中の一九四五年春に、知人の世話で東大文学部支那哲文学研究室に家蔵の書籍を預けたところ、それの一部が行方不明となり、その大学側の対応の不誠実を関係者に手紙で訴える（「東大に委託の書籍について訴える」一九四七年三月三〇日、⑭）という一件もあった。

竹内は旺盛な執筆活動を開始し、一九五〇年前後からは、『展望』などを舞台に論壇の寵児となる。*「この二年あまりの期間に、書きためた雑文を整理してみて、書評と、文学に関するものを除けば、ほとんどすべてがインテリゲンツィア論であることには、自分でも驚いた。（中略）思想より、思想の担い手としてのインテリゲンツィアが、私の主題である」（「はじめに」『日本イデオロギイ』一九五二年六月、⑥四）と竹内自身が回想しているように、この時期の彼の主題はまぎれもなく「インテリゲンチャ論」であった。

＊後年竹内は、「戦後に復員してきてから、評論活動をはじめたわけだけど、食うためにそのほかいろんなものをやってる。一つが魯迅の翻訳です。鎌倉文庫と大阪の朝日新聞に頼まれてやったものです」と回想している（「中

国と私」一九六九年二月、⑬二一三)。

それらの一部が、のちに『日本イデオロギイ』と題する単行本にまとめられる。そのタイトルは、日本の敗戦を待たずに獄死した唯物論哲学者戸坂潤《とさかじゅん》の『日本イデオロギー論』(一九三五年)を意識したもので、竹内は、「私は、自分が日本イデオロギイの圏外にいないこと、もしも戸坂氏が再び筆をとれば、私自身が日本イデオロギイの一分派に分類されるかもしれない、ということを感じる」としつつも、「自分では、日本イデオロギイに安住しているつもりはない。脱却のために努力し、脱却の方向を模索しているつもりである」と宣言する(「はじめに」⑥三)。ファシズムに警鐘を鳴らし「現代日本の日本主義と自由主義」に対して、唯物論に徹することで完膚なきまでの批判的検討を加えた戸坂の存在が、竹内の念頭にあったことが見てとれる。戦後の竹内の思想を論じた松本三之介は、その思想的営為を思想の「再建」と称し、それを「民主主義や自由主義や平和主義等々の「主義」を「導入」し「定着」させることではなく、むしろその前に、日本の思想が戦前いらい持ちつづけていたその体質を転換し、思想としての構造そのものをまず立て直すということでなければならなかった」と説明している(傍点——原文)(「戦後思想と竹内好」テツオ・ナジタ、前田愛、神島二郎編『戦後日本の精神史―その再検討―』岩波書店、一九八八年)。まさにそれは、竹内が戸坂に仮託して述べたことであった。

思想の「再建」のために竹内がまず必要としたのは、戦前の思想を総括することであった。「中国の近代と日本の近代―魯迅を手がかりとして―」(『東洋文化講座』第三巻、一九四八年一一月、のちに「近代とは何か（日本と中国の場合）」と改題、④）として世に問われることとなる「予備稿」を書き上げた際の感慨を、彼は「浦和日記」に次のように記している。

ただ充足感にひたっている。こみあげてくるうれしさ。考えてみれば、よくも書けたものだと思う。途中でもう駄目だと思ったことが何べんかあった。どうやら堪えてきた。ずいぶん日数はかかったが、これで自分も一つ年を取ったような気がする。戦争から帰ってからのもやもやが、ひとまず処置できたような気がする（一九四八年一月三一日、⑯七）。

「発表当時はほとんど世評に上らなかった」というが、「伝統」に依拠する中国にたいして、西洋思想の葛藤なき受容を行ってきた日本の「近代」のあり方を批判的に問うたものとしてのちに注目されるようになった論文であり、後年、その理論的完成度の低さは自ら認めているものの、彼自身も、「当時は自覚しなかったが、後から考えて、自分流に近代化の一般理論を目ざしたことは確からしい」と回想している。「定収入がないので、ひる間は金策に歩きまわったり、買出しに行ったりし、夜はランプの下で机に向った」生活であったが、「いま思うと不思議なくらい前途は明るかった。ともかくここで、自分にとっての精神上の一つの難関を越えねばならぬ、という思いつめた気落ちの張りがあって、何十日かを費やしてこれを書いた。途中で行きづまって、一行も書けぬ日が何日もあったと記憶する」と、明るい前途に向かうなかでの苦労のほどを述べている。しかし、「結果は、理論にたどりつく数歩あるいは数十歩手前で止ってしまっていて、せいぜい歴史学批判の、それも序説でしかな」く、「応用問題」にばかりかまけていたために「理論形成はほとんど前進していない。仮説を仮説のままで放ったらかしてある。たぶん自分の手ではもうこれ以上の理論化は望めないかもしれない」と認めざるをえないものではあった（「解題」『評論集』③、④四四三）。

そうではあっても竹内はこの論文を書きあげることに心血を注ぎ、自らの限界にまで挑んだにちがいなく、苦労した分だけ書き終えての「充足感」も大きかった。それは、平石直昭が指摘するように*、「大東亜」の建設に期待を託した戦争中の過去、竹内いうところの「日本イデオロギイ」にとらわれていた自己と訣別し、日本を「東洋」から切り離して「ヨーロッパ」の側に置くとともに、その日本の近代を見つめる作業に踏みだすことを意味するものであったからである。すでに述べたように、戦時下の「支那」と向き合うなかで、竹内は、しだいに日本の近代とは異なる独自の近代が中国にあることを見出しつつあったが、それを明確にはしえないまま戦地に赴かねばならなかった。ここでの竹内の苦悩は、そこで見出しかけた中国と日本の差異をより突き詰めて明らかにすることよって生じたものであった。さしあたりここでは、その論文「中国の近代と日本の近代」が何を提示したのかについて述べておきたい。

＊平石は、「戦中の竹内にとって「大東亜」と日本とは、欧米列強との対抗関係において一体視されていた」が、「戦後の竹内にとって日本は「東洋」の外に置かれた」といい、「この変化には、竹内が魯迅を通して得た日中の異質性の認識が大きく作用していた」ことを指摘している。すなわち「魯迅に見られるような「抵抗」を東洋全体の特徴として一般化し、それによって「東洋」をヨーロッパ近代に対する抵抗の面で特徴づけている。そして東洋諸国に比して日本には、その契機がないか、あるいは非常に弱いとして、日本は「東洋」ではないとしたのである」（平石前掲「竹内好における歴史像の転回――大東亜・魯迅・アジア――」）。

その論文を世に問うた翌年、竹内は、デューイの著作に接することで、中国と日本との相違に次のような説明を与えている。すなわちデューイが、「中国の近代化の時間的立ちおくれ」が、かえって「変革が徹底されて、国民心理の革新という本源的な基盤に立つこと」を可能ならしめた、すなわち「質的優位を作用した」として通常の評価を反転させ、「なぜ、中国が近代化に成功し、日本が失敗したかという理由」を「固有の文化をもつものと、そうでないものの差に帰している」と述べたことに依拠し、日本と中国の間にある「近代」の質的差異の決定的な点は、「日本では、既成の観念を外から借りてくるだけで、自分で思想をうむための地盤を作ろうとする運動は起らなかった」ことにあったとする（「伝統と革命―日本人の中国観」『展望』一九四九年九月、「日本人の中国観」と改題して再録、④七～八、及び一三～一四）。さらにその点に関わって、丸山眞男についても以下のような批判を展開している。

> 丸山の説は、中国が日本より近代化に立ちおくれた原因を、イデオロギイの側面から、妥当に説明を下してはいるが、かれはなお、その立ちおくれを立ちおくれのままで処理していて、時間的な差が同時に質の差を含むという展望を与えていないように思われた。後進国の近代化の過程を、はっきりヨオロッパと区別して扱う扱い方においては、これまでの公式的な唯物史観論者より数等すぐれているが、後進国の型に日本と中国では質的な差があることをかれは見逃してはいないだろうか。（中略）どうも私には、丸山のような学者さえ、日本人の伝統的な中国侮蔑感が意識下にあって正しい理解を妨げているような気がする*（傍点――引用者）（④一三）。

＊この点について丸山は、「その批判の趣旨には、実はぼくもまったく服したのですが、批判といっても、「丸山のような学者でさえ」日本人の伝統的な中国侮蔑感が意識化にある——というので、「でさえ」という大変光栄な留保付の批判なんです。ところがこの論文が『現代中国論』に収録されたとき、好《ハオ》さんはわざわざ次のような断り書きを付け加えました」と記してその断り書きを紹介している。次のとおり。「本稿で丸山眞男氏の意見に批判を加えている部分は、引用の論文に関してだけであって、その後の一連のファシズム論で丸山氏が展開されている論旨には私はまったく同感である。読者からの質問があったので念のためお断りしておく」。ただし、それが付記された『現代中国論』の版は未確認（「魯迅の会　好さんへの追悼（あまり原稿）」一九七七年一二月、東京女子大学丸山文庫編『丸山集　別集』③二三二～二三三、及び編者註①二三七）。ここから、竹内がそのような留保をつけていたことともに、丸山もまた竹内の批判に「服した」こともみてとれる。

竹内の日記によれば、一九四八年八月三〇日に出席した思想の科学研究会は「Dewey の話」であった（「浦和日記（一九四八年）」⑯三八）。前述の一九四七年の論文「中国の近代と日本の近代」にはデューイは登場しないが、一九四九年の「日本人の中国観」（④）で展開される丸山批判はデューイに大きく依拠しており＊、竹内がデューイに着目するようになったのは、このころしばしばデューイをとり上げていた思想の科学研究会の影響が大きかったのではないかと思われる。

＊デューイに影響を受けたことについては、後年、「方法としてのアジア」（一九六一年一一月）のなかでも、「私はデューイの哲学大系というものは、素人で全然わからないのですけれども、中国と日本との近代化の比較に関する限りは、今日から見てシャッポを脱ぐのです。つまり日本の近代文化がいかにつけ焼刃であるか。実際そのとおりになったのですね」と述べている（⑤九九）。

竹内は、「ヨオロッパと東洋とは、対立概念である」（「近代化とは何か（日本と中国の場合）」一九四八年一一月、④一三六）、「東洋の近代は、ヨオロッパの強制の結果である」と言い切る（④一二九）。

「無限の前進のヨオロッパ」（④一三九）に対して、「抵抗を通じて、東洋は自己を近代化した」のであり、「抵抗の持続は敗北の持続である」（④一三四）がゆえに、東洋は「前進＝後退」（④一三七）であった。そして、「抵抗が少かったという意味」において、「日本は東洋諸国のなかでももっとも東洋的でない」のであった（④一四三）。そのような評価は、「日本文化は、伝統のなかに独立の体験をもたないのではないか」「外からくるものを苦痛として、抵抗において受け取ったことは一度もないのではないか」という、日本の〝ズルズルべったり〟の文化の受容のあり方への問いともなって表出した（前掲「近代化とは何か（日本と中国の場合）」④一六八）。竹内は、こうして中国＝東洋との関係において日本の位置とあり方を見つめ直し、西洋に追随してきた日本の「ドレイ的」なありようを見つめる決断をしたのである。竹内における思想の「再建」は、その点を根底においていた。

　年代はややあとになるが、竹内には、日本の学問が「無国籍」であるにもかかわらずそれを世界性と誤認し、もっぱら「西洋の学会で問題にされている問題意識」を追究していることの「寄食的であり、植民地的であり、ドレイ的」である点を衝いた「歴史家への注文」と題する論文がある。そのなかで、次のような事例があげられている。

　日本のある学術機関が、自分のところで出版した中国研究の書物を、中国の学者へ送ったそうです。そして批評を求めたそうです。相手は、こういってきました――この研究はすばらしい。これをそのまま中国語にホンヤクして、中国人の著述として出しても、立派に通用する。そして賞讃を博するだろう。ただ、日本人が今日、なぜこのような書物を書いたかという意味が自分にはわからない。これは痛烈な皮肉であります。日本の中国研究は、本国で行われている研究に劣らない。もし中国語で書けば、そのまま本国の学界に通用するほどのものがある。しかしそこには、今日の日本人としての立場からの問題意識は一片もない、ということなのです」（一九五二年四月、⑥七一）。

以下にみるように、つねに中国との戦争の問題を念頭におく竹内にあっては、「日本人としての立場」からの中国認識にこだわらざるを得なかった。この点は、竹内が戦後の日本社会について発言する際に、いかなることがあっても看過しえない原点であった。そうであるがゆえに竹内は、歴史学界に対して、自分がドレイであることに無自覚なままドレイの主人になりかわることを戒めずにはおれなかった。

そのような竹内の目に、そうしたありようから抜きんでた存在と映ったのが、『歴史と民族の発見―歴史学の課題と方法―』（東京大学出版会、一九五二年）を書いた石母《いしも》田《だ》正《ただし》の存在であった。竹内はそれを読み、「ここにおける問題意識は、もはや無国籍ではなく、あきらかにドレイからの脱却を志したドレイの苦悶を訴え出しております」と評価している（前掲「歴史家への注文」⑥七三〜七四）。「序　歴史と民族の発見」において石母田は自己を振り返り、「学問という伝統的な世界に育った私には、過去の日本の歴史、過去の日本人にたいすると、現在の日本人の一人一人が必死に生きているのだという同情や共感をうしなってしまいます。一人一人の平凡な人間がもっているひろい世界、この世界が何千万も集って形成している日本という世界、その深さと可能性は無限といってよい

図16　丸山真男（『丸山眞男集』第8巻口絵）

ほどの世界ですが、そのような感じや眼で、私は歴史というものを見ていなかったと思うのです」との反省の弁を記し、「どんな人でも、一人一人が自分の過去の経験＝歴史によって生きており、それより生きようがないように、日本人が民族として生きるためにはその民族の経験＝歴史を通じて、それによって自覚する以外に方法はないのだとおもいます」と述べるのであった。それは、次章で述べる竹内の求める「生活の中から生れる思想」に通じるものであり、石母田は、「民族という集団と生活がある以上民族意識は消えるはずはない」として、「自分のせまい日常の生活と経験」、それを自覚するところから「民族意識」を打ち立てようとしたのであった。[*]

＊石母田、ならびに竹内の石母田にたいする評価については、山田智「総論　竹内好と〈歴史学〉との対話」（前掲『竹内好とその時代』）を参照。

ところで、生涯深い深い親交を持つことになる丸山眞男との出会いは、一九四七年九月三〇日、東京大学東洋文化研究所においてであった（「浦和日記」一九四七年九月三〇日、⑮五一七）。すでに竹内は丸山の論文を読んでいて、「超国家主義の論理と心理」（『世界』一九四六年五月）については、「面白かった。近来になく面白かった。帰還後よんだ中で随一ものである」と感動を記し（「復員日記」一九四六年一〇月一九日、⑮四三六）、さらに再読もしている（同前、一一月二日、⑮四四一）。彼の日記には「くだらぬ」「ろんがい」「つまらぬ」といったように、他人の作品に対する辛口の批評が散見されるなか、丸山に対しては格別の評価と関心を寄せた。論文「日本ファシズムの思想と運動」についても、「丸山眞男がやはり面白い」と記し（「浦和日記」一九四八年七月一〇日、⑯三〇）、翌日にも、「丸山眞男の「日本のファシズム」（「日本ファシズムの思想と運動」をさす――引用者）は予想通り面白い。引例適切、vivid に image がうかぶように述べられている。この人の感覚と、それを支える思想とは、やはり他の人よりきわ立って秀れている。服部之総と遠山茂樹ははるかにおちる、面白くない。まだ飯塚浩二氏の説話調の方がよめる」（同前、七月一一日、⑯三一）と丸山を絶讃している。その後、とりわけ一九五四年末に竹内が丸山の近所に転居してからは双方の家を行き来して親密な交際を続け（丸山「好さんとのつきあい」一九七八年一〇月、『丸山集』⑩三五一）、丸山は竹内のことを躊躇いなく「親友」と称した（座談「近代日本と福沢諭吉」一九八四年一一月、『丸山座談』⑨八四）。

丸山は、専門分野や職業の違いを超えた「知識人の再出発」をめざし、それの一つの営みとして敗戦直後から三島庶民大学などの活動を行っており、竹内もまた次のように述べて、同様の問題意識に立った自らの決意を語っている。

> 私は、私流に、ナロオドニキを組織しなければならない。私は組織するであろう。私は、自分にできることは、やるつもりだし、自分にできることだけを、やるつもりだ。私は、日本文学史から秀才を追放したいし、私の憎悪をこめたアンドレ・ジイド論（たとえば、『コンゴ紀行』から）

も書きたい。しかし、その準備のために、私はもう一度、魯迅論を書かねばならぬのであって、その準備の途中で、大望だけを抱いて、結局は何もせずに、私は死ぬかもしれないが、たとえそうなっても、どうも仕方がない（「ある挑戦―魯迅研究の方法について―」一九四九年五月、⑥一九一）。

竹内は、魯迅を拠点にしながら文学におけるナロードニキをめざしていたのだといえよう。*

＊後年、竹内は文学について、「私の専門は文学でありますが、私は文学というものを広く考えております。ある国の人々のものの考え方とか感じ方、さらにそれを通してもっと深いところにある生活そのもの、それを研究対象とする。もののほうから生活を見るのでなくて、心の面から眺めるのが文学だ。そういう態度で研究を続けておりました」と述べている（前掲「方法としてのアジア」⑤九二）。竹内の文学に対する考え方がみてとれよう。

すでに述べたように、敗戦を経て竹内は「一つの仮説」、すなわち「後進国の近代化のタイプに二つあり、日本と中国は異質ではないか、ということ」を導き出した。「その仮説をたしかめるために、あるいは自分に説明するために」文章を書き、「この課題は思弁的にでなく、実践的に解かれなければならぬ、と次第に私は考えるようになった」と、のちに自ら語っている。すなわち「解釈でなく、改革が必要」であり、「日本人の思想改造と、それにつながる自己改造が必要である」と。その主体をつくり出すために提唱されたものが後述する「国民文学論」であり、それを深めていくには、「どうしても著者と読者の一方的な通路をこわして、新しい人倫関係を打ち立てなければならぬ」のであった。竹内は一九五七年に「魯迅友の会」（準備会は一九五四年）を組織しており（→第三章3⑴）、それはほかからならぬその試みの一つであった（「私の著作と思索」一九五四年九月九日、⑬二八〇）。

魯迅は竹内にとって、いうまでもなく自己の主体をかけた対象であった。

竹内は、「一般外国文学の研究者のなかで、いちばん、尊敬している」存在として、やがて『雑種文化』（一九五六年）等で著名になる加藤周一に論及し、「おそらく、それは、日本の敗戦という事実、それに伴う文化の完全な植民地性の曝露、に対応する、もっとも急進的なイデオロギイであって、それにくらべれば、日本のマルクス主義者など、急進的といいえぬくらいな、それだけ、切れば血が出る現代性をもったもの」と加藤を評価する。そして、新日本文学や近代文学の同人たちのように「現実的でない」と加藤を非難する人の方が、「植民地的現実から多少とも目をそらしている不徹底性のために、より非現実的である」と述べて加藤を擁護している。しかし、その一方で加藤を「西洋文化の輸入の徹底」をいう「絶対他力」論者と位置づけ、「日本文学の国民的解放」という目的においては一致しながらも「いわば、加藤は、最短距離を行こうとし、私は、最長距離を行こうとするようなものであって、両者のあいだには、決定的な対立がある。私は、対立者である加藤を憎み、そして、敵として尊敬する」と言い切っている。そうしてそのような「秀才的思考方法」を「ドレイ根性」とまで称し、「絶対自力」の「私流」ナロオドニキ組織の決意表明を行うのであった（前掲「ある挑戦」⑥一八五〜一八六）。

こうしてすでに一九四〇年代末までにその後の自らの方向性を定めていた竹内は、「インテリ論」を引っ提げて論陣を張っていく。竹内は、一九五一年の作品「インテリ論」を『新編日本イデオロギ

イ　竹内好評論集』（第二巻、一九六六年）に収めるにあたり、このように述べている。「知識人論は当時の論壇の一流行であった。その流行に乗って、自分なりに一般理論の形成への参加を志したもの。これまでの読書や思索の結果たどりついた自己確認を示す。それがこの程度であるのは、人には情ないと思われるだろうが、自分では精いっぱいということで満足している」（「解題」同前、⑥四一四）。やや抑制気味の表現ではあるが、竹内にとって「インテリ論」が自己のこれまでの総括にも当たる重要な位置を占めていたことを示していよう。

『展望』（一九五一年一月）に書いた最初の「インテリ論」（⑥）[*]には、「安藤昌益の伝統について」という副題がついており、冒頭でE・H・ノーマンの安藤昌益論に言及しているのは、安藤の「精神」、すなわち「直接の生産者への「熱情」を通して結びつこうとする意欲は、今日でも必要であり、むしろ今日こそ必要」と考えたからであった。彼はいう、「それこそ学問（文化）の出発点であり、絶えざる回帰点であり、それを忘れることは学問がダラクへ一歩踏み出すことであるにもかかわらず、それを忘れさす内外の条件があまりに多いので、私たちはついに素朴さを見失いがちになるのではあるまいか」と（⑥二〇八）。それは、学問・文化、そしてそれを牽引する知識人のあり方を、もう一度原点から問い直そうとする意思の表明であった。

＊「インテリ論」は、その後改題改稿が行われており、『国民講座』第一巻「日本の思想」（清水幾太郎編集、河出書房、一九五一年一〇月）には「インテリと民衆の結びつき」と題して収めた。さらに前掲『日本イデオロギイ』には「インテリ論」と改題し加筆して収録、前掲『新編日本イデオロギイ』に再録の際にはふたたび「インテリと民衆の結びつき」に戻している（「解題」⑥四三五〜四三六、参照）。

その根底には、「日本のインテリは、日本の社会構造を反映して奇型化されている」（傍点――引用者）、すなわち「全体社会の頭脳作用を機能的に代表するのでなくて」「実体的な部分社会に固定」し、それがさらに「閉鎖的なギルド」に分裂しているとの認識があった。竹内は、インテリ論から出発して、日本社会のありように批判を及ばせていく。竹内によれば、「それぞれのギルド内部には、親分子分の階層的秩序が支配して」おり、そこでは「仲間だけに通用するフチョウ」が用いられ、そこで通用するモラルは「ヤクザ仁義」であり、「外界とのコミュニケーションを欠くから、国語の建設、国民文化の形成という民衆の基盤に立った共通の問題意識は発生しない」という（⑥二〇九）。ここで想起されるのが、丸山眞男が一九五〇年代後半ごろから説いていた、「開かれた社会」の対極にある「内と外」を峻別する「閉じた社会」のありようであり、あるいは「ササラ型」に対する「タコツボ型」の社会である。

図 17　『知識人の課題』（1954 年）

　このような閉鎖的なインテリのあり方は、インテリ特有の特権意識、官尊民卑、立身出世主義を生むとともに、「総じてインテリは、民衆にたいして抜きがたい優越感をも」ち、「民衆は、インテリにたいして劣等感をもつ」こととなる。そして、民衆は「学者を、官僚を、重役を、ある場合には芸術家を、軽蔑しながら畏怖している。白い手の労働者を、かれらは自分たちと等質物と見ていない。自分たちの生産の余剰で、自分たちの生活をよくするために学問に支払っているのだと思っていない。自分たちの生活感情を代弁させるために芸術家を養っているのだと思っていない」のである（⑥二〇九〜二一〇）。

自らのことも含めてであろう、竹内は、「戦後のさかんなインテリ論をふりかえってみると、その出発点は、戦争責任の反省にあった」といい、前述のようなインテリと民衆との隔絶がファシズムへの抵抗の組織されなかった一原因であり、現在もその状態が改まっていないと述べる（「インテリ論」一九五一年一〇月、⑥八八）。逆コースの進行のなかで、ファシズムからふたたび戦争に至りかねないとの危機意識を強めていたことがみてとれる。

竹内によればインテリの孤立には二つの意味があり、一つは、前述のとおり「インテリは相互間において孤立していた」ことであり、もう一つは、「民衆に対して孤立していた」ことであった。後者については、「日本のインテリは民衆と共通の生活の地盤に立たないで、浮き上っているから、その知的能力を民衆の代弁に役立てることができないのである」と説明される（同前、⑥八八）。なぜならば、日本の近代は、身分制を「制度として廃止することによって」（傍点――引用者）、先に述べた権威主義、官尊民卑、立身出世主義などの「古い意識」を温存しているのであり、「国民は自由な個人へ向って解放されたのでなく、ドレイへ向って解放されるために、身分のワクをはずされたに過ぎない」からである（同前、⑥九一）。問題にすべきは「インテリの寄食性」であるが、近代主義者と「近代主義者の変形であるにすぎない一派」であるマルクス主義者は、この点を見誤っているのであった（同前、⑥一〇〇）。竹内いうところの「近代主義」については後述するが、彼らがモデルにしたのは「西欧的知性」であり、それは「人類の頭脳を代表するものだが、同時にそれは、帝国主義の植民地支配という人類的規模の搾取によって養われていることも事実だ」からである（同前、⑥九九）。

竹内によると、インテリは「寄食的になれば不要物に転化する」のであり、求められるべきは「直接の生産者たる民衆に結びつくこと」であった（⑥九八）。竹内は、「インテリの出身は民衆であって、根は共通」（同前、⑥九二）と考えていたから、それは不可能ではないことになる。だからこそ前述したように、安藤昌益に思いを寄せながら「失われている生産への信仰を回復すること」（同前、⑥一〇二）を説いたりもするのであった。そうしてこのように述べる。「インテリが、個人として、また全体として、畸型化から自分を救い出し、完全な統一を実現したとき、いいかえると、インテリとしての機能的役割を十全に果した場合、かれは民衆と結ばれるだろう」「つまり、近代的市民になるということ」であり（同前、⑥九五）、そのために学ぶべきは「ダラクした今日の西欧でなく、勃興期の市民社会の精神」であり、あるいは「前世紀末のロシアのナロードニキの運動とか、今世紀はじめの中国の学生運動の精神」であった（同前、⑥一〇二）。ここにも、知識人は「生産」を担う民衆の生活に根ざすべきであり、同時に、それを非西欧の中国の近代化のなかにみるべきであるとする竹内の考えが貫かれている。

なおこのインテリ論には、唐木順三とともに丸山眞男が影響を与えていた（同前、⑥九四）。

⑵「ドレイ的日本文化の構造」との対決

竹内によれば、現状の日本のようなインテリのあり方を生みだしたのが「ドレイ的日本文化の構造」であり、それは、明治一〇年、すなわち西南戦争という「明治維新の革命が、反革命にたいして勝利をえたとき、つまり反革命を圧殺することによってそれ自体が反革命へ転化する方向で革命に成功したとき」に固定したのではないかという。日本の近代への問いとともに、明治維新への関心は、このように竹内のなかにかなり早い時期から芽ばえていた。

竹内が「革命として失敗した」辛亥革命と西南戦争を重ねていたことについては後述（→第三章2⑸）するが、かたや明治維新に対して以下のように述べる。

> 日本でブルジョア革命が成功したのは、日本にそれだけの物質的基礎があったからだという進歩主義者たちの議論を、私は信用できない。そういう議論を出してくる精神が、やはり日本文化の構造なりに形成されているように思う。つまり一高―帝大型の、指導者型の考え方だ。日本には、ロシアや中国に見られたような、アジア的な野蛮な抵抗がなかった。つまり反動が力弱かった。その反動の弱かったことが、同時に革命を反革命の方向に成功させたのだと私は思う。なぜ抵抗が弱かったかというと、これも日本文化の構造とつながるのだが、歴史的に形成された日本人のドレイ根性に関係してくると思う（「指導者意識について」一九四八年一〇月、⑥一一二）。

そして「いい子になりたがる日本的指導者心理の反映で、つまりはドレイ根性の裏返し」である日本のあり方を痛烈に批判している。さらにこのようにもいう。

> 日本の進歩主義者たちは、進歩を信じている。しかしその進歩は、進歩という観念であって、ヨーロッパの進歩ではないし、魯迅のいう「人類の進歩」でもない。魯迅の進歩は絶望に媒介されているが、日本の進歩は影のない観念である。加藤弘之の転向声明の伝統から出てくる進歩である。進歩主義は、日本イデオロギイの重要な特徴のひとつだと思うが、それは否定の契機を含まぬ進歩主義であり、つまり、ドレイ的日本文化の構造にのっかって安心している進歩主義である（同前、⑥一一三）。

そのような竹内の批判は、前衛党である日本共産党にも向けられた。一九四八年初頭の「浦和日記」に、日本共産党が投じた近代主義批判に触れて次のように記す。

> （一九四七年――引用者）十二月の共産党大会で、文化政策の項で近代主義との闘争ということがあがっている。これでは『近代文学』に名を成さしめるようなものだ。共産党らしくない低調な考え方だと思う（一九四八年一月二日、⑯三）。
>
> ＫＰ（Kommunistische Partei ――引用者）がこのようなまじめな青年をとらえている点に考えさせられるものがある。（中略）ＫＰの近代主義との闘争は、党内の自己批判だ。尤もと思う。しかし東大細胞の問題と関連して、もっとよく事情をしらべる必要がある。それと近代文学の問題。多くの学校で、魯迅の作品がtextとして使われている由（一九四八年一月九日、⑯五）。

これ以上に踏み込んだ記載がないため詳細は明らかでないが、日本共産党が「近代主義」を批判することには首肯しつつも、そのあり方に問題を感じていたことが推測されよう。それは、前章でみたように、戦前から竹内がマルクス主義にたいして抱いていた外皮的であるとの違和感の延長線上にあった。

竹内は、一九五〇年四月から五一年六月の間に、「日本共産党論」を『展望』誌上に四回にわたって連載し、日本共産党に対する歯に衣着せぬ批判を投げかけた。竹内は、一九四九年一月に歴史家の藤《とう》間《ま》生《せい》大《た》から日本共産党入党を勧められたが断った*（⑰三〇五）と記すように、自らは日本共産党と一線を画していたが、共産党を厳しく批判したのは、日本社会の変革の担い手として重要と考えていたからにほかならない。

＊のちの回想ではあるが、戦後まもなくの自分自身の共産主義の評価について述べた次のような文章がある。「私の同時代者、あるいはもう少し若い世代にも共産主義に飛び込んだ人がいますが、私にはそれができなかった。これは個人の性格にもよるし、体験の違いにもよるし、また世代的なものもあると思いますが、一九三四年に大学を出た一人として、私は共産主義というものに、それほど過去の美しい思い出だけをもってはいないんです。かつてのコミュニストが戦争中に転向して、もっとノン・コミュニストよりも積極的に戦争に協力したという側面をわりに多く見ているわけですね。ですから戦後に共産主義の波が高まった時もそこに入って行きませんで、自分はちょっと退いたところにおりまして、いくらか時代遅れの感じをもちながら、その運動の行末を見守っていたわけです。私はコミュニズムに対しては全面的に承認はできなかったのですが、コミュニズムが復活することはいいことだと思っていました。ただしコミュニズムが戦争を有効に阻止できたかという点には最初から疑いをもっていた」（「方法としてのアジア」一九六〇年一月、⑤九五）。

竹内が共産党の役割に関心を向けた背景として、一つには、一九四九年一〇月に中華人民共和国が誕生したこと、もう一つには、その翌五〇年一月、コミンフォルムが、占領軍を解放軍と規定する日本共産党の平和革命路線を誤りであると指摘したことから、日本共産党が、それに反論する所感派とそれを受け入れる国際派とに分裂したことがあげられる。竹内は、コミンフォルムの日本共産党批判は「さわやかな風のように私の心を吹いた」といい、このように述べる。「私はコミンフォルムの批判を全的に認める。そして、これにたいする日共の回答を全的に認めない。（中略）つまり、コミンフォルムは共産主義的であり、日共は共産主義的でない」。「アメリカとソ連の対立という高次の世界の疾患を、低次の世界にいる日本共産党あたりが、甘く見ないがいい。「奴隷の言葉」を使うことによって、その対立を利用し、自分の力で合法性を保っているなどと無邪気に信じこむ誇大妄想を止めるがいい」「コミンフォルム批判を認めれば、ただちに占領政策違反の自殺的行為に出なければならぬが、それは困る、というのが日本の共産主義者の本音だろうと思うが、これこそ、批判を批判として受け取る能力さえないことの証明だ」（「ゴマカシとタワゴト」一九五〇年三月、⑥二〇三～二〇五）。日本共産党が、本来の立場や主張をねじ曲げてまでも合法性を保って生き延びるために、アメリカに卑屈な態度をとっていると映ったことが、竹内には断じて許しがたいことだったのであろう。

竹内の日本共産党批判は次の点にわたっていた。

第一に、権威主義的体質とそれを支えるインテリと大衆のあり方に対してであった。竹内によれば、日本共産党の内部で「国際派と幹部派（所感派——引用者）」の「閉鎖的な発展性のない論争」がおこるのは、「日本人の精神構造（それは天皇制と不可分である）」から説明するのがわかりやすく、日本の共産主義は、日本のあらゆる思想と同様、「権威への近づきの度合によって、支配被支配の関係が成り立つ心理構造の上にのっかっている」のであり、「共産主義に忠実でありたいという主観的意図が、結果としてその構造を強めているのである」。それゆえ、「架空化された共産主義の権威が、すべての判断の基準」であるため、「革命性を日常性に卑属化した」野坂理論にさえも人びとはとびつくということになる（「日本共産党論」（その二）一九五〇年六月、⑥一四九）。この「日本人の精神構造」による説明は、竹内が「近来になく面白かった」と評した丸山眞男の「超国家主義の論理と心理」に依拠したものであった。そのような評価の背後には、「中共では、思想の中核となる自身のモラルがそなわっていて、したがって思想が生きているが、日共の場合はそうでない。思想が自分から離れている、つまり欠如している、ということだ。このちがいは、ドレイと自由人のちがいといってもいい根本のものである」（同前、⑥一四七）という、これまで見てきたような彼の中国観と一体の、理想としての中国共産党像が存在していた。

　第二に、そうした権威主義を生んでいるのは、「思想一般がそうであるように、日本では共産主義もまだ思想化されていない」からであり、「思想は、生活から出て、生活を越えたところに独立性を保って成り立つ」はずだが、「思想が生活に媒介されないから」「日本文化のドレイ構造を破壊するという革命の主題が忘れられる」、したがって「革命的なものが革命的であればあるほど反革命的になる」（同前、⑥一四一・一四四）。竹内によれば、日本における「思想の欠如」「疑似思想の氾濫の現象」は、「制度と意識の両面からの長い積みかさねによって、一種の民族性と化しており、ほとんど自覚されない」のであり、「コミンフォルムの批判が正しく受け取られないのは、日共がこのドレイ構造の内部にいながら、そのことを自覚していないせい」であった（同前、⑥一四二）。

この竹内の批判のあり方については、松本三之介が、「「生産性」という思想の力、思想の働きが、じつは、「生活から出」ることと、「生活を越え」ることという、二つの側面から成り立つ思想のあり方、思想の構造と表裏の関係で結びつくものであることが示されている」（松本前掲論文）と指摘しており、それが竹内の思想の原点であった。それゆえに竹内は、「革命は絶対に外からは来ない。私たちが日常の生活の場で考え、行動することを除いて、外からの救いがあるというのは幻想だ。（中略）私たちが自分で努力して作り出すのでなければ、たとい外から革命が来ても、私たちを素通りしてしまうのは、戦後五年の経験が教えた教訓ではないか」との問いかけを続けるのであった（「日本共産党論（その三）」一九五〇年八月、⑥一五八）。

しかし、現実の日本共産党は竹内の期待に応えるものではなかった。「一九四六年の夏、私は復員してきてから、当時まだ三日刊であった『アカハタ』を半年分まとめて丹念によ」み、「それは私をはなはだしく失望させた」（「日本共産党論」（その四）一九五一年六月、⑥一六四）と記す。後年の回想においても、「昔の『赤旗』は、大変なもんだった。持っているのを見つかると文句なしに捕まるということもあるが、一方、それを持っているだけでいばっていられる」というイメージがあるため、「敗戦の時に何もやっていないじゃないか、それを棚にあげておいて、という感じがしてならない。合法化された『アカハタ』を見ても、どうも、おかしいという気がした」と語っている。「中間に断絶があったコップ（日本プロレタリア文化連盟——引用者）の組織をそのまま継承して、その間に自己変革がないのがおかしい。それでは制度があり、組織があるというだけで、外形はあるが、魂がはいってない」、だから竹内は、新日本文学会や民主科学者協会など「どの団体にもはいらなかった」という（「中国と私」一九六九年二月、⑬二二七）。

また、新聞のセンセーショナリズムを批判する竹内にとって、それへの抵抗の手段は「政党の機関新聞にたよること」であったが、『アカハタ』も期待できなかったことは前述のとおりである。日本社会党機関紙『社会新聞』も「理想にはまだかなり遠い」という状況にあって、竹内は、「日本文化の荒廃を救う道は、私たちが理想の新聞を（おそらく日刊新聞でなければダメだろう）もつ以外にないように思う」と述べる（前掲「日本共産党論」（その四）⑥一六五）。

こうした竹内の失望と苛立ちの心情は、中国との関係にも共通しており、同時期に「中国人のある旧友へ」宛てた手紙形式の論文のなかで、次のように語られている。「一口にいえば、私はほとんど現状に絶望しております。さまざまな動きがありますが、どれも私には戦争中のものと本質的なちがいがあるように思えません。日本と中国を結ぶ紐帯は、人民的規模において、まだ基盤が準備されていないような気がします」（「中国人のある旧友へ」一九五〇年五月、⑬六四）。この「旧友」こそが、この当時連絡がとれなくなっていた楊聯陞であった（↓第一章3⑴）。

竹内は、一九四九年七月一四日、社団法人「思想の科学研究会」発会式にも出席している（「年譜」

⑰三〇五)。雑誌『思想の科学』は、一九四六年二月に最初の同人会議をもち、武谷三男・武田清子・都留重人・鶴見和子・鶴見俊輔・丸山眞男・渡辺慧の七人でスタートし、社団法人になる際には一二〇名の会員で、不都合を表明した人以外、これまで雑誌に登場した人には全員はいってもらうこととしたという。* 入会のころのことについて竹内は、「面識のない鶴見俊輔がいきなり私を訪ねてきて、私に思想の科学研究会への入会をすすめたときは、私は二つ返事で承諾した」と語っており、なぜなら、その前から雑誌を購入して読んでおり、「『新日本文学』とちがって、新鮮であり、魅力があった」からだった。** 『思想の科学』には「戦後があり」、『新日本文学』には「戦後がなかった」、「それが魅力の有無を決したのではないかと思う」という。「辛くも生き残ったという実感と、これからどう生きたらいいかという不安の念につつまれていた当時の私にとっては、事もなげに歴史を審判する新日本文学会の態度は、まぶしすぎて、ついてゆけなかった」といい(「新日本文学会への提案」一九五九年六月、⑬一〇六)、それに反して『思想の科学』は、権威によらず、かつ後述する、組織の論理や理論が先にありきではない「生活の要求」「民族本然の要求」に根ざした議論ができる場として、竹内を魅了したのだろう。

*安田常雄「『思想の科学』・『芽』解題」(安田・天野正子編『戦後「啓蒙」思想の遺したもの』久山社、一九九二年)。

**さらに竹内は続けて、「最初に思想の科学研究会の例会に出席したときは、鶴見とはわずか二度目の対面だし、そのほかの連中とは初対面で、当時のこの会の特徴であったサロン的な雰囲気に私はなじめず、気おくれを感じたが、入会を悔いはしなかった」と述べている(⑬一〇六)。鶴見俊輔は後年、「竹内さんが入ったということは、これまったく自発的なの」「『思想の科学』には自分で入ってきたの」と勧誘もなかったことを強調しているが、事実誤認であろう（鶴見俊輔／『思想の科学』五十年史の会編『思想の科学』五十年　源流から未来へ』思想の科学社、二〇〇五年、六二頁）。

竹内が、杉照子と結婚したのもこの年三月のことであった。『展望』に初めて「伝統と革命」と題する論文が掲載されたのがやはりこの年で九月号で、これ以後竹内は、「日本共産党論」の連載にみられるように『展望』の「常連」となり（「年譜」⑰三〇五）、こうした原稿料などで生計を立てていたと思われる。

2　翻訳の時代

(1)　文学としての翻訳——翻訳論の確立——

一九五三年二月、評論と並行してすすめられていた魯迅翻訳の第一弾として、待望の『魯迅評論集』が岩波新書として刊行された。ついで五月には『魯迅作品集』が筑摩書房から刊行され、のちに「竹内魯迅」と称される竹内による魯迅作品の翻訳刊行が本格化する。すでに評価を得ていた『魯迅』の著者による魯迅の翻訳は、ひとり竹内本人の望みだけでなく、広く世間が待ち望んでいたものであった。『評論集』刊行から数ヵ月の間に発表された書評は、『竹内好著作ノート』に記録されたものだけで七本、『作品集』にいたっては一五本を数える。以後、魯迅の翻訳は死の直前まで改訳を重ねながら続く竹内のライフワークとなり、その魯迅自身の著作の半数を翻訳が占めるのと同様に、竹内の著作の大きな柱として訳業が展開されてゆく。しかしこれ以前、特に戦前・戦中期の竹内は精力的な中国文学の翻訳者ではなかった。

彼が初めて現代中国文学の作品を翻訳したのは、謝冰瑩の「海姑娘」であった（一九三五年二月）ことは第一章ですでに述べた。次いで沈従文《しんじゅうぶん》の『如蕤集《じょずいしゅう》』（一九三四年）に収録された小品「黄昏」（『文芸』一二月号、一九三五年一二月）が翻訳されたが、この少し前から竹内が日記を書かなくなったため、どのようないきさつでこの翻訳がなされたのかは現在うかがい知ることができない。ついで魯迅の「死」という短い評論が、『中国文学月報』魯迅特集号の編集も最終段階に差し掛かったところで飛び込んできた、その突然の死への追悼のために急遽、竹内の手によって翻訳されて掲載された（『月報』第二〇号、一九三六年一〇月）。

竹内がある程度まとまった分量の翻訳を手掛けるようになったのは、中国留学から帰国した翌一九四〇年のことである。正月の六日、武田泰淳から茅盾『虹』（この年、東成社より『現代支那文学全集』の第三巻として刊行）の翻訳原稿四〇〇枚を四〇日で仕上げたことを聞かされた竹内は、同じ茅盾の『子夜』の翻訳を決意する（「北京日記」⑮三八〇）。このころ竹内は、前年より頼まれていた英文による中国紹介書の翻訳を分担していたが、この翻訳作業完成のめどがついたことで、「翻訳に多少の自信が湧き、『子夜』をやってもいいと思うようになった」（「北京日記」一九四〇

図18 『魯迅作品集』

年一月一二日、⑮三八一）。

日記の断片的な記述からの推測になるが、竹内はこのころ『中央公論』から中国の現代文学作品の翻訳を依頼されていたようで、この『子夜』をそれに充てるつもりだったが、おそらくこの話を仲介したであろう増田渉の反対にあう。しかし竹内は『子夜』の翻訳を諦めるのではなく、むしろ『中央公論』の話を断ることを選び、『中国文学』に連載する形での発表を考えた（「北京日記」一月一八日、⑮三八一）。ところが、三ヵ月近い中断をはさんだ五月の日記になると、一転して『中央公論』のために廃名――馮文炳のペンネーム――の未完の小説『橋』の翻訳作業に取り掛かっている（「北京日記」五月九日、⑮三八一）。この『橋』の翻訳は出版への意欲も見せていたが（松枝茂夫あて手紙、年譜⑰二九八）、結局、訳稿五〇枚で打ち切られている。かわって『中国文学』紙上に三回に分けて「賽金花口述」として訳出された劉半農『賽金《さいきん》花《か》本事《ほんじ》』が発表された（第六五・六六・六七号）。

この一九四〇年に、『中国文学月報』は『中国文学』と改題して生活社からの発行に切り替えられたが、その交換条件として、日中戦争の泥沼化の中で高まる中国熱に応じる形で生活社からの中国文学作品の翻訳出版――中国文学叢書を、中国文学研究会が企画することになっていた。『賽金花本事』の翻訳もその一環であった。

そもそもこの作品の中心人物であり、義和団事件と密接にかかわった賽金花（一八七四〜一九三六）に竹内が関心をもったのは、原著の『賽金花本事』が刊行された一九三四年ころのようである。その後、竹内は自ら賽金花についての文章の執筆を構想していたようであるが、それがいつまでも実現しないまま、「はじめ思いもしなかった」劉半農による賽金花への聞き取りの翻訳をすることになった。もっともこの『賽金花本事』という作品で竹内が注目したのは賽金花個人であって、劉半農の聞き書きの文章そのものに文学的価値を認めて翻訳の対象としたわけではない。詩人としても名声のあった劉半農ではあったが、作品としての『賽金花本事』は、あくまで北京大学の言語学者としての劉半農が聞き取った記録文にすぎなかった。そこで竹内は思い切って「訳文は、原文と無関係に、純対話調に」（⑭一七四）することで、この口述記録を文学作品に寄せようとは試みている。しかし出来上がった翻訳は「変に堅苦しい平坦調で、これも気に入らない」（同前）ものであった。

結局この翻訳は一九四〇年一二月刊の『中国文学』第六七号で一旦の終了となり、未完のままの訳出終了と後の補訳が予告された。同じ企画で翻訳連載が進められていた岡崎俊夫による劉鉄雲『老残遊記』もまた同号で終了となっているが、岡崎の訳者後記によれば、雑誌上の翻訳の発表と出版社の求める原稿提出とのタイミングが合わなくなってきたことが原因であるという。竹内の訳業が中途に終わったのも同じ理由からであろう。連載終了の翌号（第六八号、一九四一年一月）から三号にわたって刊行予告がうたわれた中国文学叢書であったが、少し空いて七四号では岡崎の『老残遊記』が「近日出来」とされたのに対して、竹内の『賽金花口述』は「以下続刊」（第七七号まで）の扱いであった。ようやく訳稿が竹内の手を離れて生活社に渡されたのは一九四二年の二月一二日、回教研究所による中国出張に出立する当日の朝のことであった。そして『賽金花』というタイトルで実際に刊行されたのは、八月になってからのことであった。

こうして一度は現代中国文学作品の翻訳に意欲を見せた竹内であったが、それが意のままには実現しない状態がつづくなかで、現代中国文学の翻訳論をたたかわせることとなる。

『中国文学』第六六号から始まった「翻訳時評」というコーナーに竹内が筆を執ったのは、一九四一年二月に刊行された第六九号とその翌月の第七〇号であった。そもそもこの企画は、「翻訳ということは、ずい分いろいろの問題を含んでいるくせに、あまり問題にされない。西洋文学の方は短いなりに伝統があるからいいが、支那文学ではまだ規準になるだけの翻訳の型すら生れていない。翻訳の問題は、語学や表現の問題だけでなく、考えていくと結局は人間の問題まで還元してしまう」(『月報』第六六号「後記」⑭二〇七〜二〇八)と、文学の一つのカテゴリーたりうる翻訳のあり方を模索するものだった。そして自らが筆を執る段になり(「翻訳時評」⑭一八六〜一九九)、まず翻訳を批評することは「広く見れば文化の批評であり、従ってその文化を成立せしめる社会への一つの態度を維持することになるであろう」としたうえで、「個々の書物について好悪を云ったり、誤訳を指摘したりすることは出来るが、その解決策について考え、従って翻訳論の体系を志すような努力」が欠けていたとする。

こういった認識のもとに竹内は、「文字を共通することと言葉を共通することは別である。日本語と支那語が全く異った言語だということを、われわれ言葉の職務にたずさわるものは繰返し説く必要がある」とし、「日本語を支那語に合せようとするのでなく、逆に日本語によって支那語を解釈しようというのが独立した翻訳の態度である」とする。ここに見られる竹内の論理は、たんなる翻訳の技術論に留まるものでなく、竹内の中国認識に貫かれる自らの中国にたいする他者性を、翻訳の方法論として語ったものでもあった。それゆえ竹内にとって翻訳の問題は、その自覚的な改革がなされなければ「いつまでたっても日本の文化は一人歩きが出来」ないという、文化一般に及ぶ危機感を伴うものとなった。その例として外務省訳の孫文「三民主義」をとりあげ、「文字のカスであって文章ではない」とまで痛罵するのは、それが「日本の支那への関心が、近代支那の基本的文献の翻訳をこのような形でしか有ち得ないほど貧しいものである」ことの表れであると受け止めざるを得なからであった。そしてこの問題を取り上げるなかで竹内が吉川幸次郎による胡適「四十自述」の訳を具体例として批判したことから、両者の往復書簡の公開という形で竹内の翻訳論が『中国文学』第七二号に引き継がれることになる。

　吉川幸次郎からの書簡に接した竹内は、吉川が翻訳を、中国語を「そのまま日本語に移そうというのでありまして、日本語としての調和よりも、むしろ支那語をそのままに移し得る日本語を捜すのに苦労している」という態度に正面から反対する。その反対の根底には「支那語を支那語として、支那人のやうに理解することが出来るかどうか」（⑭二六〇）という竹内の疑問があり、ここから「極端に云えば、ある文章に対して僕の受ける感じは、僕一人だけのものである。共感は勿論行われるが、同一の面で行われるとは思えない」（同前）という竹内一流の他者感覚にたどり着く。また同時に、翻訳という作業において「理解を先にして、あとから表現を考えるような余裕があるものかどうか。僕の場合で云えば、むしろ言葉を模索することが理解へ斬込むことになるのだ。内に発するものがなくて、たとえ翻訳にしろ、文章が書けるとは思えない。はじめに表現の意欲があって、その手段として翻訳が可能になるのである。どんないやな仕事でも、やっている中には息がはずんでくる。文章とは、そうしたものだと僕は信じている。僕に取って、言葉は、在るものなのだ。これは、いつでもそうだが、態度として云いきるために云うのである。理窟をこねるのではない。僕は学者ではないのである」(⑭二六〇～二六二)と、翻訳という行為がたんに機械的なことばの置き換え作業に留まるものではなく、翻訳行為それ自体が文学としての営為であることを主張する。

竹内とは正反対の中国との接しかたを自認する吉川とのやりとりを経てなお、「原文は正しく理解したが、その表現に於てまちがっていたというような、二元的な段階があるものだろうか。自分はすばらしい考えをもつているが、文章が下手だから云いあらわせない、ということは本当にあるのだろうか。僕には信じられない。僕は、解釈とは表現であり、表現とは言葉であると思う。翻訳の手続きの上ではそれを区別し得るが、実際は心理的には一つのことであると思う」(⑭二六五)と、竹内は自らの文学者、そして思想家としての押しとどめることのできない思いを打ち明けている。この思想という面でいえば、すでに「翻訳時評」の段階から「日本が支那の文化を受け入れたのは旧いが、僕はそういう歴史は信じない方がいいと思う。今日、支那がわれわれにとつて未知であるという現在の立場の方が大切なのだ」(⑭一九二)という認識上の立場の確認がなされており、また「僕はむしろ、いい翻訳とは、最もよく解釈された、従つて解釈の限界を自覚した態度から生まれるものと信じている。傾倒の深さが、まず問われなければならない。すべて世の中のことは、不可能を知って、しかも無限に近づこうとする営みだと云えよう」(⑭一九四)と、やがて竹内が「近代」への方法として求める永久革命論との思考方法の同一性が、この翻訳論の中にも懐胎していたことが見て取れる。

こうして自ら翻訳を文学的作業として位置づけた竹内は、一九四三年、葉紹鈞の『小学教師倪煥之』を訳出する(大阪屋号書店刊。→第一章3(5))。この訳文は、原文よりも文学的に優れており、原著者を指導するものだと吉川幸次郎から称賛されることになったが、竹内が当時執筆中だった『魯迅』のなかに「私は、中国文学に対して一個の傍観者である。私は中国文学の成長を心に念ずるが、その私の希望は傍観者の希望である。私は指一本貸す能力がない」という一節を加えたのは、吉川によるそういった位置づけにたいする反発でもあったという(「吉川幸次郎『胡適自伝』評」③五三)。

(2) 二度の「翻訳の時代」——翻訳論の実践——

本格的な翻訳活動に先立って翻訳者の文学的立場性、また他者として中国に向きあう姿勢についての論理を固めた竹内であったが、実際に中国文学の翻訳に積極的に乗り出すのは復員後のこととなる。竹内が最初に翻訳とその出版を試みたのは、魯迅と茅盾であった。魯迅については戦後最初の仕事として「鎌倉文庫から出版する約束でやった」が、「版権のことで翻訳出版ができなくなり、また出版元である鎌倉文庫もつぶれてしまった」(①二九四)ため訳稿は日の目を見ることができなかった。また一九四六年の一一月まで翻訳に取り組み、東方書局から出版の予定であった茅盾『見聞雑記』も、「アメリカの占領によってもたらされた不自然な翻訳事情」(③三三〇)によって刊行が断念された。一九四七年一〇月一六日には中国代表部の文化参事であった郭心崧《かくしんしょう》を訪ねて魯迅翻訳権の取得を頼んだが期待した返事は得られず、しばらく中国現代文学作品の翻訳・出版をあきらめざるを得なかった。こののち竹内は一九五一年に林語堂の『嵐の中の木の葉』を翻訳・刊行するが（三笠書房）、この原著は英文であり、内容的にもＧＨＱの嫌った共産圏の文学の範疇には含まれないものであった。

さて、この復員直後の訳業が世に出るのは、一九五一年九月八日にサンフランシスコ講和条約が調印された以後のことである。魯迅の「徐懋庸《じょぼうよう》に答え、あわせて抗日統一戦線の問題について」が無署名で発表されたのを皮切りに（『新日本文学』一〇月号）、一九五二年四月には、岡崎俊夫が編者となった筑摩書房の『中学生全集』七七「中国小説選」に魯迅の「故郷」が載せられた。戦前から幾通りもの翻訳のあった「故郷」であるが、この時の竹内の訳は子供向けに柔らかい言葉を使ったもので、こういった試みは戦前には佐藤春夫による抄訳があっただけで、その後「国語」教科書の定番となる竹内訳「故郷」の第一歩となった。一〇月には戦中に出された葉紹鈞『小学教師倪煥之』の翻訳が『小学教師』として、同じく筑摩書房から再刊される。これは戦前の翻訳から仮名遣いを直しただけであったが、旧訳で原書のタイトル「倪煥之」に「小学教師」と加えていたものを、この再刊ではさらに進んで「小学教師」だけをタイトルとした。

本節冒頭で紹介した『魯迅評論集』と『魯迅作品集』はこのような状況の中で出版されたもので、特に『作品集』は、「今度、版権問題が解決したので、（先に刊行できなかった）旧稿にいくらか手を入れ、カナヅカイを改め」たものを「とりあえず緊急の需要に応ずるために、一度このままの形で出しておくことにした」ものであった。

竹内の訳業刊行が実現化すると、一九五五年には岩波文庫として『野草』と『阿Q正伝・狂人日記』の二冊が、また筑摩書房からは『続魯迅作品集』が刊行され、さらに一九五六年には岩波書店から全四巻で『魯迅選集』が刊行されることになる。ただしこのうち第三巻・第四巻に収められた「両地書」――魯迅と許広平の往復書簡――の許広平の執筆部分は松枝茂夫が分担して訳出したものであった。さらに新潮社の『世界文学全集』第四二巻「魯迅・趙樹理他」には、魯迅の代表作九篇に加え、茅盾の「林商店」「春蚕」が竹内訳で採録された。またこの一九五六年には竹内の翻訳対象は毛沢東に及び、「在延安文芸講話座談会上的講話」の全訳が『文芸講話』として岩波文庫に入れられた。

竹内は戦前より孫文の『三民主義』の翻訳を希望していたが、この希望が実現する前に、孫文を魯迅経由で実現する革命思想家――毛沢東に出会ったのである。

竹内が五・四運動を中国近代の画期とする考えを表明したのは一九四三年の「現代支那文学精神について」（⑭四六三〜四七二）であったが（→第一章3⑸）、毛沢東の「文芸講話」はその前年、一九四二年におこなわれ、よく一九四三年に文章化されて流布されるようになったもので、同じく五・四運動による中国近代の画期を規定している。竹内がこの「文芸講話」に接した契機ははっきりしないが、五四画期論とともに、「われわれが敵に勝つためには、まず銃を手にした軍隊に頼らなければならない。だが、この軍隊があるだけでは十分でない。そのほかに、文化の軍隊がなければならない。自分を団結させ、敵に勝つために、これは欠くことのできぬ軍隊である」（竹内訳、八頁）とされた文化による戦いの宣言が、銃を手にした戦争を経験し、またその中で中国語教育や日本語教育などに従事してきた竹内にどのように受け止められたかは、想像に難くない。

竹内訳「文芸講話」を先行する国民文庫版（毛沢東選集刊行委員会訳、一九五四年）と比べると、文体の個性以上に目につくのが、原注に加えて四四ヵ所におよぶ訳注が附されていることである。訳注のなかで竹内は、中国語の原文と日本語とをどのように橋渡しをしたのかを明確に示しており、この訳業をたんなる革命理論の紹介にとどめず、同時代に築かれつつあった新しい中国文化一般への入り口にしようとしていることが読みとれる。「文芸講話」はこの竹内訳による岩波文庫版のわずか三ヵ月前にも青木文庫版（尾崎庄太郎訳、一九五六年）が出版されており、また毛沢東選集の翻訳刊行も進められるなど、毛沢東の翻訳はこのころ一つの市場となっていたが、竹内の毛沢東訳は一九五〇年代にはこの「文芸講話」のみにとどまった。

一九五八年六月には、先に刊行を断念した茅盾『見聞雑記』の訳稿が「西北見聞記」の訳題で日の目を見ることとなり、「渡船にて」「八年間の文芸工作の成果と傾向」とともに河出書房新社の『現代文学全集』第三巻として刊行されるなど、復員直後の助走期間を経て一九五〇年代に竹内の訳業は急速に活発化した。これらの一連の訳業がひと段落したころ、竹内は次のように言っている。

> 翻訳というものは、散文の場合は、原作の味の二割が削られ、別の味が二割つけ加えられる程度で済むのが最良の翻訳だというのが私の持論である。それさえも実現困難である。原作者と翻訳

者の間の共鳴状態は、成功すれば効果が大きいが、一歩あやまると欠点が自乗されるおそれもある。（中略）もっと註をつけるべきだという批評はこれまで何回も耳にしているが……私はこの点でも消極的なので、翻訳者の理解は八割、読者の理解はそのまた八割、結局原作の三割か四割引きの程度が理解の限界ではないかと思う。（中略）読者の方からいえば、読者は原作の六割以上の理解を義務付けられていない、ということである。つまり四割程度は勝手に解釈してよろしい。批評の混乱は、解釈のちがいからおこるよりも、一〇〇パーセントの理解が前提されることからおこる方がはなはだしいと考える（「疑問と要望に応える」『魯迅友の会会報』第一二号、一九五八年三月、⑬四一四）。

かつて吉川幸次郎との間に戦わせた翻訳論で示したみずからの翻訳に対する姿勢が、実際の訳業を経て実感され、確信となったのであろう。そしてこれら翻訳作品群の発表は、思想家としての要請が高まってゆく竹内にとって、自らの出発点が文学にあることをそのたびごとに再確認させるものでもあったのかもしれない。

六〇年安保の激動のなかで後景に退いたかに見えた竹内の翻訳活動がふたたび活発化するのは、竹内が都立大学の職を辞し、文筆家として生きて行くことになった六〇年代に入ってからである。竹内にとっての六〇年安保の記録である『不服従の遺産』（筑摩書房→第三章2(3)）の校正と並行して行われた茅盾の長編小説「霜葉紅似二月花」の翻訳（一九六一年五月三一日着手、八月九日脱稿。校了は翌年一月一一日）は、一九六二年二月に刊行された河出書房新社の『世界文学全集』第四七巻「魯迅・茅盾」に「もみじは赤い」と題して収録された。次いで、小野忍・中野重治・増田渉・松枝茂夫とともに自ら編集委員となった平凡社『中国現代文学選集』の第一五巻「記録文学集Ⅰ」のために、同じく茅盾の「西北見聞記」を改訳するが、それとともに、同じ巻に載せるために、一九五九年に五〇年の生涯を閉じて先立ってしまったかつての中国文学研究会の同人、岡崎俊夫による郭沫若「抗日戦回顧録」（中央公論社より既刊）の訳文への手入れを行っている（一一月六日〜一二日）。手間のかかる誤訳や脱落の訂正作業であったが、中国文学研究会で苦労を共にした岡崎への、竹内なりの手向けとなったのだろう。一一月一九日に下読みをじはじめた「西北見聞記」の改訳は一二月一二日に脱稿し、一九六二年三月に岡崎訳「抗日戦回顧録」と併収されて予定通り刊行された。

茅盾の翻訳がひと段落した一二月一七日、一〇月より約束のあった毛沢東「矛盾論」の翻訳がはじまった。翻訳開始から二週間を経ずに一二月二九日に完成した「矛盾論」は、一九六二年二月に平凡社の『世界教養全集』第一五巻「空想から科学へ」に載せられたが、「文芸講話」に続く毛沢東論文の翻訳が、竹内を二度目の翻訳論争へと向かわせることとなった。

「矛盾論」を哲学論文と歴史論文の二つの側面からみることができると考える竹内は、翻訳の「解説」（⑤三四九〜三五三）では既訳に満足できないと述べるにとどまっていたが、翌月刊行された『思想』三月号誌上に「毛沢東思想の受け取り方―『矛盾論』の翻訳について―」（⑤三五三〜三七八）と題する既訳にたいする具体的かつ本質的な批判と疑問を公表した（日記「六〇年安保のころ」に見える「毛沢東思想と日本人」がこれにあたるとすれば脱稿は二月六日）。ここで竹内はさまざまな誤訳の例を検討したうえで、毛沢東をヘーゲルからマルクス、エンゲルスを経てレーニンにいたる弁証法とは質的に異なるものとし、むしろ陰陽二元論といった中国伝統的思想に滲透された中国的特質をもつ思想家ととらえることを主張する。その後『図書新聞』や『思想』を舞台に展開された竹内の翻訳論は、竹内の翻訳に対する立場の一貫性と、その立場に対する理解、あるいは受容がされない現実への悲痛ともいえる叫びとなっている。

竹内は既訳者のひとりである松村一人《かずと》をさしあたりの対象として、「私の毛沢東観と松村氏（および他の既訳者）のそれとは根本的に相容れない。松村氏は私を説得できないし、私は松村氏を説得できないだろう」（⑤三八二）と、翻訳結果において対立する両者は、そもそも毛沢東理解が根本的に異なることを指摘する。竹内は「『矛盾論』の著者に真理探究者の姿をみるが、松村氏は客観的真理（という観念）の顕在化を見る」がために、竹内からみた「毛沢東は、過程的、永遠の未完成的、戦闘者的な側面が強調されるが、松村氏の場合は、絶対化、固定化、神格化としてとらえられる」（⑤三九三）として、毛沢東の未完成性にこそ魅かれる竹内の理解が、一般的な毛沢東「信者」とはあいいれないことへの自覚がうかがえる。そして「毛沢東解釈の内容が違うだけでなく解釈のための方法もまるきり一致しない。松村氏は、正しい毛沢東解釈はただ一つあり、それへ向って無限に接近可能であるという前提に立っているが、私はその前提を絶えず疑うだろう」（⑤三八二）と、この理解の姿勢の違いが、いち毛沢東の理解にとどまらずに、その解釈——そしてその表現としての翻訳のありかたまでが根本的に相容れないことを充分に理解しており、それゆえに論争のはじまる段階で、「最後は水かけ論になるだろう」（⑤三五二）とその終わり方を予測する。

あらたな翻訳論を戦わせる一方で、五月には子供向けの翻訳文による魯迅「故郷」および「宮しばい」（講談社『少年少女世界文学全集』第四四巻「東洋編四」に収録。八月刊行）、六月には葉紹鈞『小学教師』の新訳（平凡社『中国現代文学選集』第三巻「五・四文学革命集」に収録。一九六三年三月刊行）、そして六月末より七月上旬にかけて艾蕪《がいえん》「山峡中」と葉紫《しょうし》「夜哨戒」を相次いで翻訳する（同前第七巻「抗戦期文学Ⅰ」に収録。九月刊行）。こうして精力的に翻訳にとりくんでいた竹内の一連の訳業のクライマックスは、茅盾の『子夜』にあった。

竹内が茅盾の『子夜』を高く評価し、また翻訳への意欲を見せていたことはすでに触れたが、竹内が魯迅にたどり着く前に書かれた「茅盾論」（『月報』第一四号、一九三六年五月、⑭三三一〜三三六）では、「茅盾は、その存在が、普通に我々の思惟する中国文学の概念からは、はみ出している」（⑭三三二）、「茅盾は稀に見る悪文家である」（⑭三三三）とし、さらに「彼を称して当代一流の作家とするのは誠に笑止千万の話である」（⑭三三六）とまで言い切っていた。しかし「この世界の機構と、そこに踊るカラクリに多くの興味を有つ」（⑭三三四）茅盾は、「自国の古典を蹂躙し尽くした最初の作家であ」り（⑭三三五）、「文学の外の、いわば社会的に切迫した不安の感情が彼一身の上に凝固して露呈されている」（⑭三三六）ことが彼の作品が好評を得た理由であるとする。そんな思い入れの深い茅盾の

『子夜』を翻訳することは、竹内にとって三〇年来の念願でもあった（↓第一章2⑵）。

「上半期は、平凡社の『中国現代文学選集』の一冊千二百枚ばかりの翻訳に専念するつもりだった」（「転形期」一九六三年四月X日、⑯三七九）というつもりで一九六三年にはじまった「子夜」の翻訳だったが、筑摩書房の『現代日本思想大系』の「アジア主義」を並行して引き受けることになり（↓第三章1⑷）、くわえてケガと病気による二度の入院を経験し、さらに自宅に空き巣が入るなど、翻訳にとりくむ竹内の身辺はいつになく落ち着かないものであった。その間、療養も兼ねて三度にわたって伊豆の蓮台寺に引きこもって翻訳に専念し、また五月の手術以降はじめたテープへの口述による原稿作成も軌道に乗ったが、それでも八月一〇日に設定されていた最終締め切りには間に合わず、九月には本郷の旅館にカンヅメとなり、九月末にようやく『中国現代文学選集』の最終配本として「第四巻　長編小説Ⅰ　夜明け前」が上梓された。

図19　竹内の翻訳した作品集（『筑摩世界文学大系75　魯迅・茅盾』『世界文学全集47　魯迅・茅盾』）

『子夜』という原題は、「夜明け前」と訳されていた。夜半過ぎを表す原題の「子夜」の日本語化を考えた竹内は、元版の扉に付された英文タイトル“The Twilight : A Romance fo China in 1930”を手掛かりとして「夜明け前」とした（③

一四七)。厳密に言えば誤訳ともいえる選択を積極的にしてでも、若き日に自らを中国文学の世界に没入させたこの作品の翻訳に、自らの文学作品としての刻印を、一度はしてみたかったのではなかろうか(河出書房新社の『現代中国文学』第二巻(一九七〇年)や『筑摩世界文学大系』第七八巻「魯迅・茅盾」(一九七四年)に再録される際には、原題のままの『子夜』へ改題されている)。

ここまで積み上げた翻訳の経験から導き出された技術的な結論が、「子夜」の解説を書き上げた日の日記(「転形期」一九六三年九月X日、⑯四三七〜四四〇)に見られる。「訳文は原文の字数の五割増し」としながらも、「正確さは美しさと一致するし、短いほうが正確さに近づくという独断から」、竹内の「訳文は人より短くなる」という。また主語の処理や語と語との安易な対応をいましめながら、日本と中国の文化の違いに言及し、中国文学の翻訳のこれからに思いを馳せている。竹内はこの後、「もう一度、全力をあげて魯迅に取り組みたい。今が唯一の残されたチャンスだと思う。来者によって私の訳が克服されるためにも、もう少し上等の目標を設定しておきたい」(⑬四五八)と、個人による魯迅の新訳に意欲を見せるが、このときは岩波書店の『魯迅選集』の竹内担当分から改訳なしに収録し、全三巻からなる『魯迅作品集』(一九六六年、筑摩書房)の刊行にとどまった。不本意な部分を多く残しながらもこの出版によって竹内個人訳による魯迅作品集の現実性が見えたことで、かえって実際の作業としての翻訳から、竹内の意識はしばしば離れて行くことになる。

ここまで見てきた竹内の翻訳活動をふり返ってみると、翻訳の対象となった作品の範囲が意外なほどに狭いことに気づかされる。魯迅に次ぐ作家と評価する茅盾も、その前半の作品は駄作であるとして取り上げられることなく、また卒業論文の対象でありかつ直接交流もあった郁達夫ですら、一編たりとも翻訳の対象とされていない。この対象の狭さは、作品に対する評価の厳しさが第一であるとともに、また同時にそれを文学として訳出できるかどうか、つまり対象にどこまで傾倒できるかという、訳者である竹内側の問題でもあった。そして対象への傾倒による文学としての翻訳とは、中国語のことばづかいや息づかいと作品の持つ思想の体系を全体としてどこまで理解し、また日本語で伝えられるのかという、竹内にとっての挑戦でもあった。この姿勢の対象となるのは文学作品に限ったことではなく、毛沢東の革命理論に対したときでさえ、毛沢東という個人の思想体系の理解と、そのことばづかいへの向き合い抜きに、これを機械的に翻訳することはありえなかった。こうして自ら純文学作品の創作者とはならなかった竹内が、その文学者としての魂を発露させる場としても、翻訳という営みは欠かすことのできないものとなった。

「些細な誤訳を云うよりも、もつと大きな問題が根底にあると思う」（⑭一九九）と宣言してから翻訳と向き合った竹内にとって、翻訳は「不可能を知って、しかも無限に可能に近づこうとする営み」（⑭一九四）の実践であった。まさに永久革命的に、より良い翻訳を目ざして常にその訳文を磨き続けるという竹内の翻訳論は翻訳作品の文学的側面への責任感から来るものであるが、それは同時に、翻訳という営為を通じて、決して一体化することのない他者に対する認識を、安易に深化させるのではなくギリギリまで近づけて行くという努力を永遠に放棄しないという、竹内思想の実践の場でもあった。それゆえ、翻訳という営為は放棄されたり完成されたりすることはなく、一度翻訳した作品も再訳が試みられ続けられたのである。

3 「個人の独立」と「国民的連帯」

(1) 「国民文学論」の展開――ナショナリズムの喚起――

こうして翻訳にも勤しんでいた竹内が一九五〇年代初めに向きあったテーマに、「国民文学論」と講和問題の二つがある。

「国民文学論」は、雑誌『文学』の特集号「日本文学における民族の問題」（一九五一年五月）に竹内が寄稿した「近代主義と民族の問題」が火付け役となって展開されたもので、「戦後最大の文学論争のひとつ」（前田愛「国民文学論の行方」『思想の科学』第九一号〈竹内好研究〉）といわれるほどの議論をまきおこしたが、それは、文学者の前田愛が的を射た総括をしているように、竹内の意図とは別に当該時期の日本共産党の路線対立に利用され翻弄された側面が大きかった。前述したように、折から日本共産党は、一九五〇年一月のコミンフォルム批判を受けて主流派と国際派に分裂しており、翌五一年にはこれまでアメリカ占領軍を解放軍と位置づけていた平和革命路線を変更し、「民族解放民主革命」を綱領に掲げて武装闘争路線に進んでいった。そうしたいわゆる五〇年問題のあおりを受けた文学者たちのなかの、中国の解放文学の影響下にあった主流派に近い人たちが、『新日本文学』から分かれて『人民文学』を発刊した。竹内の論文が掲載された『文学』の特集を企画編集したのは、その共産党主流派に近い人びとであった。

「国民文学論」について竹内は後年、「一九五一年（講和条約の年）ごろからおこり、五二年にはジャーナリズムでさわがれ、五三年にはジャーナリズムでは下火になったが、その精神と運動は、国民の各層の間にますます滲透していった」（「文学における独立とはなにか」一九五四年四月、⑦八四）と総括している。しかし、竹内自身も論争の発端となった論文を、「「国民文学」論議に私が巻き込まれるキッカケともなった」（傍点——引用者）（「解題」、『評論集』②四二二）と称しているように、それが政治に翻弄されたことは十分に承知していたであろう。「国民文学論」は、一九五五年、武装闘争の誤りを認めた日本共産党第六回全国協議会（六全協）の決議を受けての「世界青年学生平和友好際のキャンペインと歌声運動に象徴される仲良しムードのなかで姿を消して行った」（前田前掲「国民文学論の行方」）。

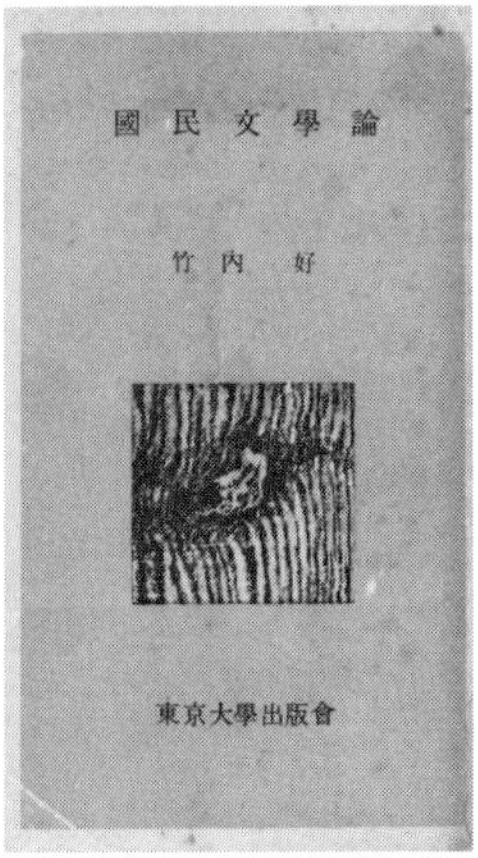

図20 『国民文学論』(1954年)

それゆえ「国民文学論」それ自体は、のちに、松本健一の「不毛」との評価にも象徴される結果に終わったが（『竹内好論』一九七五年、岩波現代文庫、二〇〇五年、二七七頁）、竹内にとっては以下にみるように、「近代主義」、マルクス主義が「血ぬられた民族主義をよけて通った」ことへの反省を迫る重要な意味をもつものであった。

だからこそ竹内は、自らの願望も込めて国民の間に浸透していったと語ったのである。後年の桑原武夫との対談のなかで、竹内はこの点について次のように述べている。

私は戦後わりあいに早くナショナリズムということを言いだした一人ですが、最初の意図は、戦後デモクラシー一辺倒の風潮がうまれて、それが歴史を切断してしまう、一種の文明開化におちいる危険を感じたことです。輸入文化がそのまま土着するかのごとく非常に楽観的に説かれていたが、それに疑いをもちました。これは歴史の法則に反する、歴史を消してしまうことになる、と考えたのです。それともう一つは、過去の戦争をすべて一部の軍閥とかファシストの責任であって、その他の者はぜんぶ免罪だというふうに言うのは、これはおかしい。むしろ事実は逆であって、かつての左翼がナショナルなものを切り捨ててしまって、輸入の理論（中略）で日本の歴史にあてはめようとしたのにたいする反動がおこって、それがウルトラ・ナショナリズムに自然に結集してしまったというふうに思想の動きをとらえるのが正しい。したがって罪は軍閥・ファシストにあるにしても、一部の責任は左翼にもある（「日本の近代百年」一九六四年一〇月、『状況的』一五七）。

竹内がこのように述べる背後には、彼があえて一九五一年に「講和条約の年」と注記しているように、講和条約締結をめぐる論争があり、竹内にとってそれと「国民文学論」は密接不可分であった。「国民文学」論争の発端となった竹内の論文「近代主義と民族の問題」（一九五一年九月、⑦）は、すでにみたように、戦争中に「現代の支那文学」（一九四三年三月）、「現代支那文学精神について」（同年七月）等を著し、文学をとおして中国の近代と民族の問題を見つめてきたこととパラレルであった。そこで次のように述べる。

> マルクス主義者を含めての近代主義者たちは、血ぬられた民族主義をよけて通った。自分を被害者と規定し、ナショナリズムのウルトラ化を自己の責任外の出来事とした。「日本ロマン派」を黙殺することが正しいとされた。しかし、「日本ロマン派」を倒したものは、かれらではなくて外の力なのである。外の力によって倒されたものを、自分が倒したように、自分の力を過信したことはなかっただろうか。それによって、悪夢は忘れられたかもしれないが、血は洗い清められなかったのではないか（前掲「近代主義と民族の問題」⑦三一）。

竹内によれば、「近代主義とは、いいかえれば、民族主義を思考の通路に含まぬ、あるいは排除する、ということ」であり、その外発性が問題なのである。竹内の場合も含めてこのように否定的な意味合いを込めて用いられることの多い「近代主義」については、日高六郎・平石直昭が的確な整理を行っている*。平石が指摘するように、竹内の近代主義理解は、「前近代的な社会に外から近代というものが持ち込まれると、前近代社会の中に発生してくる一つの意識形態」というものであり、日本の文明開化にその典型を見いだして、「自発的なものではなくて外発的な形で行われた」ことによる皮相性を問題にしたものであった**。竹内にはその「外発的」であることが断じて認めがたく、「たとい「国民文学」というコトバがひとたび汚されたとしても、今日、私たちは国民文学への念願を捨てるわけにいかない」のであった（同前、⑦三二・三六）。竹内が「国民文学」にこだわるのは、それをとおして日本のナショナリズムに正面から向きあうことがアジアに対する戦争責任の問題と不可分だからであり、竹内にとってそれをすり抜けたまま「生きながらえる」ことは「ドレイ」以外の何物でもなかった。以下のように述べる。

「処女性」を失った日本が、それを失わないアジアのナショナリズムに結びつく道は、おそらく非常に打開が困難だろう。ほとんど不可能に近いくらい困難だろう。（中略）たといそれで道が開けなかったところで、そのときは民族とともに滅びるだけであって、奴隷（あるいは奴隷の支配者）となって生きながらえるよりは、はるかによいことである（同前、⑦三七）。

＊日高六郎「解説」（日高編『現代日本思想大系三四　近代主義』筑摩書房、一九六四年）、平石直昭「「近代主義」の登場」（天川晃・五十嵐武士『戦後日本史と現代の課題』一九九六年）。

＊＊平石前掲「「近代主義」の登場」。なお、竹内がいうところの「自発」と「外発」については、丸山眞男の見解も含めて後述する。

竹内は、「近代主義も、後進国の近代化の過程には、歴史的に一応の役割をもっております。しかし、それは早晩、克服されるべきものであり、それが克服されてはじめて、国民文学が可能になります」（「若い友への手紙」一九五二年一月、⑥一五）と述べているように、「国民文学」と「近代主義」は相反するものであり、「国民文学」は「近代主義」を克服することで生み出されるものと位置づけていたのである。ここで竹内が念頭に置いている「近代主義」の内実は、基本的に以前から変化しておらず、「ナショナリズムが本来もつべき、自然発生的な基盤をもたずに、したがって国民運動に展開する予想を含ま」ないものであり（同前、一九五二年五月、⑥六五）、「封建制からの自己解放の運動」としてのみとらえたり（同前、⑥六四）、あるいは毛沢東いうところの「人民の中へ」を外から持ち込むだけに終始している（同前、一九五二年一月、⑥一四）運動のありさまであった＊。

＊ただし、すでにこの時期に、西欧文化の摂取とそれへの対抗の問題も竹内の視野に入っており、このようにも述べている。「中国社会には近代意識がなかったように考えられるが、そうではない。決定的な力としてはなかったが萌芽としてはあった。これが外国資本の侵入によって中国が部分的に植民地的支配を受けるようになって出て来たのである。当時西欧文化を摂取したいという意識と、これに抵抗しようとする意識とがからみ合って近代意識を育てて来た。すなわち、中国においては近代主義的なものと、民族的、人間的なものとの両面があった」（「中国の現状と日華関係」一九五二年二月、⑪一九三）。

竹内は、そうした思想・文化運動のあり方に問題を提起するべく、「国民文学論」を喚起することに意を注いだ。『日本読書新聞』紙上で「新しき国民文学への道」と題して伊藤整と交わした往復書簡のなかで彼はいう。問題の「重大さというのは、それが学問上の問題であるばかりでなく、あるいは文学創造の問題であるばかりでなく、日本人の生き方――民族の活路、という問題にかかわるからです」（『竹内好談論集Ⅰ　国民文学の行方』蘭花堂、一九八五年、六頁）。

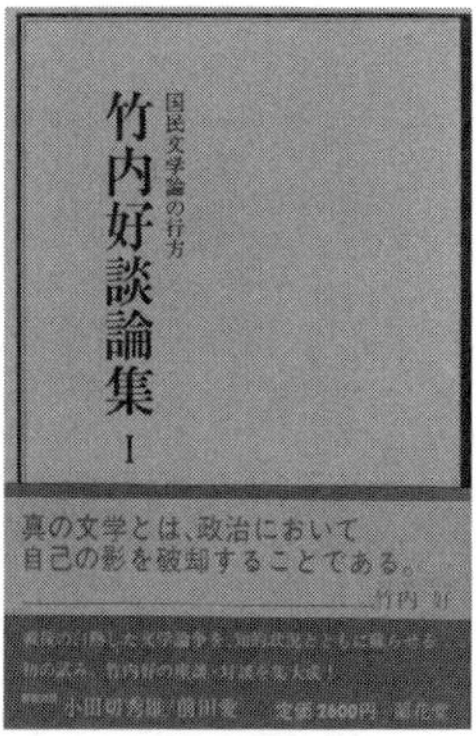

図21『竹内好談論集Ⅰ　国民文学論のゆくえ』

しかし、「国民」を問題にすることは、けっして「個」の独立を軽視することではない。竹内・伊藤のほかに臼井吉見・折口信夫を交えて行われた「国民文学の方向」と題する座談会の場で竹内は、「国民が形成されるのは近代以後なので、近代国家が封建制の中から自分を形成して来る。それによって単一な個人の国民的結合が可能になる。この封建制からの脱却を外したら国民文学というものは意味をなさないのじゃないか」と述べて、封建制から脱出するには、「国民文学」が「単一な個人の国民的結合」を前提に成立すべきものであることを強調している（同前、一九頁）。ところが現実の日本は、「封建制の中から抜け出して行くという動きと同時に、進んだ文化を受入れることが重なっている――むしろ近代化のために封建性からの脱却という面がはっきり意識されないのじゃないか」といい、それは丸山眞男がのちに「日本の思想」（一九五七年一一月）で述べた「思想と思想との間に本当の対話なり対決が行われないような「伝統」の変革なしには、およそ思想の伝統文化はのぞむべくもない」という指摘や、「思想的抵抗が少なく、その浸潤がおどろくほど早いために、かえって進化の意味内容が空虚になり俗流化する」という歴史意識のあり方（『丸山集』⑦一九五・二〇九）に通じるものである。それに対して中国の場合は、「そういう近代化の方向が与えられていない」、すなわち早くから外国の侵略を受けていたため、「むしろ内部の封建性からの脱却という方向が、外国の侵略からの独立と不可分に結びついて意識されているわけですね。そのために中国の近代化は遅れて始まっておりますし、部分的にレベルは低いものですが、改革は根底から行われている」ということになる（前掲『竹内好談論集Ⅰ』一九頁）。そして竹内は、「私の見るところ、中国は個人の尊厳を無視していない。個人がそのものとして尊重されること、今日のごとくである社会は、かつて実現しなかったのではないかとさえ思う。そうでなければ、個人の自由がなくて、どうしてあの建設ができよう」といい、「ただ、その個人は、西欧的人間観から一直線に出てきたものではな」く、「中国は、世界でもっとも帝国主義の圧迫のはげしかった国である」ため、「その中での人間の解放は、当然、西欧的人間像を導き出すわけにはいかなかった。そこで、抽象的な、絶対的な自由人でなしに、いわば相対的な集団の中での個人といった形での自由人を形成したのである」と述べている（「中国問題の考え方」一九五三年六月、⑪二〇四）。現実の中国に対する評価を留保するならば、個の自立を大前提にしているという点で、「近代主義者」の筆頭に数えられる丸山眞男の主張と変わるところはない*。

*ほぼ同時期に岡崎俊夫とともに編んだ『現代中国の作家たち』（和光社、一九五四年）の「序」においても、竹内は、「中国文学の提出する問題とは、一口にいって近代的＝西欧的人間観への改変の要求である」と述べている（⑬三一六頁）。また、一九六九年三月に竹内と対談をした鹿野政直は、その対談を振り返り、竹内と丸山の世界が、〝ひとりゆく気概〟で「ドレイ構造」と闘うものであり、「対角線上にあるようにみえて、じつは根本のところでふかくむすばれている」との指摘を行っている（「明治維新への視点」『状況的』一八九）。

竹内においては、「国民文学は、特定の文学様式やジャンルを指すのでなく、国の全体としての文学の存在形態を指す。しかも歴史的範疇である。デモクラシイと同様、実現を目ざすべき目標であって、しかも完全な市民社会と同様、実現の困難な状態である。それに到達することを理想として努力すべき日々の実践課題だ。既成のモデルで間にあうものは何もない」と考えられていた（傍点――引用者）（「国民文学の問題点」一九五二年八月、⑦四七）。「国民文学」の樹立もまた、永久革命なのであった。

ちなみに、丸山の求める「近代」もまた永久革命であることは周知だが、丸山が、「近代主義とかいうことを言いますけど、近代精神というものを、近代社会をいわばたえず再生産して行く主体として理解するか、それとも出来上っちゃって近代社会のなかにあぐらをかく精神を意味するかでちがってくるんですね。（中略）近代社会の中で生れてくる精神は必ずしもいただけないと思うんですよ」（傍点――原文）といい、「近代社会をつくって行く、あるいは近代化を推しすすめて行くエトスというか、エネルギーというか、そういうもの」の持つ非合理性に着目していることはむしろ竹内と重なりあうものであり（「丸山眞男氏との一時間」一九六〇年一月、『丸山座談』④三八）、竹内のいう「国民文学」と丸山のいう「近代」の間にほとんど距離はないといえよう。竹内もまた、「出来上っ」たものに求めることを潔しとしないがゆえに、西洋近代ではない中国近代のなかに範となりうる可能性を追求したのである。

一方、竹内は、「国民文学」を打ち立てる核になるべき「伝統」についても、「大衆の心情に訴えるものは、かならず伝統的な形式をもつが、これを固定した形式として、利用すべき手段として取り出すことは、まちがっている。大衆は、国民的に解放されることを望み、そのための自己変革を願っているのだから、むしろ一面では伝統からの断絶が要求される。そして断絶のためには、それ自体として断絶しようもない伝統が必要なのである、伝統は、革新が自身を実現する場である。国民文学の実現の場である」（前掲「国民文学の問題点」⑦四八）と述べており、やや持って回った表現ではあるが、これもまた、「むしろ一度過去の伝統を否定することによってしか、本当の民族的な主体性は生れない」（「被占領心理」一九五〇年八月、『丸山座談』②一四）とする丸山の見解を意識していたであろうことがみてとれる。* 竹内の「伝統」についての考えは、一九五二年二月に南安曇《みなみあずみ》教育会で行われた「中国の現状と日華関係」と題する講演のあとの質問に答える形でも述べられており、そこでも「伝統を固定的に考えないで、今日の生活のなかで生かされたものとして考える必要がある」(⑪一九一)というように、「伝統」を「生活」との結びつきを重視して可変的にとらえていたことが明らかである。竹内によれば、「いわゆる伝統主義者は、革新を妨げるために権威として伝統を利用するのだが、これは本当の伝統尊重ではない。新しい生命の根元を探るために伝統を省みるべきであって、そうでなければ、伝統が真に生かされたとはいえない」のであった(⑪一九二)。

＊「近代」や「伝統」のとらえ方をめぐる竹内と丸山の異同については、黒川みどり「丸山眞男における「開かれた社会」」(『思想』二〇一七年三月)も参照。次の一節からも、竹内が当該時期には、「近代思想」と「伝統思想」の接触を意識していたことがみてとれる。「日本と同様、中国でも最初は、近代は外からの強制として受け取られた。しかし、中国の伝統思想の求心性の頑強さは、ただちに近代思想を一つの学風として、異質性のまま、抵抗なく受け入れて、安定したアカデミズムを成立させることを拒んだ。そのため、近代思想は、伝統思想からの抵抗を排除しつつ、その過程で自己を否応なく変化し、その変化することで逆に伝統思想を根柢から動揺させる作用を引きおこした。中国思想の近代化の歴史は、この両者の本質的な対決と、その結果うまれる自己の全的な更新、したがってまた固有の思想の再生とによって特徴づけられる」(「「現代中国思想の史的概観」はしがき」一九五二年五月、⑬二八八)。

竹内が、「国民文学という形で問題をとらえ得なかった」「『近代文学』一派」を問題視するのは、そこからは前近代性の克服のための解決の方向が、「自我の確立、近代的市民への解放、というだけしか出てこない。それ以上の国民的連帯へまでは発展しない」と考えるからであり、「個人の独立は、国民的連帯の意識と離れては実現しないし、その逆も真である」ためであった。『近代文学』創刊時の同人は、荒正人・平野謙・本多秋五・埴谷雄高《はにやゆたか》・山室静・佐々木基一・小田切秀雄らであり*、竹内は、それらの人びとに対して、「個人だけを抽象して取り出すのは、文学における身分制との戦いを避けたために生じた、それ自体が特権的な意識の産物と見るべきであろう」との批判を投じた**（前掲「国民文学の問題点」⑦四八～四九）。

*本多秋五『物語戦後文学史』（上、新潮社、一九六六年、のち岩波現代文庫、二〇〇五年）を参照。

**後年、竹内は、『近代文学』同人たちにもった印象を次のように語っている。「ともかく『近代文学』の面々は、私から見て、雲のごとくむらがる英雄中のまた英雄であった。そして自分も及ばざること遠きを恥じた。おれは何をしていたのだろう、と後悔のほぞを噛むことしきりであった。むろん、七人の侍といえども、神ではないことを納得するまでに、そう時間はかからなかった。中野重治の批評に対して、平野謙が泣き言をならべ、荒正人がヒステリー的反応を示す段階で、すでに私はいくぶんの興ざめを覚えた。しかし、最初のショックがあまりにも大きかったために、一挙に偶像崩壊には至らなかった」（「記憶のうちから――『近代文学』について――」一九六四年八月、⑬一一二～一一三）。

以上に明らかなように、竹内にとっての「国民文学」は、「個人の独立」と「国民的連帯」の結合という、「それに到達することを理想として努力すべき日々の実践課題」なのであり*、丸山が「国家秩序との内面的つながり」、すなわちリベラリズムとナショナリズムの結合を希求していたことと一致するものであった。

*竹内は、一九五四年までの自己の歩みを振り返って次のように総括している。「私は戦後にもう一度魯迅から出直すつもりであったが、これは、はじめての『魯迅』ほど成功しなかった。ただ、その間に一つの仮説が導き出

された。後進国の近代化のタイプに二つあり、日本と中国とは異質ではないか、ということである。その仮説をたしかめるために、あるいは自分に説明するために書いたのが『現代中国論』(河出文庫)や『日本イデオロギイ』(筑摩書房)に収めた文章である。この課題は思弁的にでなく、実践的に解かれなければならぬ、と次第に私は考えるようになった。解釈でなく、改革が必要だ。日本人の思想改造と、それにつながる自己改造が必要である。そこで、そのような姿勢をつくり出すために書いた一連の文章が『国民文学論』(東大出版会)となった」(「私の著作と思索」一九五四年八月九日、⑬二七九〜二八〇)。

竹内はのちに、「国民文学」は、一つは五〇年代初頭のアジアのナショナリズムの台頭に伴う「新しい問題」の提出と、もう一つはそれ以前からの「日本のナショナリズムの一律の抹殺」という状況に対して「何か将来に生かすものを探したいという欲求」という、「問題が二つ重なって出てきた」のであり、「その流れが、なんとなく国民文学論になったわけなんです」とも回想している(「予見と錯誤」一九六六年六月六日、⑨四一四)。ふたたび前田愛によれば、「国民文学論」は、「ふつう国民文学論の主役として認められている竹内好は、ワキ役にまわされ、国民文学論を指導した『人民文学』の役割が一方的に誇張されている。また国民文学論の課題としてとりあげられているのは、「政治と文学、文学の自律性の問題、国民的言語の問題、大衆路線と俗流大衆路線の問題」というように、竹内の国民文学論のもっとも主要なモチーフをなしていた近代主義批判がきれいに切りすてられている」(前田前掲「国民文学論の行方」)ということになり、むしろ竹内と論争に参加した人びとは同床異夢だったといえよう。

⑵「生活の中から生れる思想」の希求――「日本の民衆」／労働組合／マイノリティ――

竹内は、『近代文学』に集う「近代主義」者の「特権的な意識」を批判した以上、それを乗り越える思想を提示しなければならず、それこそが「生活の中から生れる思想」であった。このように述べる。「日本人を根本的に規定し、動かしているものは、インテリの頭脳に投影しているコスモポリタンの思想ではなくて、生活の中から生れる思想だということになる。それがどんなに微々たるものに見えようとも、インテリをふくめて、生活の思想の方に主動力がある。そうでなければ彼は完全な国籍喪失者になって、日本人でなくなる」。「生活の要求と、その中から出てくる文学要求とをはなして処理することができない地点に、今日は来ているのではないだろうか」（前掲「文学における独立とはなにか」⑦六九・八三）。

その場合にも竹内のなかに、「生活の知恵」を身につけた中国という参照軸が存在していた。一九五二年の初めから七回に分けて発表された「若い友への手紙」では、一九五〇年の朝鮮戦争、逆コースの進行、一九五一年九月の講和条約締結、といった状況に立ち向かうのなかで民衆の「生活の知恵」によりどころを求めようとする際に、それを「個人としても民族としても、非常によく、日本人とはくらべものにならぬくらい深く、身につけている」中国人のありようが紹介されている。「かれらは、絶対不変のものを、信じておりません。最高の権力だって、悠久ではない。それを、生活の知恵として、身につけているから、不測の変ということがない」と。それに対して日本には、「絶対不変に見える」「官僚の権力支配」、「つまり天皇制」が存在しており、しかも「在野というのは、官になりたくてなれないから野なのであって、だから一朝、機会があれば、このような野は、そのまま官になる。それゆえ「官に反対するからといって、うかつに信用はできません。（中略）どんなに猛々しい人でも、権力の分配にあずかると、不思議におとなしくなるのは、ほとんど通則といっていいでしょう」と警告を発した（一九五二年二月、⑥一九〜二〇）。

竹内は、立場を絶対視するような、丸山眞男いうところの「であること」信仰から解き放たれており、人は往々にして、ひとたび立場さえ替わればふるまいも変わってしまうのだという認識をもっていた。それゆえ権力奪取のための「官と野との対立」という構図もそのまま受け入れるべきではなく、「目的は、権力支配を排除すること」「権力支配から人間の自由を救い出す」ということでなければならないと説いた（⑥二〇・二一）。手紙の〝名宛て人〟は社会主義に希望を見いだす若者であり、竹内はその若者に対して、「どうも、あなた方の方が、手放しで民衆を信頼している気持ちが感じられて、不安なのです」とさえ述べる（⑥二二）。そこには、たまたま「官」に対抗する立場にある者が、あたかもすべて正義を体現しているかのような見方は徹底的に排すべきであるとの主張が込められていた。しかし、野にある民衆に対してそうした留保をつける一方で、その手紙には「民衆のおのずからの気持」「モラルを欲する人間の本然の要求」といったように、民衆〝本来〟の姿に対する信頼を彷彿とさせる言葉が鏤められている（⑥二四）。

一九五一年一一月、昭和天皇の京都大学訪問に際し、天皇に対する公開質問状を用意していた全学自治会である同学会の学生と警官隊がもみ合いになり、同学会が解散を命じられるという事件が起こった（京大天皇事件）。竹内は、その事件の犠牲となった学生たちに心からの同情を表しつつも、「私は、戦争中の、純情があたら空費された事例を思い出さずにはいられません。そして、長期の見通しという点において、欠けるものがあったのではないかと思うのです。目前の一喜一憂にとらわれすぎた点はなかったか」と問うて、彼らの判断を諫めるのであった。さらに竹内は、「天皇は道徳の中心ではない。これは、民衆の知恵が、すでに知っていることです。では、道徳の中心がどこにあるか」と問いかけるとともに、「モラルの喪失状態の自覚は、苦しい。人間の弱い心は、つい規範を外に求めたがります。しかし私は、弱い心に鞭うって、苦痛に堪えることが、いまの場合、必要だと思います」と、目下の苦境のなかでは頭を低くして、到来する機会に備えるべきことを訴えた（⑥二三〜二四）。

竹内は、一九五一年秋から日本教職員組合の平和問題懇談会にも関わるようになり（「教員の目の色」一九五二年八月九日、⑧二八六）、それらをとおして教育について論じていった。竹内によれば、「教師が人間的になることが、教育の先決条件」であり、「そのためには、人間性をはばむ制度なり意識なりと、戦わなければならない」のであった。それゆえ「この戦いを回避するものは、教師として失格である。社会が教師に寄託するものは、この戦いを通じて社会の疾患を発見し、治療を勧告するという任務である」という（「教師の役割と教師の自覚」一九五二年一〇月、⑧二九八）。

ここでも「生きるとは何か。人間らしく生きるとは、どういうことか」という問いが発せられる

（⑧三〇四）。竹内によれば、教師が「人間的に生きる」こと、すなわち「個人としての教師の確立は、団結を通じてかちとる以外に道はない」のであった。ただし、「自我を団体の中に埋没してしまうこと」は「団結ではなくて、隷属であ」り、「団結は、対等の人格の間の協調関係であるから、それぞれの構成単位の自主性を伸ばすものであり、逆にいって単位が自主的になればなるほど、団結が強くなるもの」であった（⑧三〇六）。一見あたりまえのことのようであるが、このように日教組や労働組合に対して、団結の前提として個の自立が必要であることを説いたのは、竹内のほかに丸山眞男・日高六郎らごく少数の知識人であり、竹内は希有な存在であったといえよう。

　こうした思想を携えて、竹内は、「日本の民衆」を主題にしたり、あるいは労働組合を論じたりという方向にも踏み出していった。

　竹内が、「日本の民衆」（『現代史講座』第三巻「世界史と日本」創文社）と題する論文を発表したのは一九五三年八月のことであった。それは、「この課題に私は近づきがたく思われる。（中略）私自身がその一人である民衆について、しかし、民衆と一体ではけっしてない、民衆と異質なものをふくんでいる私が、何を、どう考えればいいのか」（⑥二四五）という煩悶に始まる。「人民は、彼が生産者であることによって歴史を動かすのである。被支配者であることによって歴史を動かすのではない。社会的生産力を高める、あるいは低下をふせぐという、歴史にたいする合法則性を保つ場合にだけ、彼は権力の交替を要求することができる」といったくだりからは、当該時期には竹内もまた社会主義革命を射程に入れてマルクス主義的な世界観に接近していたということができよう。一方でそれに続けて、「このことは、今日の日本の民衆に革命担当の能力があるかどうかをはかる目安になるだろうと思う」（⑥二四六～二四七）と述べ、労働者農民政府といえども常にできあがった権力に対しては懐疑的であらねばならないことを説いた。竹内のこのような特徴は、革命の「力の結集のために主体側に要求されるもの」として、「中心勢力である労働者階級」の「官僚主義の克服」を第一にあげる点にあった。彼はいう。「民衆は本来、雑多な利害の対立を内部にもっている。その対立をふくんだ形のままで、全体としての統一戦線を結成する場合に、いちばん大きなさまたげになるものが官僚主義である」と。「官僚主義は、対立のすき間に打ちこまれるクサビのようなもの」であり、「人間をタテにつなぐかもしれないが、ヨコにはつながない」ものであり、今日、労働組合の組織率が高まることが「逆に官僚主義をますます民衆へ浸透させる働きもしていることを見のがしてはならない」と述べている（⑥二四九～二五一）。「官僚主義」を支配層の専有物とみなすのではなく、同様に労働組合内部にも蔓延るものとしてそれへの警告を忘れなかったことは注目されてよい。

　竹内は、民衆のなかの階層性にも着目していた。彼によれば「民衆という革命勢力の中核」は「労働者、とくに基礎産業の労働者」であり、かつそれが「民衆の全体の要求を代弁するように、民衆と等質なものとして、最下層部分と連続の関係を保っていなければならない」のであった。そしてこのように述べる。

　この連帯関係を検証するものは、上の部分でなくて下の部分である。男と女では女、親と子では子、労働者と農民では農民の立場が検証の役目を果す。国際的視野でながめれば、国内少数民族がそれである。中国の革命の成功を保証するのも、少数民族の支持が大きな要素であった。日本でいうと、朝鮮人や、さらに未解放部落*が、革命の成否をはかるバロメーターになるだろう（⑥二五四）。

後述するように、竹内が部落解放運動に関わるようになるのはもう少しのちのことであるが、朝鮮人についても、「私も気にかけているつもりですが、やはりその気にかけ方が、血肉化していない点は認めないわけにはいきません」と記しており（「民族のめざめ—高田求への書簡—」一九五二年九月八日、⑥三一六）、問題意識は竹内のなかでずっと保持されていた。

＊初出の原稿、ならびに一九六四年に刊行された『国民文学論』（東京大学出版会）では「特殊部落」となっていたが、竹内自らもその誤りをおかしたことを述べ、前掲『新編日本イデオロギイ　竹内好評論集』第二巻から「未解放部落」に改められた。それについて詳しくは、谷口修太郎「竹内好と部落解放運動」（全集⑮「月報一四」一九八一年一〇月）、ならびに本書第二章３⑹を参照。

このように戦後の早い時期に、「最下層部分」を視野に入れて「民衆という革命勢力」をとらえようとしたことは注目すべきものであった*。竹内は、労働組合、そして民衆の間にも深く根を張っている「官僚主義」と闘いながら、「民衆は不断に形成すべきものであって、それを形成するのは、ほかならぬ民衆自身である」ことを説いた（⑥二五五）。竹内が打倒すべきものとしてしばしば用いた「身分制」「官僚主義」は、「インテリ」と「民衆」の壁をも超えた自由で平等な関係を築こうとする願いの表れであったといえよう。

＊その考えは、一九五九年一月発行の『講座現代倫理一一　転換期の倫理思想（日本）』（筑摩書房）に収録された鶴見俊輔・丸山眞男らとの座談のなかでも、「そりゃあ部落問題は日本人に今でも続いているし、差別はなくなっていないわけだね。革新運動っていうのは、やはり最下層というか、そういう差別されている人間の立場から行かないと、全体を結集して一つの運動に盛り上げることができないわけでしょう」（『丸山座談』③一九一）という発言となって表明されている。

(3)「民族の本然の要求」に根ざす――講和と再軍備をめぐって――

一九五〇年四月一五日、講和問題をめぐって、南原繁・出隆《いでたかし》・末川博・上原専禄《せんろく》・大内兵衛・戒《かい》能通孝《のうみちたか》・丸山眞男・清水幾太郎・都留重人《つるしげと》らにより平和問題談話会が結成され、雑誌『世界』の同年三月号でも全面講和の論陣が張られていた。冷戦による「二つの世界」の対立を前提に片面講和を急ぐアメリカと日本政府にたいして、それはソ連・中国を含むかつての日本の交戦国すべてとの講和をおこなうべきとする主張であり、中国との戦争終結を追求してきた竹内にとっては、当然の前提であった。

竹内は、雑誌『日本評論』（一九五一年五月号）が組んだ特集「社会党は戦争を防げるか」に寄せて、日本社会党の「平和三原則」について述べており、「社会党の主張との間に感覚のズレを感じます」「三原則は、理想論としては立派なものであるが、実現は不可能ではないのか。大衆はそう疑っているようです。私もその一人です」と評している。なぜならば、「私たちが日々の生活の中で受け止めている巨大な圧迫感にくらべて、社会党のかかげる理想はあまりにもキレイ事すぎる。私たちはほとんどドレイだが、社会党は自由人の立場で発言しているのではないか」と思われるからであった。竹内は続けて、「むろんドレイにだって理想は必要です。しかし、理想は現実からの通路をもたなければならない」といい、社会党に関しては、「国民の政治意識」に食い入ることなく、「あまりにも現実政治（それは日本の現状では国民生活に根ざしていない）のタクティクスが露骨に感じられて」好意が持てないという。自らのみならず国民が抱く感情は、「インテリの平和論への不信といってもいいものであり、「この不安なり不信なりは、ファシズムの温床であり、同時に革命のエネルギイ源でもあります」と述べる（「判断と賭け――社会党は戦争を防げるか――」⑥二九九～三〇〇）。このように、竹内の社会党に対する不満は、前述のインテリの場合と同様、「生活の要求」に根ざすという観点から発せられていた。

竹内は、「共産主義勢力が日本へ侵略する危険性があるかどうか」という『日本評論』編集部の問いに対しては、「ソ連はいざ知らず、中国だけについていえば、中国が日本へ侵略する意図がない」との見解に立ち、「私は、日本が絶対中立なら侵略はありえないという社会党の見解を、その点だけ抜き出せば、支持したい」と述べる。ところが続いて、それは「実験室での操作」であり「現実政治の上ではむしろ反対」で、「日本の共産主義者は、共産主義不可謬の信仰に立って侵略論に反対しながら、内心では侵略を待ちこがれているではありませんか。それを見抜いている自由党の現実感覚は本能的なだけに、インテリ臭い社会党の理想論より強力です」と述べ、社会党をはじめとする革新政党にも痛烈な批判を浴びせるのであった（同前、⑥三〇一）。

同年九月、全面講和はならぬままサンフランシスコ講和条約調印がおこなわれた。それからまもなく、雑誌『世界』（一九五一年一〇月）がおこなった「講和問題特集」のアンケートへの竹内の回答は、当該時期の彼の見解を端的に示していよう。すなわち「これは講和ではない。新たな戦争準備の開始の宣言である」と受けとめ、まず、「この講和が国民によって承認されたら、中国との関係は破局的になるだろう」との危機感を顕わにしている（「講和に対する意見・批判・希望」⑥三〇一～三〇三）。彼が常に中国との戦争終結、すなわち国交回復を念頭におきながら日本社会と対峙してきたことが如実に示されており、竹内は、この講和は「国民の総意のように偽装されている」もので、偽装を助けたのは「世論作出能力の巨大な新聞の大衆伝達」であり、「新聞は今では国民の敵に化しつつある」（⑥三〇三）という。国民の意に沿ってはいない講和が行われたのは、実は新聞というメディアのあり方に原因があるとの認識のもとに、一九五〇年二月号の『群像』のアンケートでは、「日本から抹殺したいもの」として、天皇制と文壇とならんで「ジャナリズム」をあげた。その理由は、「思想の自由のために」とだけ記されている（⑥二九七）。竹内は、出来事の節目節目で、新聞のあり方に対する厳しい批判を投じており、それは、民衆に働きかける上でのジャーナリズム本来の役割を重視していたことの証左であったといえよう。

講和発効の年、日米行政協定が結ばれ、そのもとで警察予備隊が保安隊となり再軍備が進められていくなか、竹内は、「戦争の脅威は、もはや遠い将来でなく、さし迫ったもの」となり、それに対処するには少数のエリートだけでなく、「国民の総力」を結集せねばならないとし、「まず、国民の間の共通の問題を探し出し、その解決を共通の課題にする必要がありましょう。（中略）つまり、新しい人間像を描くとか、次代の国民の形成を考えるところまで、この努力を推し進めて行かなければならぬわけです」と訴えた（前掲「若い友への手紙」⑥五二〜五三）。

　こうした危機に対応するための「次代の国民の形成を考える」ことが、彼の関心を、教育、そして先にみた日教組という、それを担う教師集団へと赴かせたと考えられる。教育は、竹内が課題としていたインテリと民衆の溝を埋めるための重要な手段でもあった。換言すれば、ドレイを理想に赴かせ、いつかはドレイから解放させるための回路として希望を託していたのではなかろうか。

　一方で竹内は、「学問を職業とする私たちの一番の不安は、自分たちの学問が、究極において民衆の幸福に役立つかどうかということです」と述べて、こうした危機に対する学問の実践性を問うた。「学者と教育者とは、それぞれの機能を全的に発揮することによって協力しあうべきであって、身分的差別があってはならない」（「教員の目の色」一九五二年八月九日、⑧二八八）というのは、戦後まもない時期に「インテリ」論を展開したときからの変わらぬ主張であった。

　竹内は、逆コースの進行のなかで危機意識を強め改めてナショナリズムと格闘していた丸山眞男のナショナリズム論について、「委曲をつくしていて、その論旨に私はことごとく賛成」といい、丸山が「日本はアジア諸国の中で、ナショナリズムの処女性を失った唯一の国」「つまり、健康なナショナリズムがウルトラ・ナショナリズム（超国家主義）にダラクした苦い経験をなめている」ことに着目した点を評価している（前掲「若い友への手紙」⑥六五）。そして竹内はいう。「民族という問題は、深く考えなければなりません。なぜなら、空想的な世界主義者はともかくとして、現実には、その通路を通らなければ何事も実現しないからです。民族の念願を結集しなければいかなる改革も実現しません」。竹内によれば、「日本民族の念願」とは「独立と平和と自由」であり、それこそがおざなりにできない「民族の本然の要求」なのであった。それは民衆のなかにあるものであり、それを引きだすために、「議論をそだてることが大切です。床屋政談でなしに、生活の中から問題をくみとることが大切です」と訴えた（同前、⑥六六〜六九）。竹内にとって「民族という問題」を考えることは、丸山が「民衆」と向き合ったのと同じ意味をもつものであった。竹内があくまで「民族」にこだわりつづけたのは、民衆、そして「私たちはほとんどドレイ」であることを見つめるがゆえに、民族という回路を丸山のようには簡単にすり抜けることができなかったからではなかろうか。

竹内が「民族の本然の要求」のよりどころとしたのは中国やインドであり、彼は、「おなじ東洋の後進国のなかで、日本とおなじ道を歩まなかった中国やインドが、そのため見かけの独立は獲得しなかったけれども、逆に実質的には、どんなに独立不羈の理想を把持しつづけたかが、今になって思い当るのである」という（「国の独立と理想」一九五二年一月、⑥八四〜八五）。

竹内はまた、戦後、孫文の『三民主義』を読み、「以前にはうかつに見過ごしていたこの一節にぶつかって、感動に打たれた」ことも告白している。竹内が引いているのは、「中国が強大になった場合に、やはり他の国を滅ぼそうとし、列強の帝国主義を学んで、同様の道を歩むならば、それは、かれらの覆轍をふむことになる」ゆえ、まず「弱きを助けるという政策」を決めておいてこそ「わが民族の天職をつくすことができる」、そして「弱小民族に対しては、これを助け、世界の列強に対しては、これに抵抗しなければならぬ」といった箇所であった。竹内はそうした孫文の考え方を、「他力に頼らず、あくまで自力で独立を獲得しようとする態度」こそが「独立国の標識たる理想」であり、それは、「国の植民地的現実を直視し、その苦悩のなかから、民族の伝統をふまえて打ち出されたものであって、したがって教育による注入なしに、そのまま国民的実践の目標たりうるものであった。人のおもわくを気にせずに、正義を主張することによって内に「自信と気力」を蓄えようとしたのだ。今日の中国のゆるぎない国際的地位は、その結果、おのずから生み出されたものである」と絶賛している。そして、「現実を回避することなく、苦悩のただ中から、将来へ向って生きるための理想を打ち出していった中国国民の勇気と、努力は、今日の私たちに無縁であろうか」と問いかけ、「何よりも、まず私たち日本人は、過去の独立国の幻想を棄てることだ。いかに苦しくとも、それに堪えねばならぬ。日本の独立の道は、将来にある」と結ぶのであった（同前、⑥八五〜八六）。

　そのような理想実現の前に立ちはだかっていると竹内の目に映ったのが、インテリにおける「知性と感情の背馳」であり、ふたたびインテリのあり方が遡上に載せられることとなった。竹内は自らをも省みつつ問う。「吉田書簡に、素朴に驚くことができなかったという、インテリの習性（私個人の場合だけで全体を推すのは冒険だが）こそ、インテリと民衆の間に溝を作り、ひいては再軍備反対なり、平和論なりが、現実の力となりえない根本の原因と、隠微なところでつながっているものではないでしょうか」。吉田書簡とは、一九五一年一二月二四日、対日講和交渉の際に、このとき外務大臣を兼任していた吉田茂がアメリカの国務長官ダレスに宛てて、北京政府と二国間条約を結ぶ意思がないことを言明したものであった。先にも述べたように、中国に対する戦争責任を原点におきながら日本の戦後社会と向き合ってきた竹内にとって、それが許しがたいものであったことはいうまでもなく、「私自身がインテリとして、独裁者の出現を、その出現の瞬間において、素朴に驚き、憤怒する感情をもちあわせなかったことを、その驚きの感情を表現する能力さえもたない民衆の前に、恥じます」「知性と感情の背馳ということは、それが個人にあるばかりでなく、これこそ民衆とインテリとを身分的にへだてる原因になっていると私は思うのですが、そこまで問題をひろげなくても、インテリの職業の分野の間に、それが実在することは否定できません。とくに、文学者と社会科学者の間にそれがあります。これが両者のコミュニケーションを妨げております。そして、それが妨げられていることが、究極には、再軍備反対が現実の力となりえないことと深く関連していると思うが、どうでしょうか」といった怒りと失望の念の吐露が続いた（前掲「若い友への手紙」⑥三一～三二）*。それは、「知性」が「感情」すなわち「生活の本然の欲求」に根ざさない日本のインテリのありように対する苛立ちにほかならない。ここにも、民衆をドレイから解放してインテリとの乖離を埋めようとする竹内の思いの強さが表れている。

＊後年、竹内は、この吉田書簡のもった意味について、「国交回復の条件」（『中国』一九六八年八月、⑪三三一～三三三）で詳しく解説している。

竹内は、「名目的な独立」に賛成してしまった学者たちに対して、「日本国民の哀歓とは別のところで、いわばアカデミイの講壇で、民衆と共にではなく、民衆に向って、説教しているような気がする。民衆の哀歓が十分にすくい上げられていないような気がするのだ」と慨嘆した（前掲「国の独立と理想」⑥七六）。批判の対象となったのは、津田左右吉・小泉信三らいわゆるオールド・リベラリスト、竹内いうところの「明治的教養人」であり「日本の「よき日」に生をうけたかれらは、敗戦を錯誤と主張することによって、かつての失われた理想を回復しようとしているが、みずからの血によって敗戦の体験をあがなった私たちの世代に、むかしの夢を見つづけさせることはできない」のであったと述べる（⑥八一）。「イデオロギイの左右を問わず、占領軍の撤退を、独立のための一義的な要請と考える考えかたは、国民大衆の同意を得ることが困難」であり、「それは手段と目的を混同しているから」である（⑥八二）。中国やインドが、「見せかけの独立は獲得しなかったけれども、逆に実質的には、どんなに独立不羈の理想を把持しつづけたかが、今になって思い当る」ように、制度上の独立は問題にならず、戦前の日本は「名は独立であって、じつは、他人のドレイだった」。「自主性を保ち、自己の判断と意志とをもつものにしてはじめて、国際政治の波をかいくぐることができるのではなかろうか」との問いが投げかけられる（⑥八三〜八五）。竹内の批判は、「独立不羈の理想」を欠いたまま講和の是非を論じるという点で左右双方の陣営に向けられたが、ことに前述のオールド・リベラリストたちが、現実に成った講和を支持し、それが「ソ連の国家の性質を、一変させるところに終局の意味のあるべき自由主義諸国の運動」と理解する「驚くべきドグマ」に陥っていることが、彼の失望をいっそう大きいものにした（「自由主義の脱落者」一九五四年九月一四日、⑥三〇五）。

竹内は、『改造』一九五二年九月号の企画「オールドリベラリストへの公開状」のなかで、「リベラリズムの天皇制」と題し、オールド・リベラリスト批判をおこなっている。彼らは「一定の秩序の進行に身をまかせて出てきた」「明治的に設定された近代化のコースを疑うべからざる所与として受け取っていて、そのワクの中で、進歩を考えている」人たちであり、それゆえに「じつに権力に弱い。力行精神に乏しく、抵抗が稀薄である」という特徴を備えており、「独立不羈のブルジョア精神」を欠いている。それにもかかわらずその自覚がなく、「本来、リベラリズムが成立する条件のないところへ、温室的な教養によって、人工的に成立している」リベラリズムであって、その「核心部分」が「天皇制への愛着」となって表れているという。「私たちの世代」にとって「天皇制は、いまわしい、のろうべき、しかしまた、いくらもがいても脱却できない、宿命のようなもの」であり、換言すれば福沢諭吉いうところの「独立不羈のブルジョア精神」を阻む、国民をドレイに縛りつける「核心部分」をなすものなのであった（⑥三一一〜三一二）。だからこそそれに対決しえないオールド・リベラリストたちが許せなかったのである。多用される「ドレイ」という表現は、たんに魯迅から言葉を借用したということにとどまらない、たえず民衆の深部と向きあってきた魯迅の存在が竹内のなかで頭を擡げていたことの証左であろう。

竹内がそれから数年後に、戦後一〇年を振り返り、「貧しくはあっても、ともかくいくつかの達成はあった」なかの「最大の一つ」として「天皇制の廃止」をあげているのは一見すると矛盾するようではある。彼は、天皇制は「事実として廃止された」（傍点――引用者）のであり「むろん、非常に不十分であって、その廃止を実質的に内容づけていく努力において、大いに不足はしているが、少なくとも教育勅語を復活することは、今日ではもはやできまい」という。そしてそのような「神権説は復活できない」ようになった今日、「あとはわれわれ自身の努力によって、完全に廃止にまで持っていかれる」と述べて、その課題を国民に託したのであった（「八月十五日」一九五五年八月一日、⑬九〇）。それゆえ「事実」として廃止されたとあえて述べているのは、それにもかかわらずそこから先に進めない、内なるドレイ性を克服しえない知識人をはじめとする国民への苛立ちや憤懣の表現にほかならなかった。竹内は、『諸君』一九七四年六月号のアンケートでは、「〔天皇制は〕長州閥がこしらえたもの、したがって廃止のためには長州征伐（第三次？）が必要でしょう」と答えている（「私の天皇体験」⑬二七）。

竹内は、片や、遠山茂樹ら歴史学者が「情熱をもって不正にプロテストしている」点を評価するとともに、江口朴郎らのナショナリズム論にも注目している。しかし、それらは「まだ丸山真男「日本のナショナリズム」（昨年一月の『中央公論』）からあまり発展していないように思う」といい（「現実と取組む学問―論壇時評・一九五二年三月―」⑥三〇六～三〇八）、前述の自著『日本イデオロギイ』に対する丸山の書評（『日本読書新聞』一九五二年九月一五日）に、最大の賛辞を送っている（「民族のめざめ―高田求への書簡―」一九五二年九月一八日、⑥三一三）。たしかに丸山のそれは、竹内の思想の特徴をみごとなまでに言い当てており、長くなるが、丸山眞男「竹内好「日本イデオロギー」」（『丸山集』⑤）から、重要と思われる部分を引いておこう。

「何かというと人の演ずる「役割」の客観的な判定者の位置に自分を据えたがる傲岸さ、しかもその傲岸さを自分はいささかも意識しない救い難いほど善良な魂——これこそまさにコンミュニストを筆頭とする日本的進歩主義者の盲点として竹内氏が指摘する当のものであり、そういう批判の仕方自体あまりにみじめな形で彼の診断の正しさを実証していたからである」（二四九）。

「問題は評論家竹内好の正当な、または不当な位置づけにあるのではなく、日本の官僚主義的思考＝行動様式に対する彼の一貫した思想的対決から果して進歩陣営がその後どこまで学びとったかということにある。彼の病理診断によると「明治になって身分制が廃止されたのはいわば形式的な廃止であって実質的にはそれを国民的規模に拡大することによって復活している」（一一四頁）から、爾来官僚主義はわれわれ日本人の分子構造をなしている。そこでは反官僚主義すらも官僚主義の鋳型をチャント身につけて現われるほど事態は深刻なのだ。そこでこうした悪循環を断《たち》切るためには、彼によれば官に対して野を主張するだけでは駄目で、官と野の対立自体にいわば根源的に対立することが必要となる。本書の評論はさまざまの領域に亘っているが、それらに共通して流れる基本的なテーマはほぼここにあるといって間違いなかろう。そうした論理を執拗に模索しているところに彼を通常の「庶民主義者」から区別する特質がある（その意味で私は、雑誌社で没になったという曰く付きの「指導者意識について」が一番面白かった）。むろん官と野の対立にするということは、どこまでも新たな思考次元を設定するという問題であって、何らか実体的意味での第三者的立場の主張ではなく、またそうであってはならない。なぜなら官と野以外の第三の立場などというものは現実にはありえないからである。竹内氏は彼の立場自体の実体化に対しても警戒を怠らない。彼の所論がしばしば逆説的な形態をとるのはそのためである」（二四九～二五〇）。

「本書から積極的な処方箋を期待されることは著者として最も迷惑なことであろう。否定的な形でしか結論が出てこないことは本書の問題意識自体に内包される必然的な制約なのである。そうした処方箋を期待する民衆の心理に喰入る進歩的、反動的あらゆる形態での官僚主義の支配にこそ著者の鋭利な刃は擬せられているのだから。従って大事なことは著者の限界を指摘することではなく、むしろまさにその「限界」と見えるもののうちに著者のわれわれに対する最大の警告を読みとることなのである」（二五二）。（傍点――原文）

丸山がここでいう「立場自体の実体化」への警戒は、すでにみた竹内の、民衆のなかの「官僚主義」批判などを意味しており、それを高く評価したものであった。そしてそれは、丸山自身が「今の民権論者が権力を取ったら薩長政府とおなじように官尊民卑になり、むしろ人民政府という大義名分で何でもかんでも干渉してくるだろう」という福沢諭吉の発言をあげて、福沢が民権派を絶対視しない視点を高く評価している（「近代日本と福沢諭吉」一九八四年一一月、『丸山座談』⑨八三）ことに通じていよう。

一九五三年六月、竹内は東京都立大学人文学部教授に就任し、翌年末には、浦和から武蔵野市吉祥寺に居を移した。転居先は丸山宅の近くで、その半年ほど前にも丸山の妻に新居探しの相談をしており、転居後、丸山との親交はいっそう深まった。*

＊詳しくは、佐藤美奈子ほか（編註）「丸山眞男文庫所蔵未発表資料翻刻　竹内好・武田泰淳・武田百合子書簡丸山眞男宛　二五点」（『丸山眞男記念比較思想センター報告』第一三号、二〇一八年三月）二八～三〇頁を参照。竹内は、同年一二月一五日付で転居の挨拶状を出しており、丸山眞男宛のものには手書きの書き込みもある（同前、二九頁）。

(4) 読者と向きあう——第三次『思想の科学』編集長として——

一九五〇年代の半ばから後半にかけて、竹内は、すでに会員となっていた思想の科学研究会にも情熱を注いだ。竹内は、一九五三年七月二七日、同会の会長に就任にして、月例研究会には毎回出席したという（「年譜」⑰）。同時期に会員の活動に従事していた大野力の回想によれば、竹内の会長就任に伴って「会報」が発刊されるようになり、それは「七人の学者たちのサロンとして出発したという〝思想の科学〟が、いよいよ一つの組織体としての活動段階にはいったことを物語るもので、このとき会員数は約二七〇人ほどに達していた」（大野「竹内さんと〝思想の科学〟」『思想の科学』第九一号、四四頁）。

一九五四年五月には講談社が発行元となって第三次『思想の科学』が創刊されることとなり、竹内は編集長をも兼ねることとなった。第一号の巻頭には、竹内の署名入りで「読者の手紙」が掲載された。*そこで竹内は冒頭、「読者は、この雑誌全体があなたへあてた手紙だと思って、この雑誌をよんでいただきたい。私たち雑誌の制作者は、あなたがた読者とまともに向きあって話しあう姿勢で、雑誌を作ってゆきたいと考えている」と呼びかける。読者を「あなた」と呼び、制作者がそれに「まともに」向きあうという宣言は、まさしく対面で読者と「向きあって話しあ」いたいという強い意志の表れといえよう。竹内の呼びかけは続く。

思想とは、何か外界にある実体のようなものではなくて、私たちが生きるために、よく生きるために、それを使うもの、という風に私たちは考える。いわゆる思想家の専有物ではなくて、人がだれでも本来にもっているものである。それをそだて、その法則をつかむことによって、さらにそれをよくそだててゆきたい。それには、専門家だけが書斎の中で孤立して考えたり、外国の本をよんでそれを読者に紹介する今までの雑誌の形ではダメなのである。どうしても生活の中にはいり、そこから問題をくみ取り、協同して法則を探求しなければならない。そういう思想運動の手段としての雑誌を私たちは考えているのである。

そうして、「日本人全体の思想をそだてる運動のための共通の広場**に、この雑誌を協同してそだててゆきたい」という。題字と名前を自署にし、極力漢字を少なくしているのも、知識人の専有物から解放して読者とともに「そだてた

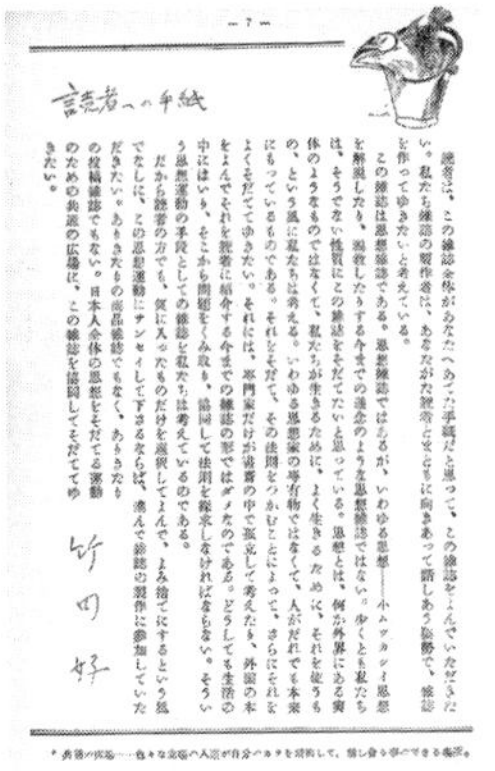

— 7 —

読者への手紙

読者は、この雑誌全体があなたへあてた手紙だと思って、この雑誌をよんでいただきたい。私たち雑誌の製作者は、あなたがた読者とまともに向きあって話しあう姿勢で、雑誌を作ってゆきたいと考えている。

この雑誌は思想雑誌である。思想雑誌ではあるが、いわゆる思想——小ムツカシイ思想を解説したり、説教したりする今までの通念のような思想雑誌ではない。少くとも私たちは、そうでない性質にこの雑誌をそだてたいと思っている。思想とは、何か外界にある実体のようなものではなくて、私たちが生きるために、よく生きるために、それを使うもの、という風に私たちは考える。いわゆる思想家の専有物ではなくて、人がだれでも本来にもっているものである。それをそだて、その法則をつかむことによって、さらにそれをよくそだててゆきたい。それには、専門家だけが書斎の中で孤立して考えたり、外国の本をよんでそれを読者に紹介する今までの雑誌の形ではダメなのである。どうしても生活の中にはいり、そこから問題をくみ取り、協同して法則を探求しなければならない。そういう思想運動の手段としての雑誌を私たちは考えているのである。

だから読者の方でも、気に入ったものだけを選択してよんで、よみ捨てにするという態度でなしに、この思想運動にサンセイして下さるならば、進んで雑誌の製作に参加していただきたい。ありきたりの商品雑誌でもなく、ありきたりの投稿雑誌でもない。日本人全体の思想をそだてる運動のための共通の広場*に、この雑誌を協同してそだててゆきたい。

竹内好

図22 「読者への手紙」（『思想の科学』1954年5月）

い」という思いの表出であろう。

＊第三次『思想の科学』ではその後も毎号、編集の中心メンバーがこの「読者への手紙」を書いた。

＊＊「共通の広場」には、「色々な立場の人達が自分のカラを飛出して、話し合う事の出来る場所」という脚注が付されている。なお、この「共通の広場」というキーワードに着目して、第三次『思想の科学』と竹内について論じた廣木尚「〈共通の広場〉の模索―竹内好と第三次『思想の科学』―」（前掲『竹内好とその時代』）がある。

その決意を伝えるべく、さらに第一号ではタイトルも「新しい思想の出発」として、中国文学者の竹内と哲学者の三浦つとむ、評論家の鶴見和子、社会心理学者の南博（肩書きは記載のまま）による座談会が掲載された。竹内は、「私がなぜ「思想の科学」の運動に入ってきたか」について、一つはインテリを横につなげる、もう一つは、先の「読者への手紙」と同様「インテリと大衆の溝を埋める」という、この運動のもつ二つの要素に惹きつけられたためであることを明らかにするとともに、「アンチ・アカデミィ（官学反対）の運動として外から評価されていると思うんだけれども、私はもっと大きな運動だと思うし、それで、協力しているわけなんです」（傍点――引用者）と述べている。すなわち竹内の「思想の科学」の運動に対する姿勢は、あくまでその趣旨に共感するがゆえの「協力」であった。むろん、それは竹内が全力を傾注しなかったということを意味するものでは毛頭ないが、竹内が編集長を務めた一二号分を見ても、竹内がさほど編集企画の前面で活躍したとは考えられない。各号の巻頭に付された「読者への手紙」や「編集後記」もメンバーが交替で書いていることなどからしても、竹内が自らの主張や個性を押しだすことなく、すなわち思想の科学の運動が育ててきた「個性」を歪めたり損なったりすることなく運動を支えたというのが相応しいのではなかろうか。

後述するように、竹内が編集長を務めた第三次『思想の科学』は、一二号分の刊行をもって一年で終止符を打つ。そのなかで明らかに竹内の企画で作られたのが第二号（一九五四年六月）の「特集・日本の中のアジア」であった。

なかでもその冒頭の、竹内と社会心理学者の加藤秀俊による「アジアに散らばった日本の兵隊―彼らは何も見、何を感じたか―」はこれまでにほとんどみることのなかった試みであった。それは、一九三七年の日中全面戦争から敗戦にいたるまでの八年の間に「アジア各地にバラ撒かれた日本の兵」の体験から「各国を見る日本人の認識の仕方」を学ぼうというもので、「日本人が他の民族にこれほど大量的に文化接触をもった機会は、歴史上はじめてのことであるし、その接触は貴重な体験として残さねばならない」（傍点――引用者）と考えてのことであった。

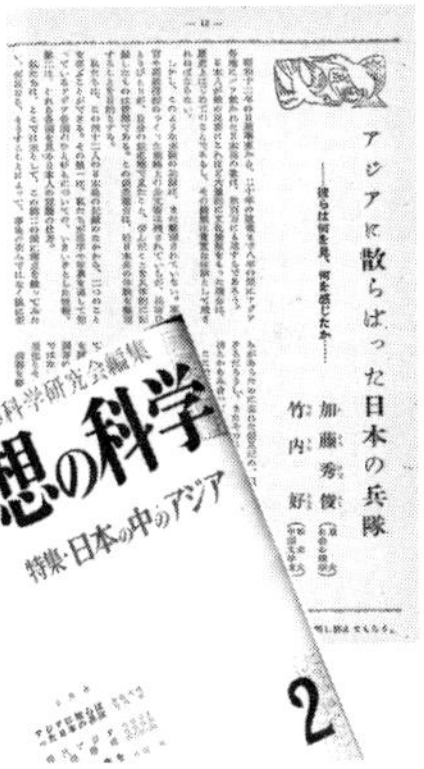

図23　第3次『思想の科学』第2号「特集・日本の中のアジア」1954年6月

具体的には、旧日本兵のなかの、大企業の事務系統の仕事に携わっている四二人に「簡単な質問表」を送り、さらにそのなかから一五人を選んで面接質問を行ったという。その結果は、「任地とその時期に応じて」、「「良民」意識（大陸―戦勝型）」「自然を愛す（大陸―敗戦型）」「空の神兵（南方―敗戦型）」」の三グループに分類され、そこから「「おくれた」文化」という認識と「アジアの共感」の存在を導き出している。そこまでの分析はおおむね加藤によるものであるが、最後に竹内が「私の感想」と称して、「中国に行った兵隊たちが、強い固定観念をうえつけられていて、今日でも中国の改革を信じないほど過去の実感に固執していること」が注目をひいたことを明らかにしている。そしてそれについて、「私は、この常識は健全であると思う。進歩的思想家たちは、それを民衆のせいにしたがるが、それはまちがっている」と述べている。なぜならば、「実感を固執することは正しいのである。そこへどんなに知識を導入したところで、民衆の考え方が変るはずがない」のであり、「その実感を土台にして、推論ができるように経験の中から条件を探し出すことが、探し出すことに手を貸すことが、大切なのである」と考えていたからであった。竹内は、「戦後の解放の時期（八・一五から二・一ストまで）」の日本の経験からの類推で、中国において「いまのわれわれには想像もつかないような改革が実現可能」であることを思いうかべるべきであるという。そこには竹内の、観念的にではなく具体的に民衆の意識のありようをつかみ取ろうとする姿勢と、そうすることで民衆の意識を変えうる可能性にかける前向きの姿勢が見てとれよう。一方で竹内は、次項で述べるように直面する政治・社会状況を前に「亡国」との認識を強めていたときでもあり、だからこそ自らを励ますように民衆の可能性を信じ、前向きに対処しようとしていたのであろう。前述の創刊号の座談会でも竹内は、鶴見和子の「こういうものを育てて行くことは大きなマスコミュニケイションに対する抵抗体を小さなところにたくさん作って行くということだと思うんです」という発言に同意しつつ、「それには読者というか、日本人全体の要求が出てきていることが底にあるわけです。今の綜合雑誌で満たされないものが盛り上ってきている。それがこの運動が生れまた延びていく条件でしょう」と述べて座談を結んでいる。

ところが、一九五五年三月一三日、思想の科学研究会の編集スタッフの一人が編集費を流用しているという記事が『サンデー毎日』に掲載される事件があり、さらに講談社がそれを受けて「経済的事情」を理由に出版契約の打ち切りに転じたため、同年四月、『思想の科学』は第一二号をもって休刊の余儀なきにいたった。会長の座にあった竹内はその対応に追われることになり、同年七月九日の総会をもって会長を辞任する（「年譜」⑰）*。

＊この件について、詳しくは廣木前掲論文を参照。また、「『思想の科学』六十年を振り返って」（鶴見俊輔／聞き手・黒川創）（『思想の科学』五十年史の会『『思想の科学』ダイジェスト』思想の科学社、二〇〇九年、四三六〜四三八頁）で、鶴見俊輔が詳細に語っている。

後述するように竹内は、一九六一年末に起こった、当該時期の発行元である中央公論社による天皇制特集号破棄事件などでも、その対応をめぐって中心的な役割を演じており、会長辞任をもって思想の科学研究会との関係を絶ったわけではなかった。しかし、辞任の一件から三、四年のちに、大野力に対して、「思想の科学っていうのはね、あれは鶴見俊輔さんの会なんだよ。それを知ったうえで一緒にやるのはいい。もしそれがいやなら、別に思想の科学のような会をつくればいいんだよ」と言って「ややいたづらっぽい笑みを返」したという（大野前掲「竹内さんと〝思想の科学〟」五〇頁）。まさに竹内は鶴見の会であることを「知ったうえで」、読者との対話を大事にしつつ「抵抗体」を育てるという趣旨に共鳴しつつ関わってきたのだろう。

のちに鶴見は、中国文学研究会を「一人で体現していたもの」と映っていた竹内と思想の科学研究会が結びつくと「竹内さんのまわりの人が全部好意的にな」り、「武田泰淳は自分の書いたものをほとんど送ってきた」と語り、会における竹内の役割を評価している。しかし鶴見によれば、思想の科学研究会の創立メンバー七人には、「戦争のときに戦争の旗を振ったやつはいれまい」という「裁断事項」があったため、「大東亜戦争を擁護した」竹内を入れることは「新しい段階」になったことを意味するものであったはずだった。ところが、竹内の「大東亜戦争と吾等の決意」を読んだ武谷三男は竹内の入会を快く思わず、武谷は「死ぬまで意見を変えなかったと思うよ」という（鶴見俊輔／『『思想の科学』五十年史の会編『思想の科学』五十年―源流から未来へ』思想の科学社、二〇〇五年）。会のなかにあるそうした評価をも正面から受け止めながらの、竹内の活躍であったといえよう。

(5)「底辺の民主主義」を育む

一方で竹内は、これまでどおりの旺盛な評論活動を行うと同時に、前節でみたように、魯迅の翻訳・研究も精力的に行っていた。

一九五三年二月、竹内は、『魯迅評論集』（岩波新書）（→本章2(2)）の「はじめに」のなかで、「外国の一人の文学者、という以上の親しいつながりが、魯迅と私たちの間に、うまれつつある。それは根本には、魯迅の生きた時代、魯迅が生き、そしてその中で抵抗した環境に、今日の私たちのそれが本質的に似てきたからだ」と述べている。竹内の「ひとり」に依拠してのドレイ性との闘いは、魯迅を心のよりどころとし、魯迅のあゆみに叱咤激励されながら進められていったのである。

竹内は、一九五六年一月には、前述のような背景のもとに日本教職員組合講師団の一員となり、積極的に運動に関わった。しかし、「教師は労働者である」という日教組の「倫理要綱」の解釈における不一致で、一九五九年三月に講師団を辞任する（「解題」⑧四四二）。竹内は、この件について後年、「五九年二月、第八次教研集会の最終日、講師団集会の席上、井上（清——引用者）教授と私との間で激論をたたかわせたことだ。彼が政治を優先し、私が文化運動の相対的独自性を主張した。これは私が少数意見で敗れ、私はその機会に講師をやめた」（「学者の責任について」一九六六年六月、⑧二五九）と記している。* さらに井上清について、「マルクス主義史学からマルクス主義が脱落すれば、それは当然、ブルジョア史学のなかの最低のものに同一化するほかないことを、井上教授の例によって示した」（同前）とも述べており、教研集会での対立は、竹内をして既存のマルクス主義歴史学への不信を増大させることにもなったことをうかがわせる。

＊竹内は、「岩波新書の彼の著書『日本の歴史』を私が第三者に悪文だと評したことがあって、それが間接に教授の耳にとどいたのかもしれない。しかし、それならば私の立証材料をふやすような復讐のやり方は合点がいかない。やはり教授流の「党派性」と考える方が確率が高い」とも述べている（前掲「学者の責任について」⑧二五九）。

竹内が辞任と同時に書いた「危機の教研と日教組」（一九五九年三月二三日）には、辞任に至った理由が、同じく教研に関わってきた日高六郎の文章（「『第八次教育研究全国集会』をめぐる問題点」『思想』一九五九年三月）を借りつつ記されており、それによると、「意見の多様性の尊重」が踏みにじられたことと、教研が組合運動への追随を強いられていること、の二点であった（⑧三六五～三六六）。竹内は教研辞任を、運動論一般に敷衍させてこのように述べる。

この問題について、組織の一員としての私の組織内でとるべき処置は全部完了している。私はいまは自由な批判者の立場にいる。私はこの問題が教研にとって、危機的に重大であると思うから、あえて外部からの批判をするわけだが、それと同時に、これは教研ばかりでなく、一般の文化運動、大衆運動の組織問題としても、重要なケースではないかと思う。つまり、われわれの組織論がじつに貧弱だということだ（⑧三六七）。

自らの戦争体験を軸に竹内らに近い立場で評論活動をおこなっていた安田武もこの一件に注目し、日高と竹内の見解に賛意を評して、「この時、竹内の批判に教師の誰が真剣に答えたであろうか。私は、本稿を草するに当って、念のため竹内に訊ねてみたが、公私、口頭文書の別なく、いっさい皆無であったという」と述べている（「揺らぐ教師像」一九六六年五月、安田『人間の再建─戦中派・その罪責と矜恃─』筑摩書房、一九六九年、一九一頁）。

教研に批判を投げかけたのと同様に、竹内は、自らが「無党無派であり、政治的に中立であること」（「市民大会始末」一九五三年一一月、⑬一二八）――この場合の「中立」はむろん、党派に属しないというだけの意味である――を、政党からは独立であるはずの組織が党派の利害によって引きずり回されることを阻止する上に最大限活用して論陣を張った。

先に述べた新日本文学会と日本共産党との対立についても、「日本共産党の文化部とナレアイの関係」と称している（「新日本文学会への提案」一九五九年六月、⑬一一〇）。周知の「政治と文学」をめぐる論争はまさにそれであり、新日本文学会は、一九六四年に日本共産党と断絶するまでその問題を内包し続けた。彼は「文学運動は、目的と方法に合意するものが集ってやるべきであり、そうでなければ実りがない。（中略）文学運動の自由のために会は解散した方がよい」とも述べている（前掲「新日本文学会への提案」⑬一一〇）。いったんできあがった組織の存在が桎梏となることはしばしば起こりうることであり、竹内は新日本文学会の外にあって、「無党無派」の自由な立場からそのような批判を投じるのであった。

竹内はこのように、あらゆる運動組織にたいして、言論の自由を保持し組織が十全に機能するように働きかけてきた。

また竹内は、武蔵野市に転居する前に住んでいた浦和市で、政治家の不正を糺すべく行われた浦和市民大会の実行委員長を務めて、その運動の陣頭に立つという行動にも出ている。その政治家とは、吉田内閣の官房長官となった福永健司で、彼は一九五三年四月の総選挙で埼玉第一区から衆議院議員に立候補して当選し、吉田内閣の官房長官となるが、その選挙運動に際して大規模の買収が行われ、浦和では前市長・市会議員、与野では町長・町会議員らが逮捕された。竹内は、「市民としての私の義務感がそうさせた」といい、「政党や労組が単独の力で全体の市民の意志をまとめられないときは、どの地域でも、私のようなケースが出てくると思うが、そのときは、知識人はこの任務を避けてはならぬと私は思う」と述べて、「この経験から、実に貴重なものをたくさん学んだ」という充足感を語っている（前掲「市民大会始末」⑬二二八～二二九）。

しかし、講和条約締結によって、竹内たちが望んだのではない体制ができてしまったことに対する失望は覆うべくもなかった。雑誌『世界』一九五三年五月号が行った「平和の維持に関する意見・希望・批判」では、「私は資本主義の没落をほとんど信ずるが、地球の運命ほど確実とは思いません」（⑥三三七）、「両体制の平和的共存は、終局的には不可能だと思います。というより、世界が共産主義化されるのが人間の運命のように思います。（もっとも共産主義の質的変化を条件にしてのことで、現在のままではありません。）」と述べている。そして彼はいう。「世界が単一化されるのは、おそらく遠い将来のことで、そこへ行くまでには、ジグザグコースを取らねばならぬでしょう。資本主義がここで消滅するとは考えられません」。そうであるならば当面続くであろう資本主義のもとで「平和的共存の可能性と現実性」が存在し、「その可能性を現実性に転化させるための人間の努力」が求められるのであった（⑥三三八）。

同時期に『中央公論』（一九五三年一一月）に書いた「政治・人間・教育」のなかでも、「世界が社会主義の方向へ歩んでいることは、今日ではほとんど常識である」（⑥三四七）が、「革命を予定して、あるいは社会主義を予定して、そこから現在の行動を割り出すことには反対する。（中略）なぜなら、予定された革命から逆にさかのぼるやり方は、革命を目的化してしまうおそれがあるからである」といい、あくまで「現在の日常生活から出発して、連続したコースのなかにおのおのが革命のプログラムを考えるべきだと思う」（傍点——引用者）と説いて、アプリオリに理論に依拠するのではなく、あくまで「日常生活」から発想する立場を堅持した（⑥三四八）。その場合も、「成熟の過程においてすでに、新しい人間タイプと、新しい国民道徳を生み出していた」中国革命が目標であり、毛沢東が「人民共和国が成立したときでさえ、革命はまだ第一歩を踏みだしたにすぎないと言っている」（⑥三四九）ことに、長期的な革命の理想をみていた。

このように、日本社会の行く末にもかろうじて希望を見いだそうとしていた竹内であったが、一九五四年のビキニ事件は彼の危機意識を急速に増大させた。ビキニ事件とは、一九五四年三月から五月にかけて、アメリカ軍が太平洋マーシャル諸島ビキニ環礁でおこなった水爆実験により、三月一日のマグロ漁船第五福竜丸事件をはじめ多数の船や現地住民が被曝した事件である。*

＊ビキニ事件についてはその社会背景も含めて、『年報日本現代史』編集委員会編〈年報日本現代史〉第一九号『ビキニ事件の現代史』（現代史料出版、二〇一四年）が詳しい。第五福竜丸での被曝者の一人である大石又七による『ビキニ事件の真実』（みすず書房、二〇〇三年）等もある。

ビキニ事件は竹内をして、「これはあきらかにファシズムではないか。戦後の改革を、ファシズムからの解放としてよろこび迎えた日本国民も、今では、結果としてそれが新しいファシズムの再建を準備するものであったことに気がつきはじめている」（「平和運動深化のため」一九五四年五月三日、⑥三七六）と言わしめた。竹内は、「被爆した二十三人の漁夫たちは、ほとんど半永久的に廃人になった。漁夫の家族たちはどうしているだろうか」と乗組員やその家族たちに思いをはせ、「この日本人の恐怖感が、実験の当事者であるアメリカ政府にはわかっていない、わかろうとしていない、ということも今では日本国民全体が知っている。漁夫をスパイあつかいしたり、被害の報道が誇大であると避難したり、遺憾の意を示すことをためらったり、そうかと思うと放射能検査をアメリカ向け輸出品だけ厳重にするよう要求したり、これ以上海水を汚さないでくれという日本国民の願望を無視して、つづけざまに抜き打ち実験をやったりする」と述べて、アメリカの責任を舌鋒鋭く追及した。それとともに「日本人の気持」をないがしろにしてアメリカの水爆実験への協力を惜しまない日本政府、そして汚職をしても高官ないしはそれとつながる人物であるがゆえに逮捕を免れる人たちの存在、その構造こそが竹内を、「これはあきらかにファシズムではないか」という認識にいたらしめた（⑥三七四〜三七五）。しかし竹内は、「新しいファシズムの再建」の前にも絶望することなく、「民主主義の形をとったファシズム――その実態を民衆の知恵が見抜いている」「国民は沈黙している。（中略）沈黙を、無力ととってはいけない。沈黙は力である」（⑥三七六〜三七七）と述べて懸命に希望を失うまいとし、「沈黙している」民衆にも一縷の希望を託した。

しかしながら竹内の苦悩は覆い隠せぬほどに深く、それからまもなく、「青年」に宛てた、「大きな破局がせまっているのではないか、という気がしきりに私はするのです」という一文に始まる文章がしたためられた。

事はビキニ事件に関しています。もっとも、ビキニの死の灰がふってから、急にこんなことを考え出したわけではありません。ビキニは単なるキッカケであります。あるいは、シンボルです。しかも重大なシンボルです。ビキニ以来、私のとりつかれている想念の姿がハッキリしました。民族は滅亡しうるものだ、という命題の真実さ、おそろしさが、身にこたえるようになったのです。そして、それにつれて、しばらく忘れていた戦争中の体験を思い出したわけであります（「現代の理想像」一九五四年八月、⑥三七八・三八二）。

「死の灰」は「個が死んで新しい個がさかえる、という新陳代謝、それによる種属の永続性の保証がないのです。未来がなくなるということです」、「民族が死に絶える、人種が消滅するということ」が可能だということを知らしめた、そして「もしかしたらその可能性は非常に近く現実性に転化されるかもしれないということを、リクツとしてでなく、実感として私たちに教えてくれた」と綴る*（同前、⑥三八二）。

＊竹内は、日本の「滅亡」、あるいはのちには「亡国」という認識をしばしば示している。彼は、デューイが中国の五・四運動を目の当たりにして「新しい近代の芽生え」を看取し、その一方で「見かけは進んでいるが日本はもろい。いつ崩れるかわからない」という見通しを持ったことをあげており（前掲「方法としてのアジア」⑤一〇〇）、竹内のそうした認識の背後には、このデューイの影響があるのではないかと考えられる。

彼は繰り返しいう。「ビキニの恐怖は、子孫が死に絶えることの恐怖なのである」（「恐怖と無力感——ふたたび政治・人間・教育——」一九五四年八月、⑥三八八）。そうして、このようにもいう。

戦後の民主主義が、こういう形に発展しようとは思わなかった。これも私の判断の錯誤である。民主主義は独裁に対立するものであるとばかり信じていたが、じつは民主主義が独裁を生み出した。民主主義という名のファシズムがげんに存在している。ファシズムに反対する民主主義擁護の中から、それをひっくるめた形でファシズムが出てきたのである。あらゆる外来の思想や制度は、それを受け入れた社会の条件に応じて、権力にとって有利なものに変形される、という歴史の教訓を、改めて思い知らされることになった（同前、⑥三九一）。

図24『戦後の民衆運動』

このような「外来」の民主主義からファシズムが生まれたという認識は、ますます彼をして、〃内〃から育まれた「伝統」に執心させることになったかもしれない。

そのようななかで竹内は、『日本読書新聞』一九五五年八月一日号から一一月二八日号に連載された「読み物」をまとめて『戦後の民衆運動』を編み、青木新書（青木書店、一九五六年）として刊行している。この企画は『日本読書新聞』編集部が立てたものであり、「編者に竹内の名を冠したのは、巻頭の序言の筆者であるという理由からで、単なる便宜にすぎない」（「まえがき」一九五六年一月記、⑬三二二〜三二三）というが、戦後を民衆運動、文化運動の観点からふりかえるというこの試みは、当該時期の状況にたいする竹内の危機感に裏打ちされたものであったことはまちがいなかろう。

一方で竹内は、一九五六年のスターリン批判を受けて、「組織」についての悲観的な観測を示している。「自由な個人がなく、個人が自発的に集団をつくる習慣も歴史にほとんど欠けている条件の中で、労働組合や政党は、まず何よりもそのような組織原理をつくり出すことに努力を集中すべきであった。いろいろ議論はあるだろうが、実際にはこの期待は、全部とはいえなくても大部分、裏切られたと私は思う」（「リーダーシップ」一九五八年三月二〇日、⑥二八五）。

竹内がスターリン批判とならんで社会主義の危機として注目したもう一つは、一九五六年、ハンガリーの学生・知識人らが反ソ改革要求を掲げて立ち上がったのに対して二度にわたるソ連軍の介入があり、反ソ派が弾圧されて親ソ政権[illegible]ハンガリー事件であった。竹内は、この問題をめぐって行われた座談のなかで、「あれと同じような事件が、今後も東欧の諸国に起るのかどうか。アジアにも起るのかどうか」「国民の感情の上でやはり一番問題になるのは、日本がどうなるのか、日本の国の運命ということです。[illegible]はハンガリア問題から自分が非常に大きなショックを受けたと思っている」と述べている。それに対して丸山眞男から、「竹内さんが理論と実感がバラバラだと言われることはわかるんだけれども、ハンガリアのあの事件について、むしろ事実を精査し、その中からいろいろな政治的状況をいわば典型にまで抽象化し、日本の現実の条件をよく考えたうえで、われわれ日本人にとっての教訓を汲み取るというふうにすることが大事だと思う」との指摘も受けた。しかし竹内は、「平和五原則によって両体制間の平和共存が保証されたと思って喜んでいたところが、それが今度の事件で脅かされた」ことが「日本人にとって、従って私にとっても一番問題」なのだといい、あくまで日本―自分にとって何が問題かという姿勢を追究した（「現代革命の展望―「ハンガリア」論争批判―」一九五七年四月、『丸山座談』②一三〇・一三三～一三五・一三七）。物事の安易な普遍化よりもまずは「日本にとって」「私にとって」を大事にする態度は、彼の中国への向き合い方にもおいても一貫していた。

竹内は、こうした状況のもとでも、「徐々に自主的な活動はおこりつつあ」り、「この数年、一方では大衆社会状況の発展と、他方ではスターリン批判に象徴される「自由化」の拡大などと複雑にからみあって、ある程度の成果をあげた」といい、「その一つは、既成の集団の内部での官僚主義批判、あるいは反対派の活動が活発になったことであり、もう一つはサークルの運動」であった。「この両者は、新しい組織をめざすという目標において対応しているばかりでなく、相互に入りまじっている。そしてその根底にあるものは、人間性の回復というよりもむしろ解放の衝動である」として次のようにいう。

> 政党や労働組合や文化団体の内部で反対勢力が結集され、極端な場合は分裂さわぎがおこるのは、それ自体として喜ぶべきことでも悲しむべきことでもない。むしろ自然の勢である。組織が巨大化し、硬化し、官僚化すれば当然内部から反対派が出るのが安全弁として必要である。その安全弁までふさいでしまえば、不満がたくわえられて爆発を用意するか、それともエネルギイが外部へ発散して、組織を老衰させる無関心だけが残る結果になる。集団は成員の自発性に支えられなければ生命を維持できぬからである。むしろ不満の声のおこるのが健全の兆候である。しかし、カリスマ的権威によりかかる天皇制的被支配関係の居ごこちのよさになれている戦前の指導者の感覚をもってしては、こうした組織上の危機を切りぬけることが困難である。そのための戦後の「民主的」団体の多くが悲劇を味った。共産党にいたっては、悲劇を通り越して喜劇を演じ

てしまった（前掲「リー[redacted]ーシップ」⑥二[redacted]二八七）。

竹内は、現状の共産党にはそ[redacted]背後に天皇制の幻[redacted]を見ており、それゆえにこそであろう、サークル運動のような小さな営みのな[redacted]かに希望を見出して[redacted]たのである。

竹内が、農村の底辺女性[redacted]描いた山代巴《やましろともえ》の作[redacted]荷車の歌』（筑摩書房、一九五六年）に注目したのもこのときであった。山[redacted]は、戦前、日本共[redacted]に入党して獄中非転向を貫いた。戦後は農村女性の苦悩を民話風の小説に描[redacted]このときすでに[redacted]のとう』（一九四八年）などの代表作があった。

山代の回想によれば、一[redacted]五七年一月、竹内か[redacted]山代が前年に出した『荷車の歌』のことで会いたいとの伝言があり、竹内[redacted]話をしたあとに中[redacted]代思想研究会に一緒に出席する予定で東京大学に出かけたが、ロビーで二時[redacted]あまりも話が続い[redacted]まって予定していた研究会への出席はならなかったという（山代巴「よき助[redacted]者」「月報」⑭一九[redacted]年一〇月）。時間を忘れて長時間にわたり山代を引き留めるほどに、竹内は[redacted]山代の作品に魅了され[redacted]いたのであろう。竹内は、「日本人の民主的な思想は外来のため、戦前のプ[redacted]レタリア文化運動[redacted]て今日に到るまで、底辺の民主主義を育てようと願いつつも、底辺の内部か[redacted]の民主主義への歩[redacted]内部の目で表現するに到らなかったが、『荷車の歌』はそれをやった、自分[redacted]それを高く評価[redacted]る」といった意味のことを話したという。そしてまた、実現にはいたらなか[redacted]たものの、一週間後[redacted]は、「日本の民衆の生活に根ざした文学創造のために、先日のような話し合[redacted]いを定期的にやり[redacted]すね」という「短かい手紙」が『趙樹理集』とともに山代のもとに届いたという。竹内の、一面識もなかった山代へのこうした積極的な働きかけも、現状への失望の深さに反比例しての、「日本の民衆の生活に根ざした」可能性を探り当てたいとの思いの強さの現れであろう。

『荷車の歌』は、映画（一九五九年、監督山本薩夫）や演劇（初演一九六〇年、文化座）にもなった作品で、広島県布野《ふの》村（現三次《みよし》市）の山村に生きた日野イシをモデルに、セキという女性の人生を描いた作品である*。山代は、「あとがき」のなかで次のように語っている。

昭和二十九年の夏、私は自分の物語りを幾つか持って、赤名峠への道の、ある婦人集会へ出ました。そして、そこで知り合った二人の婦人から、七十すぎたおばあさんを紹介されました。そのおばあさんは、日清戦争のころ、この奥地で、親の許さぬ恋愛結婚をして、その結婚生活を守るために、荷車を引いて生活をたてて来た人でした。私はこの人と一夜を語り明かすうち、この人の中に、私も、私の母も、私に秘密を訴えて来た幾人かの人も、共通に持っている、一途な、焔《ほのお》のようなものを感じました。識者はよく、農民の一番の悪徳ともいうべきものは、あきらめだ、あきらめこそが農民をいつまでも不幸にしているのだといわれます。けれど私はこの夜、あきらめにも見える暮しの底に、一途な情熱や努力の埋もれていることを深く信ずるようになりました。かつておばあさんが荷車を引いて往復した道を、バスに揺られて帰る時、この道の底に、あきらめることを知らない一途な思いと、コロコロと鳴る荷車の音を感じて、この物語りを書くことにしました。

「農民の一番の悪徳ともいうべき」「あきらめ」を見つめ、そのなかから「一途な情熱や努力」を探り当てようとする山代に、竹内は魯迅を重ねていたのではなかろうか。

＊山代巴と『荷車の歌』については、牧原憲夫の評伝『山代巴—模索の軌跡』（而立書房、二〇一五年）、ならびに竹内栄美子「山代巴の文学／運動」（二〇〇九年一二月）、竹内『中野重治と戦後文化運動—デモクラシーのために—』論創社、二〇一五年）等がある。

それから半年と経たない同年六月の初めに、山代は竹内の自宅を訪問した。そこでは竹内は、山代の最初の小説である『蕗のとう』について、「日本の進歩的なインテリ全体が、君の言うように岩の上に落ちた松の種子のように、いまだ岩の中へ根を伸ばし得ないでいることの反映ではなかろうか。岩を割る松の根の作業こそ、我々のやらねばならない文化活動でもあるし作家を育てる活動ではなかろうか」といい、さらに魯迅についていろいろと話をしたという（前掲「よき助言者」）。ふりかえれば竹内は、一九三六年に書いた「魯迅論」で「狂人日記」を論じるなかで、「大体、彼の作品につきまとう東洋風の陰翳は、生活に溶け込んだ民間慣習に由来するものであろうが、儒教でないまでも、特に倫理的色彩に於て、気質的に、近代意識の反対者たる百姓根性を多分に脱けきれぬものがある」（⑭四〇）と述べていた。その「百姓根性」は、『蕗のとう』にはじまり『荷車の歌』などの山代の一連の作品にも影を落としているものであり、それゆえに『荷車の歌』は、主人公の女性が闘い切れていないとして批判を浴びることにもなったのであった（牧原前掲書）。しかし、山代もそして竹内も、民衆のもつ反近代的な意識をも正面に据えそれと格闘することからしかドレイからの脱却の途はありえないと考えていたであろう。『蕗のとう』等の山代の作品に竹内が着目したのも、その点での問題意識が共有されていることを確認していたからであろう。

次に述べる竹内の部落問題への接近も、差別の不当性に対する憤りは当然のこととして、「底辺の内部からの民主主義の歩み」の芽を部落解放運動のなかに見出そうとしたからではなかろうか。後述するように竹内が、明治維新百年祭を提案したのは、中間層の主体を立ち上げるためであったが（↓第三章2(4)を参照）、竹内の目はつねに民主主義をいかに民衆の深部まで下降させるかということに注がれていたのである。

(6) 日本の問題の「カナメ」——沖縄／被差別部落——

同じころ、竹内は、沖縄や被差別部落の問題にも積極的に発言している。後述する『不服従の遺産』（筑摩書房、一九六一年）は、「一九六〇年の記録を自分なりに編みたいと考えて」刊行された（「まえがき」）ものだが、そ[redacted]なかにこれらのテーマが収録されているのは、竹内のなかでそれらが、一九六〇年代の一連の発言[redacted]連続線上に位置づけられていたことを示していよう。

米軍政府は、一九五六[redacted]一二月に沖縄人民党から那覇市長となった瀬長亀次郎を、その翌年米民政府高等弁務官布令を改め[redacted]一九五四年の沖縄人民党事件によって逮捕されたことを理由に追放して被選挙権を剥奪した。瀬長[redacted]、一九五七年一一月、市議会で瀬長の不信任案が可決され、市長の座を追われることとなったため[redacted]竹内はこの一件をとらえて、「どうも那覇市の事件は、那覇市だけでなく、また沖縄だけでなく、日本全体の運命を象徴しているような気がしてくる」（「気になる沖縄」一九五七年一一月、⑨二九九）、「沖縄の歴史はそのまま日本列島の歴史だという気が強くした。沖縄について知らぬことは日本について知らぬことである。沖縄は日本の縮図である」という。そして「アメリカ世」になじみ、しかし復帰運動が高まると「日の丸の旗」になびく沖縄の子どもたちの姿も見落としてはいなかった（⑨三〇一）。竹内は、「沖縄の問題」をたんに軍事基地の問題にとどまらない「文化問題の側面があることを忘れてはならない」として、「私をふくめて日本人の多くが、本当に沖縄を日本の一部と思っているだろうか」（傍点――引用者）と問うた（⑨三〇三）。

竹内は、「手近なところでジラード事件につながる側面、つまり、われわれ自身がジラードではないかという側面が沖縄問題にはふくまれていることを、私自身の反省をこめて言いたかったのである」とも述べている（⑨三〇四）。一九五七年一月、群馬県相馬が原米軍演習場に空薬莢《からやっきょう》を拾いに来ていた被差別部落の女性が米兵に射殺されるという、ジラード事件が起こっており、ジラードとは、その女性を射殺したアメリカ兵の名前である。竹内は、日々の生活に喘ぎ、生活の糧を得るために危険を冒して演習場に入り薬莢を拾っていた被差別部落の女性に銃を向けた米軍兵士に、沖縄に無関心な本土の住民を重ね合わせるのであった。被差別部落住民の命を奪ったジラードにわれわれ自身がなるかもしれないというのは、きわめて厳しい問いかけにほかならない。

また、当時にあって竹内が、沖縄と被差別部落の問題をつなげて考えようとしたことも画期的であった。*彼はいう。

沖縄の問題とは何か。一口にいうと、軍事基地の問題と封建遺制の問題とがからみ合っている問題、ということである。これこそ日本の思想が取り組むべき当の問題ではないか。一方ではジラード事件や砂川事件につながる極と、一方では部落問題（『週刊朝日』が何度か取りあげた）につながる極とを沖縄は同時にふくんでいる。（中略）その沖縄がいま転機にさしかかっているのは、日本全土の転機の先触れではないかと思う（「五つの思想的事件」一九五七年一二月二三日、⑨三一六）。

＊直接の言及はないが、竹内が沖縄と部落をつなげて考えるきっかけとなった可能性もある。なお、ジラード事件の前年四月、沖縄でも、柵のこわれているアメリカ軍弾薬集積所に入った女性がアメリカ兵に射殺されるという事件が起こっている。その女性もまた厳しい暮らしのなかで、生活の足しにするためにくず鉄を拾いに入ったのであった（国場幸太郎（新川明・鹿野政直編）『沖縄の歩み』一九七三年、岩波現代文庫、二〇一九年）。

　こうして沖縄の問題に端を発して部落問題に目を向けはじめた竹内が、後述の谷口修太郎の勧誘により、部落問題に一歩踏み込んで部落問題研究所の機関誌『部落』に書いたのが「沖縄から部落まで」（一九五九年一月）であった。部落問題研究所は一九四八年に京都市に設けられ、井上清・奈良本辰也・林屋辰三郎らの歴史家も集った部落問題の学術研究機関である。竹内は一九五九年一二月にも、「基本的人権と近代思想」と題して、大阪で行われた部落問題研究所主催公開講演会で講演を行っており、「「沖縄から部落まで」が、部落問題研究所と公に結びついた最初」（「基本的人権と近代思想」一九六〇年二月、⑨七）だという。それからまもない一九六〇年六月、竹内は部落問題研究所の評議員となった[*]（「年譜」⑰三一一）。

＊五月一四日、立命館大学で開催された第一〇回通常総会において選任された（畦地享平「年表・部落問題研究所の五〇年」部落問題研究所編刊『部落問題研究所五〇年のあゆみ』一九九八年、一一三頁）。竹内の日記にも、「谷口（修太郎——引用者）君の話では、ヒルを食うかくわないかで部落差別がされるという。市内へ引返して、立命館大学での部落問題研究所の総会におくれて出席する。私はここの所員であり、形だけの評議員である」（日記「転形期（一九六二年）」一九六二年五月一六日、⑯三二〇～三二一）という記述がみられる。

竹内は、「部落問題が特殊な問題ではなく、一般的な問題の尖鋭なあらわれであり、日本の問題を考える上にどうしても抜かしてはならぬカナメの部分であり、あるいは、その上に立つことによって全体の眺望がつかめる根本的な観点であるということに、次第に気づき出した。おそまきだが、これから部落問題を勉強しようと思っている」との決意表明をし「私の場合、部落問題は沖縄問題と関連している。どちらもおなじくらい大切である」と述べている（前掲「沖縄から部落まで」⑨三二六～三二七）。個別の問題がマルクス主義に依拠して構造的な矛盾として位置づけられることはあっても、普遍的な人権の問題として思いをいたらせることは難しく、個々にして自己が向きあう個別の問題への心情的な共感にとどまりがちであったなかで、竹内がすでに「一般的問題」「日本の問題」としてそれらをとらえていたことは注目されてよいだろう。

それにとどまらず竹内は、非被差別部落を対象とした、きだみのるの「きちがい部落」の観察[*]を切り口にしながら、憶測と慎重にことわりつつ、「いわゆる部落問題、つまり未解放部落の問題は、問題性において尖鋭ではあるが、問題の性質は一般部落と同質であり、その差は量的なものではないだろうか」(⑨三一九)と問いかけた。さらにこのようにもいう。

> 部落問題は、それだけ切り離して特殊化され強調されすぎる傾向があったのではないか。これは部落の苦渋がどんなに深いかを示すもので、同情には価するが、解決のための正しい認識を一方ではせばめる弱点にもなっているのではないだろうか。かりに部落の差別が異質だとしても、それは一般の差別、たとえば男と女、長男と次男・三男、上役と下役、都市と農村の間の差別に乗っかり、拡大されているので、もし、一般的差別がへれば、それだけ縮小する性質のものではないだろうか。そうでなければ未解放部落が絶えず拡大する理由が説明つかない(⑨三二〇)。

*きだは、文化人類学的手法で、東京都南多摩郡恩方村の部落共同体のありようを描き、『気違い部落周游紀行』(一九四八年)等が注目を集めた。また、「気違い」という差別性を含んだ表現でも議論を呼んだ作品である。

部落問題こそが人権問題の中軸をなすということを部落解放運動が強調し、国の施策を引き出すことに専心していた状況下にあって、勇気ある提言というべきであろう。竹内が言いたいのは、「部落問題は、日本のいちばん深いところに根ざしている。そこに全問題が集約されている」(⑨三二〇)からこそ、「全部に共通する構造」としてとらえなければならないということであった。そこには、貧困に苦しんだ子どものころの体験も重ね合わされていたかもしれない。彼はさらにこのようにも述べる。

> もしこの仮説が正しいとすれば、解放の方向は二つある。上に行くか下に行くかである。差別が基本であるから、差別をなくすためには、上にならしてもいいし下にならしてもいいわけだ。こ

れまでの解放運動の方針や、研究態度は、上にならす方が強調されて、逆の方向が軽んぜられていたのではないかと思う。これは日本型近代化の法則に無意識に盲従した結果である。運動方針はともかく、少くとも考え方としては逆の方向をもっと取り入れるべきではないだろうか（⑨三二一）。

竹内の近代化の理解を如実に示したものであり、「上にならす」とは次章で述べるように日本型の西洋的近代の追求であり、「下にならす」というのはそれとは異なるアジアの解放運動型をいう。竹内は部落解放の展望もそこに重ねようとしていたのであろう。

竹内には、少なくともジラード事件より前にも部落問題と接する機会があった。中国の会・魯迅友の会双方の会員であった磯部巌が竹内を回想して書いた文章のなかにそれがみてとれる。

磯部は「九州の山村」から長野県北佐久郡浅科村の被差別部落に移り住んで、一九五三年から五五年にかけて部落解放運動に従事していた。「部落が一般社会に対して前衛としての先進的な解放区をみずから構築し、一般社会に対する先駆的な変革の指標とならない限り真義の部落解放はまず実現されまい」との考えに立つ磯部は、「僕らの運動に対して岩波書店とその執筆グループによる知的・財政的な全面的援助を要請」することを思い立ち、すでにそのとき竹内の著作にも親しんでいたことから、竹内にその仲介を依頼したのであった。竹内はそもそも岩波書店がその話に耳を貸さないだろうということを第一の理由に挙げて断ったが、それと合わせて述べた次の理由が磯部には「胸にコタえた」という。「解放運動とは解放をみずからの切実な要求とする部落住民の主体的運動であるべきであって、解放のための援助を他に求めようとする主体性を失った姿勢は根本的に誤りであろう」という指摘であった（磯部巌「竹内さんのこと、その他」『回想文集』一二四～一二八）。部落外との大きな格差が存在し厳しい生活状況にあった被差別部落の状況を前にして、当時、主体的運動であれといい切れる知識人は決して多くはなかったと思われ、そのようななかにあって竹内の一貫した姿勢は注目に値するものである。以下に述べるように、だからこそ竹内自身は、部落解放運動の内部に入り込むことはせず、あくまで社会の認識を変革することに力を注いでいくのである。のちに竹内が、自らが発行する雑誌『中国』のなかで述べた、「弱いのは当たり前であり、弱ければ同情されるのも当たり前である。ただ、その同情の上に安住するな、という自戒のことばを吐きたいだけなのである」（「七十六　漢文のこと、アフリカのこと」一九七〇年一〇月、⑪四）という一節がある。磯部に示した部落問題に対する態度はそれとも通底しているのではなかろうか。ちなみに磯部が拠点にしていた被差別部落は現在の佐久市で、竹内がしばしば訪れた故郷からさほど遠くはないところにあった。

「基本的人権と近代思想」（前掲）のなかでも竹内は、「日本社会の性質、日本の思想の特徴」をつかむ際の「その急所」が部落と沖縄であることを強調し、次のようにいう。

> われわれは実際、いろいろの差別の中におります。部落問題は差別と貧困の問題だといわれておりますが、いま貧困――これも日本社会全般の問題であります――の問題を除外して、差別の面で考えてみましても、無数の差別があります。基本的人権は国民の規模においてまだ実現してお

りません。なかんずく、部落の差別はその最大のものでありますが、これは、未解放部落の人々が差別を受けるというだけでなしに、差別を与えている人間は差別しているということで彼ら自身が差別の中にいるのであります。しかも、悪いことに、自分が差別しているという自覚がない、あるいは、差別という事実の存在していることを知らない、これがじつは最大の差別であり、人権の欠如であります（⑨一二～一三）。

そしてその、「差別の中にいて、差別のあることを知らない」ことの一つの例として、「「特殊部落」ということばの不用意な使い方」をあげ、「使う方は平気だが、きく方にはたまらない気持をおこさせるのだが、ことばを職業にしている文学者の多数が、そのことに気づいていないということ」の重大性を示唆し、差別に対する無知・無関心も差別することと同罪であることを指摘している（⑨一二～一三）。今から六〇年近くも前のことである。

竹内は、そのような意識にいたる資質を持ち合わせていたにはちがいないが、前述したように、日中戦争下、中国の民衆を前にして「支那」と「中国」の呼称の問題を切り口に中国と向きあってきたことが、彼をしていち早くそうした地点にたどり着かせたのではなかろうか。竹内は、「支那というのは、われわれは軽蔑するつもりじゃないといいましても、相手がそう受け取った事実は認めなければいけない。相手の身になってみなければいけない。さっきの「特殊部落」と同様であります」と述べる（⑨二二）。さらにこのようにもいう。「魯迅という文学者が、こういうことをいっております。奴隷として、主人にかわいがられる奴隷は、自分が主人になると、自分の使っている奴隷を酷使する」（⑨三〇）。

それからしばらく、竹内が部落問題を論じたものは見当たらず、一九六六年三月には、後述するように部落解放運動の内部対立に失望して部落問題研究所を脱会している（「年譜」⑰三一八）。竹内がこのことに言及しているのは、安保闘争後に毎年書き継いでいた「六〇年代・十年目最終報告」（一九六七年一月二三日）においてであった。そのなかで竹内は、「戦後はマイナスになった」（⑨四二五）一つの要因として、京都の文化厚生会館事件に象徴されるような部落解放運動内部の対立・分裂が生じたことをあげる。竹内は、「去年（一九六六年――引用者）一月の部落問題研究所の紛争このかた、文化団体が相ついで我おくれじと分裂するさまは、見るに堪えないものがある」（⑨四二六）と記しており、部落問題研究所会員を辞めたのはそれからまもなくであった。* 文化厚生会館事件は、部落解放同盟京都府連合会内部の朝田善之助派と三木一平派の対立が先鋭化したもので、背景には部落解放同盟と日本共産党の対立があった。

＊それから二年後の一九六八年四月、『部落』に歴史家で部落問題研究所の理事長兼所長であった藤谷俊雄による明治維新百年際を批判する文章が掲載された（「「明治維新百年」論と部落問題」）。そこでは「百年間のブルジョア的発展を高く評価しなおそうとしている」論客として桑原武夫とともに竹内も批判されている。竹内の評議員辞任とは直接関係はないと考えられるが、評議員を辞めたことでこうした批判がその機関誌に掲載しやすくなったという側面はあろうか。なお明治維新百年論については、第三章2を参照。

そうした対立を目のあたりにした竹内の無念の様子は、自宅も近く親交の深かった中野好夫の、後年の次の回想からうかがい知ることができる。中野は、「特に印象にのこること」の一つとして次のように述べる。

例の部落解放運動に不幸な分裂が生れはじめていた時期だった。この前後の時期、好さんはこの運動に関し非常に深い関心を寄せていたはずだが、ある日突然拙宅に見えられ、中野さん、なんとかならぬだろうかとのお話だった。わたしも経過は一応承知していたが、すでに分裂の傷口はあまりにも深く、とうていわたしなどの能力のおよぶところではないと考えていたので、折角の御来訪だったが丁重にお断りした。だが、文字通り深憂の悲しみを浮べておられた好さんの表情は、いまでも昨日のように思い出すことができる（中野好夫「片端につながる一人として」「月報」①一九八〇年九月）。

それは、前出の谷口がいうように、「まさしく竹内好にとって部落解放運動は人ごとではなかったということである」（谷口修太郎「竹内好と部落解放運動」⑮「月報一四」七）。竹内はいう。「正統を名のる分派と、正統を名のらないが正統をもって任ずる分派とが角つき合わせて、声明合戦をやる。そしてこの分裂は、連鎖反応をおこして、いまなお止まるところを知らない。（中略）たぶん、この病原は平和運動の団体にあったのだろうが、あれから数年、ほとんどすべての団体に感染した」。さらに、このようにも述べる。「「戦後」革命によって確認されたと思われていた組織原則、および文化自律の法則が、いとも容易に崩れ去ったことによって、これまた空中楼閣であったことが知らされた。自主的組織のごとく見えたものが、じつは天皇制下のコップ組織から一歩も出ていなかったことが白日のもとに曝露されたわけだ」と。竹内は、分裂も場合によっては成長のために不可避であるとしながらも、「政治勢力のもとに文化運動が系列化され、その他動的なご都合主義によって流行現象として分裂がおこるようでは、これはもう信用できない」といい、「それが公的事項なら、私はますます「私」の殻にとじこもるほかない」というのであった（前掲「六〇年代・七年目最終報告」⑨四二六～四二七）。

竹内と部落問題研究所を媒介し、それを離れたあとも竹内を部落問題につなぎ止める役割を果たしたのが谷口修太郎であった。谷口は、一九二三年に岡山県勝田郡美作《みまさか》町（現津山市）で生まれ、部落解放同盟京都府連合会の委員長であった朝田善之助の推薦で一九五七年から部落問題研究所の専任研究員、雑誌『部落』編集担当となり、一九六五年からは部落解放同盟に拠点を移して書記局に入り、一〇月からは『解放新聞』の編集担当（六七年一月まで）、六九年からは中央執行委員になって運動の中枢を担ってきた人物であった。*

＊『解放新聞』第四四四号、一九六九年三月一五日、及び「谷口修太郎さん略年譜」（作成　本多和明）（「谷口修太郎さんを偲ぶ」編集委員会編集刊行委員会編刊『谷口修太郎さんを偲ぶ』二〇〇六年）。なお同年の三月の部落解放同盟第一回中央執行委員会で谷口は、教宣部長と事務局長に就任している（『解放新聞』第四四四号）。

以下にも述べるように、竹内は当時にあって部落問題の本質に迫る実に重要な指摘をしているのだが、先を行きすぎていたともいえるためか、今日にいたるまで部落解放運動、部落問題研究に携わる人びとから言及されることはほとんどなかった。そのなかにあって、谷口が竹内死去の際に寄せた追悼文、並びに『竹内好全集』第一五巻「月報一四」に寄せられた「竹内好と部落解放運動」が、ほとんど唯一、部落解放運動に果たした竹内の意義をあますところなく伝えるものとなっている。谷口は、「竹内好と部落解放運動」については必ずしも明確になっているとはいえない」ことを指摘し、しかしながら「事実として部落解放運動と竹内好は、きわめてふかいかかわりをもっていた。人間の解放を根柢にすえた竹内好の仕事は、部落差別とかかわるのは必然でもあった。魯迅をとおして民衆とは何か人間とは何かを考えつづけた思想家として、差別と迫害のなかに生きている部落の人びとをさけてとおることはできないということである」と述べている（前掲「竹内好と部落解放運動」「月報」⑭）。

谷口によれば、一九五八年秋に、谷口が部落問題研究所の編集担当として竹内宅を訪問するようになったことが竹内の部落問題との最初の関わりであったが、* 谷口はすでに、一九五四年に竹内の主宰する「魯迅友の会」（→第三章3⑴）に入会していた（前掲「谷口修太郎さん略年譜」）。谷口は二〇〇四年に亡くなり、その後に編まれた谷口の「略年譜」によれば、一九五九年一月に、竹内は部落問題研究所を訪れ、その年の一二月に谷口に京都の被差別部落を案内してもらって、翌日、部落問題研究所の公開講演会で講演をしたという（前掲「谷口修太郎さん略年譜」）。竹内は、被差別部落のありようを自分の目でみようとしていたのであろう。

＊竹内自身も、「雑誌『部落』の編集者が、私のところに手紙をくれました。お前の考えていることを、雑誌に書けという勧誘がございました。とても、専門の雑誌に書くほどの知識も見識もないのだから、平にお断わりしたのでありますが、きかれませんで、部落問題研究所というところは、大へん人を組織する手腕があると思って敬服したのでありますが、とうとう引っぱり出されまして」と書いている（前掲「基本的人権と近代思想」⑨一一）。

谷口は、前述の「沖縄から部落まで」は、「部落差別の問題をとおして、日本のおかれている現実と、その解放をとおして、日本人民の進むべき方向を見定めた、すぐれた視点をしっかりした思想の上にたってのことでありました」といい、竹内が、「日本の社会の問題、日本の文化の問題、ひいては文明観を考える上に、部落問題は絶対にはずしてはならぬ視点」であり、自身にとって部落問題とは「学問研究の一つの特殊分野なのではなく、あらゆる学問分野をつらぬく普遍的な課題であり、そこでの学問の真理性がテストされる場の重みをもつ存在である」と述べている点を高く評価する。そして竹内は、教えを請いに来た谷口に、部落解放運動の「文明論への指向の不充分さと、みなが自由に議論できる場の保障、その上に立たなければならぬこと」を厳しく指摘したという。まさに竹内の常日頃の主張と合致するところであり、その指摘が一部実を結んで部落解放研究全国集会が発足したといい（谷口修太郎「謹んでわが師竹内好先生を弔う」『展望』第二二二号、一九七七年五月）、一九六七年五月二七〜二九日、大阪府高槻市民会館において、第一回部落解放研究全国集会が開催された（部落問題研究所編刊〈戦後部落問題の研究〉第一巻『戦後部落問題年表』一九七八年、二九五頁）。

竹内はこの部落解放研究全国集会の少なくとも一九六八年の第二回大会には出席しており、そのころから兵庫部落解放研究会をつうじて竹内とつながりのあった福地幸造の回想によれば、「解放へ「学習にきたのだから」と、終始、黙って聞いてい」て、「青年教師たちとの暖かい交流をつくってくれていた」という。このころすでに、兵庫を拠点に解放教育運動を進めていた福地や西田秀秋らとの親交も芽ばえていた（福地「断片的に―竹内好との交渉」『思想の科学』第九一号）。

前述したように、一九六六年にいったんは部落問題研究所の会員を辞めた竹内が、そのあとも部落問題に積極的に関わっているのは、谷口の存在や、こうした福地らとの交流があったことも大きいと考えられ、それに加えて、かつて炭鉱労働者のなかに入っての「サークル村」の活動でも知られた谷川雁《がん》による差別発言事件があったことがあげられよう。

竹内はこの問題に、中国をめぐる呼称の問題をとっかかりにして、「かつての「支那」がもっていた侮蔑にかえて、「中共」は恐怖感を伴っている」ことを指摘する（「十二　支那から中共へ」一九六四年一一月、⑩六一）なかで、「このことは中国についてでなく、もっと身近なところで考えた方がよいかもしれない。そして類推を中国へ及ぼすのがよい」として、「在日朝鮮人の問題や、部落問題」をあげる。そして部落問題について、谷川雁が「たまたま「特殊部落」という語を筆にした」のを「解放運動の人が非難して」谷川との間に論争が起こったという一件をとりあげている（「十八　名を正さんかな」一九六五年六月、⑩九九〜一〇〇）。竹内のみるところ、谷川は「主観的には善意だった」が、「非難されると強引に居直」り、「問題は名称ではなくて、差別の存在そのものになるのだ」という論法をとったといい（同前、⑩一〇〇）、それについて竹内はいう。

「エタ」が「新平民」に変り「水平社」に変り「特殊部落」に変り「未解放部落」に変ったが、部落差別の実態は変らなかった。これは事実である。この事実を認めた上で、しかし、名称の変遷の裏には無限の苦闘と無限の涙があることを認めねばなるまい。私は、谷川さんの主張と、同和教育の立場から谷川さんの発言をとがめた人（たしか東条高志さんだった）の主張とが、立場が逆になるのが望ましいと思う。解放運動は物に固執し、外にいる人間は名に固執するのがよい。つまり、双方に惻隠《そくいん》の情があったほうがよい（同前、⑩一〇〇）。

竹内にとって、部落問題や在日朝鮮人の問題を「知る」ことは「中国を知る」ことと相即であり、どちらが手段で目的というのでもなかった。竹内は、「名」だけにこだわることと「名」を軽視することは問題を「知らない」ことの裏表であることを熟知しているがゆえに、丁寧すぎるまでに「名」にこだわる重要性を説くのであった。また、竹内の被抑圧者・被差別者への関心は、「民族」の問題にも接続し、ひいては「日本」という国民国家への問いにもつながっていった。

民族政策のことは、別の機会に考えてみたい。ただ中国が多民族国家であること、その意義が教育を手段として徹底化されつつあることは、中国問題を考える際に非常に重要だということだけはここに強調しておきたい。日本ではこの観点はとくに忘れられやすい。しかし、日本ははたして単一民族国家なのか。在日朝鮮人を少数民族と考えることはできないのか。もしそれが可能なら、〈日本語〉という言い方にも、広義と狭義の二つが当然あるべきだ。今ではほとんど死語になってしまったので、例に出すのはまずいが、アイヌ語と区別する意味で日本語を何とかよぶ言い方なり使い方なりが過去にあったろうか。あったなら教わりたい。もしあればそれが中国における〈漢語〉と同列だと考えていいだろう。北ではアイヌ語、南では琉球方言、それに朝鮮語、この三者と狭義の日本語の関係はどうなっているのだろう。そんなことを考えてみるのも、民族問題の理解に役立つかもしれない、いや、「中国を知るために」役立つにちがいない（「二十六個と人」一九六六年四月、⑩一三七)。

一九六九年五月一三日から一五日に岡山市で行われた部落解放全国研究集会第三回岡山大会では、竹内が、「人間の解放と部落解放運動」(一九六九年五月、⑧)と題して、初日の全体会での一時間の記念講演を行っている。前述したように谷口が中央執行委員となり教宣部長に就任したことが、それを可能にした大きな要因であろう。部落解放同盟中央機関紙『解放新聞』は、その内容を、「ジャーナリズム」ひんぱんにおきている差別事件をふまえながら、朝鮮問題・中国問題をつうじて差別思想を鋭く追及する話をされた」と伝えている。折から部落解放運動は、同和対策事業特別措置法制定を目前にして高揚しており、岡山県立体育館に一万人が集う熱気のこもった集会となったという(第四五一号、一九六九年五月二五日)。しかし、特別措置法がこれからようやく制定されるという段階の厳しい貧困と差別の状況下にあって、竹内のいわんとする普遍的な視点からの提言は、運動の戦闘性を追求する人びとには、いくらか生ぬるいものに思えたかもしれない。

竹内は、その講演のなかで、*現行の解放運動を見つめつつ、部落問題のありように対して二つのことを投げかけたので

解放新聞

熱気こもる1万人

岡山で部落解放研究全国集会

理論の大衆的創造

血にまみれた闘いの伝

図25　部落解放全国研究集会第3回岡山大会で講演をする竹内(『解放新聞』1969年5月25日)

はないか。一つは、社会の側の認識と糾弾闘争という「啓蒙」の意義についてである。以下のようにいう。

> 部落解放同盟はこういう（学術雑誌で起こった差別問題をさす――引用者）差別、ことばによる差別も含めてあらゆる差別事件に対して抗議をいたします。（中略）同盟はこの運動方針にしたがって重点的に糾弾をやっているのだと思います。しかし私たちの立場から見ますと、それによって知らない事実を知らされる、つまり啓蒙されるわけでありまして、同盟の糾弾闘争にはいわば啓蒙運動としての側面があると申せましょう。それはたいへんけっこうなことだと私は思う。
> 部落解放同盟は人間解放のための闘争の組織である。その組織が、本来の任務のほかにわれわれの無知を啓蒙するという、いわば副業までを背負い込まなければならないのは同盟にも気の毒だし、われわれとしても恥ずかしいことである。差別からの解放を理念的には考えていながら、現実におこる差別を見すごしてしまう自分のよわさ、いや差別に反対し、解放を口にしながら差別をおかす人は、その間違い、よわさをどうやって克服し、真に解放の側に立つ人間になりうるのか、そのためにどうしたらよいのかという、私自身の反省であります。知らぬことで差別者に転落していく、それをどうやってふせぐのかです（⑧四〇六～四〇七）。

全国水平社創立（一九二二年）以来、自らの差別意識を省みることなく、それの裏返しとしての糾弾闘争への反発や批判が根強く存在していた状況下にあって、糾弾闘争の意義を明確に言ってのけたことは大いに注目してよい。しかしながら当時の部落解放同盟のなかには、差別意識を問題にすることは差別の構造から目を背け、部落問題を意識の次元に矮小化することだとする空気が濃厚にあり、そのなかにあって、竹内の主張も人びとの心に落ちにくかった可能性は大いにあろう。

＊ただし、当日の講演との異動については、「最小限の記事にとどめたが、おわりの部分は、当日時間の関係ではしょったため意味がつながらないので、メモにもとづいて書き加えました」（「解題」⑧四四四）とある。

もう一つは、他の差別問題との関わりである。

部落の差別という問題について、解放同盟は真剣に取り組んでいる。そのことをわれわれは尊敬してやまない。けれどもおそらく差別というものは、部落固有の差別と同時に、ほかの差別とつながる一般性をもった差別というものが組み合わさっているに違いない。もう一歩進めて言いますと、私は部落差別が差別の一番根本にあって、その構造にのっかっていろんな差別が発生するんじゃないかという感じがしているんです。もっとも研究が足りないから、気がするだけで、自信をもってはいえません。ただ、もし共通なものがあるならば、その共通のものを、固有のものとの関係を断ち切らないで、しかし共通性としてとり出すことはいいんじゃないかと思うんです。（中略）だけどもそうでない形で、一般的なものと固有のものとを関連させながら分けて考えることは可能だろう。またそれは問題解決にとって有効ではないかという気がするんです（⑧四一二）。

まさに「朝鮮、中国というわれわれが過去に侵略することによって差別感、侮蔑感を育ててきた相手方、しかもそのために私たち自身が人間性をゆがめてしまっているような問題」（⑧四一二）と向き合い続けてきた竹内は、ある総合雑誌に「特殊部落」ということばが用いられた「不用意にもとづく差別用語の問題」にもふれ、自らもまたその雑誌を目にしていながら、「かりに竹内という活字であれば、たとえ同姓異人でもどんなに隠れていても飛び込んでくるはず」であるのにそうならなかった自分を省み（⑧四〇五）、朝鮮・韓国人に対する差別も視野に入れながら次のように述べる。

> 壁がある。収容所の場合は眼に見える形である。部落差別の場合は眼に見えない形である。その点だけは違うでしょう。けれどもどちらも壁があるという点では同じ。（中略）では、どうしたらその壁をこわせるか。そのためにはまず、壁があるんだということを認識しなきゃいけない

（⑧四一〇〜四一一）。

部落解放同盟は、一九八八年に反差別国際運動（IMADR）をたち上げ、また他のマイノリティとの連帯を積極的に追求していくが、先にも述べたように、まずは同和対策事業実施を勝ちとり自らの生活水準を向上させること、そして狭山事件＊に象徴されるような被差別部落をとりまく厳しい状況と闘うことが先決だった状況下にあっては、竹内の提言は首肯しうるものではあっても、運動の戦術に取り入れられるものではなかった。むろん竹内の矛先は〝差別する側〟に向けられており、改めるべきは社会の側であることはいうまでもないが、竹内のこうした働きかけが、部落解放運動史ないしは部落問題史のなかに足跡を留めていないのはそうしたことの証左ではなかろうか。

＊一九六三年五月一日、埼玉県狭山市で女子高校生が行方不明となり、三日後に死体で発見されるという事件がおこった。まもなく被差別部落に対する集中的な見込み捜査が行われ、被差別部落に住む石川一雄が別件逮捕さ

れた。石川は、殺人死体遺棄についての自白を迫られ「自白」にいたる。翌六四年、一審の浦和地裁で死刑判決が出されるが東京高等裁判所の控訴審第一回公判で犯行を否認した。一九七四年、東京高裁は死刑判決を破棄し無期懲役を宣告する。最高裁判所は一九七七年、上告を棄却したことから無期懲役が確定した。その後も再審請求、特別抗告が行われたが、新証拠が提出されているにもかかわらず、事実調べがなされないままそれらは棄却されている。

彼は、のちに述べるようにその後も部落解放研究全国集会に関わりをもち続け、また一九六九年六月六日には、自ら「差別を考える会」を主催した（三二二）。竹内の書いたその会の「呼びかけ」は、以下のようなものであった。

> すでにお聞き及びでしょうが、最近、私たちの周辺で部落問題に対する理解の浅さを思い知らされる事件がいくつかおこりました。岩波書店発行の雑誌『世界』とか、日本朝鮮研究所の機関誌『朝鮮研究』とかが、その顕著な例であります。人間の解放を目標として言論活動、研究活動をおこなっている当の団体が、不用意に差別用語を使用し、しかも部落解放同盟から抗議されるまでにそのことに気がつかなかったという点は重大であります。私たち言論人は、この問題について共同責任を負うべきではないでしょうか。たぶん部落問題は、沖縄や、被爆者や、離農者や、朝鮮人や、中国人や、その他もろもろの差別の発生源の中心にあり、いちばん深いところに根ざしている日本社会の構造的要因と考えてよいかと思います。しかし私たちはそのことを十分に認識しておりません。その至らなさを見せつけられたのが今回の事件であります。われわれの内部に、差別意識が潜在していればこそ、差別事件がおこり、しかも見過ごされたとしか思えません。

そこで、この問題を言論人の共同責任として取りあげることを提唱したいと考えます。問題は重大であり、深刻であります。回避するのでなしに、正面から受けとめて、真剣に考えねばなりません。われわれ自身の自己改造が課題であります。それを避けては、一切の言論が空しくなるかもしれないとさえ考えます（「「差別を考える会」の呼びかけ」一九六九年五月二八日、⑬一六七）。

当日は、千代田区神田駿河台の雑誌会館に三十数人が集まったといい、谷口は、「いまも私の印象に強く残っているのは、差別事件をおこした当事者が何人か参加しており、その多くは沈黙をまもり、発言した者も差別する意図はなかったと言いわけにおわったことであった。竹内先生が提起された「部落差別を自分の問題として考える」ということのむつかしさをそれは象徴していたともいえる。この「差別を考える会」は、竹内先生のながい間の部落解放運動に心をよせていたことの一つの集約であった。つぎつぎにおこってくる言論・出版をめぐっての数多くの差別と、それを言論人として自らの問題として受けとめたいという思いからであった」と語っている（前掲「竹内好と部落解放運動」七）。

竹内は、講演者として招かれた岡山の全国集会に終わらず、それ以後毎年行われるその研究全国集会に、福岡、大阪、広島と三回にわたり「まさしく身ぜにをきって」参加した*。谷口はさらにこのように述べている。

日本の重石とまで表現された偉大な思想家が、魯迅の研究者として世界的ともいえる名声をもつ竹内好が、部落のおばあちゃんやおっちゃん、そして部落の若者たちと、ともに議論し学習する姿。差別に苦しむ立場からの話を聞き、勉強するために来たとおっしゃる先生は、宿舎さえお世話させてはいただけませんでした。自らの問題として、学ぶという姿勢をつらぬかれました。魯迅の文学をとおして、もっとも下積みの人たちの立場にたつ先生は、御自身の勉強のために参加され、ただもくもくと部落の側からの訴えに耳をかたむけられました。私はこの竹内先生を通して、全く新しい解放の人間像を見る思いでありました（前掲「謹んでわが師竹内好先生を弔う」、六一～六二頁）。

それは、竹内がかねてから「インテリ論」などで追究してきた知識人のありようの身を持ってのふるまいであったというに尽きよう。谷口は、尊敬する人物に松本治一郎・朝田善之助という部落解放運動の指導者、そして後半生を賭けて被差別部落を取材しながら部落問題を主題とする長編小説「橋のない川」を書いた住井すゑとならんで、竹内をあげていたという（加藤昌彦「編集後記」、前掲『谷口修太郎さんを偲ぶ』）。

＊竹内は、一九七五年八月八日に行われた兵庫部落解放同盟研究集会にも出席し、来賓として挨拶をしており、竹内と部落解放同盟の関係は晩年近くまで細々とではあれ続いていたことがうかがわれる（「年譜」⑰三二八）。また、前出の福地幸造によれば、一九七六年一二月四～六日に神戸市で行われた全国同和教育研究協議会第二八回大会の前夜祭の記念講演の承諾を得ていた。しかし竹内が病に倒れたという知らせを聞き急遽自宅に見舞ったところ、「講演は、何年か前からの約束だからやる」といいそれを頼りにしていたが、ままならなかった（福地前掲「断片的に」）。

竹内は、「人権感覚」ということから丸山眞男に言及しながら次のように述べている。

ある座談会で、話が終戦のときの思い出になり、同席の丸山真男氏からこういう述懐が語られた。彼はそのころまだ兵隊だったが、たまたま新聞でポツダム宣言をよみ、何年ぶりかに「基本的人権」ということばにぶつかって、胸をワクワクさせた、というのである*。国内と国外のちがいはあるが、私もそのころやはり兵隊だった。そしてポツダム宣言をやはり新聞でよんだはずである。しかし私は、そのときの印象をハッキリ思いうかべることができなかったし、まして「基本的人権」ということばから何ほどのショックも受けなかった。漫然とよみ過してしまった。

もし私に、基本的人権に関する身についたものが、それまでの生涯に蓄えられていたならば、私といえども何かひらめきを感じないはずはなかったろう。ところが、それがなかった。政治学と文学という、おたがいの専攻のちがいがあるし、教育環境のちがいもあろうが、それはかりでなしに、何か本質的な弱点が私にあったという気がする。この点では丸山氏に頭があがらない（「人権感覚ということ」一九五七年四月、⑥四一八）。

「しかし、日本国民全体としては、丸山氏のような例は少くて、私のような例が圧倒的に多かったのではないかと思う。私の周囲の兵隊たちは、民主主義ということばさえ知らなかった。兵隊ばかりか、将校でさえ知らなかった」のであり、戦後はこうした状況は一変したともいうのだが、「しかし、それなら手放しで安心できるかというと、どうも私にはそう思えない。私自身にしてからが、人権感覚を十分に身につけたという確信はまだもてない。人権感覚を身につけるとは、それが奪われたとき、奪われそうになったとき、防禦の姿勢が本能的にとれるということだろう」、「人権はやはり、自力でたたかい取るべきものであろう。そのたたかい取る過程で、人権感覚もおのずから身につくのだろう」（同前、⑥四一八〜四二〇）と述べる。竹内もまた、人権の問題は永久革命だという認識をもっていたのである。

＊丸山は、一九五八年九月に行われた橋川文三らとの座談会（「戦争と同時代」『同時代』第八号、一九五八年一一月、『丸山座談』②）のなかで、次のように語っている。「一方ではぼくは戦争中にしばしば、オレは十八世紀に生まれるべき人間じゃなかったのか、という観念に悩んだほど、自由、平等といった抽象的概念に深く心を突き動かされる性質でした。（中略）ポツダム宣言の全文をはじめて見た時「言論、出版、集会の自由」とくに「基本的人権の尊重は確立さるべし」という言葉（中略）それを見た瞬間、からだ中がジーンと熱くなった。（中略）そういうところがありながら、他方では、さっき言ったように、天皇制を廃するなどということは毛頭考えていませんでした」（二〇七頁）。しかし、竹内を交えた座談会場でのそのような発言の記録としては確認できていない。

竹内は、自身が魯迅に向きあってきたのは「要するに近代化の質の問題、ひいては近代のあとに何がくるかの問題」を考える手がかりを得るためであるといい（『魯迅文集』第一巻「解説」一九七六年一〇月、③四一九）、前述したように、魯迅の「奴隷として、主人にかわいがられる奴隷は、自分が主人になると、自分の使っている奴隷を酷使する」ということばも紹介していた。また、奈良県同和教育研究会が発行する同和教育の副読本『なかま』にも、「もともと地上には、道はない」と題して魯迅の作品「故郷」を紹介し、「魯迅は、道ということを深く考えた人です。道は人がつくるものである。だれかが歩かなくては道はできない。そう考えて、考えたばかりでなく、たいへんな勇気を

図26　『なかま』（中学校用）に載った竹内の文章

ふるって実行に進み出た人なのです」と述べている（奈良県同和教育研究会編『なかま』（中学校用）一九六一年。令嬢竹内裕子氏のご提供による）。このように、竹内においては、「道をつくる」すなわち自らをとりまく社会の変革に向き合い続けていくことを求めており、それは部落問題についていえば、差別を自覚し、それを改めていく態度にほかならなかった。そして竹内は、自ら京都や生まれ故郷の長野県臼田を訪れた際には被差別部落を歩き、また部落解放全国研究集会にも一参加者として足を運んだのである。「不用意に」との弁明のもとに「特殊部落」という呼称が用いられることをも、竹内は自らの反省に拠りながら見逃すことはなかった。

(7)　朝鮮を知るために／「朝鮮語のすすめ」——中野重治の「影響」——

竹内が中国に向きあうようになったのは、中野重治の「弱い者への共感」に影響を受けたためであるといい（→第一章2(1)）、戦前から「いくらか左翼文学にかぶれて、中野重治などを読み出していたお蔭で、朝鮮に独立運動の伝統の絶えていない見当はついていました」とも語っている（「おもかげの消えぬ人」一九七四年一二月、⑤二四六）。そんな竹内にあっては、植民地支配三五年の歴史を背負う日本の「隣人の責務」（「隣人の責務—『金史良全集』を推す」一九七三年一月、⑤二四二〜二四三）として朝鮮のことは竹内の脳裏を離れることはなかったであろう。次章（1④）でとり上げる「方法としてのアジア」（一九六〇年一一月）のなかでも竹内は、日本の大学のなかに布教のために必要な天理大学以外には朝鮮語を置いているところがないことから、「日本からいって一番近い外国である朝鮮のことを、われわれは実に知らない」と憂えている（⑤一〇三）。

朝鮮文学研究者の大村益夫は、一九五〇年代終わり、すなわち竹内が六〇年安保に抗議して東京都立大学の職を辞す（後述）直前に、同大学大学院の修士課程に在籍して竹内の指導を受けていた。大村によれば、「日本で知られているのとは違って、竹内好は朝鮮に大きな関心をもってい」たといい、「もちろん竹内好先生が私に朝鮮を研究しろとおっしゃったことはないですが、無言のうちにその方の考えが私の中に波紋をおこしたと考えています」「私は先生から（無言のうちに）朝鮮文学への道を見つけていったわけです」と語っている（『大村益夫文学アルバム』ソミョン出版、二〇一八年、原文はハングルで、邦訳は浦川登久恵氏にお世話になった）。

図27　中野重治

このように朝鮮と向きあうことの大切さをつねに陰に陽に伝えていた竹内が、それをいくらかまとまって言語化するようになるのは、一九七〇年前後のことであった。前述の「人間の解放と部落解放運動」（⑧）では、折から議論されていた出入国管理法案の問題にも関わって、かなり踏み込んで朝鮮人差別の問題を論じているが、それ以外はおおむね、本の推薦文や映画評などで、依頼という外的契機があってのものがほとんどだったと思われる。しかし先に述べたように、六〇年代末に「差別を考える会」を組織することなどにとり組んできたことも、竹内の朝鮮認識に結実していることは想像にかたくない。

それに先立つ一九六〇年九月、竹内はやはり求められてではあったが、「思想家としての中野重治」（⑫）と題して中野について述べている。そこで、「プロレタリア文学者のなかで私は中野重治にいちばん親近感をもち、断続はしているが、それをもちづけた。戦後もほぼ変らない」中野重治という活字は、眼にふれたかぎり通り過ぎることができない。その間に学んだものは何なに《（ママ）》であったか。たぶんそれは、丹念に歴史をさぐれば、いま思いつくよりものもはるかに多く、また深い影響ではなかったかと思う」（⑫四～五）と語っていることにおそらく偽りはなく、竹内の中野評価は自己を仮託したものとさえ映る。

> 自分の思想を、自分のことばで語ることが、正しいことであり、正しいというよりむしろ、そのほかに受けつけようのない生理的要求として、その肯定への励ましを私は中野文学から受け取った。これは一貫してそうであった。普遍的真理は、あるかもしれないし、ないかもしれない。しかし、普遍的真理が普遍的実現を通してのみ実現可能だという考え方には納得することができない。普遍的真理の有無を争う気は私にはないが、ただ、真理は体現されて我にありと叫ぶ予言者はすべて私には疑わしく見えた。そして中野は一度も予言者をよそおわなかった。（『日本文学の

諸問題』をのぞく。）（⑫五）。この竹内の中野評価は、つねに欧米とは別の近代の道筋を探り当てるために、ただ〝外〟にあるものを借用するだけのドレイのことばを忌避して「弱者」に切り込んできた竹内の姿勢そのものではあるまいか。

竹内は、「性格を強者と弱者に分ければ中野は弱者だろう」といい、さらに「弱者として彼は無類に強い。そして私は、そのようなものがほしかったのである」と述べる。中野と同じナルプ（日本プロレタリア作家同盟）のメンバーであった蔵原惟人や宮本顕治らをあげ、彼ら「強者」は「自分を裁かずに他人を裁くことができる」が「中野にはそれができない。彼において批評は、自己を語ることを離れて存在しない」という（⑫五）。そしてそのような「彼の抵抗が、私をふくめておしなべて世の弱者をはげましたことは認めぬわけにはいかない」といい、一方で「抵抗の姿勢」に「柔軟な適応に欠けるところがある」ことを認めつつも、竹内は中野の影響を少なからず受け、それに励まされてきたことを告白している（⑫六）。

中野は、父が朝鮮総督府の下級官吏として土地調査事業に従事していたため、祖母が亡くなるまでは父母は妹たちを連れて朝鮮におり、福井県坂井郡高椋《たかぼこ》村一本田《いっぽんでん》の祖父母のもとで育てられた。中野が早くから朝鮮を論じていたことは、『改造』一九二九年二月号に掲載された詩「雨の降る品川駅」によって知られており、この詩は、一九二八年十一月の「御大典」に備え、「不穏分子」として朝鮮に追放されてゆく在日朝鮮人への連帯をうたったものであったが、意味が取りにくいまでに伏字になってしまったため、その復元をめぐっても議論を呼んできたものであった。*

＊詳しくは、水野直樹「「雨の降る品川駅」の事実しらべ」（『季刊三千里』第二一号、一九八〇年二月）、鄭勝云『中野重治と朝鮮』（新幹社、二〇〇二年）、松下裕『〈増訂〉評伝中野重治』（平凡社ライブラリー、二〇一一年）等を参照。

中野の作品には、朝鮮が頻繁に登場する。* その登場の仕方は、ことさら〝論じる〟というのではないが、絶えず彼の意識のなかに朝鮮が組み込まれていたことをうかがわせるものである。中野の小学校時代までを描いた自伝的小説として知られる『梨の花』（一九五七年）では、主人公高田良平を介して、たとえば「韓国併合」は次のように語られる。

良平の経験では、校長さんは、何かわけのわからぬことをいうときに限ってこの「わかってもらいたい」をいう。／「つまり今度、日本と朝鮮が一つになった、韓国も日本になった、韓国人も日本人になったということは、日本と韓国とがいくさをして、日本が勝って、そこで韓国を『取った』ということではありませんぞ。これは、日本の天皇陛下と、韓国の皇帝陛下と、王様じゃな、このお二方がようくご相談のうえ、東洋平和のためには、両方の国が一つになるのがいいということになって、そこで両方あわせて日本ということになった。それですから、みなは、いくさに勝って、そこで韓国を『取ったんじゃ』と思うたら、とんでもないまちがいになる。わかりますか。わからな、あかんぞ……」／校長はよくこういう話し方をする。生徒が笑ったが、校長はにこりともしない。／「韓国人もみな残らず日本人になった。韓国の子供らもみな残らず日本の子供になった。これからは、いままで以上に仲よくして行かんならんな……」／校長さんはなお続けて行ったが、それは同しことだった。といっても、仲よくする相手が学校にいないじゃないか。村にもいないじゃないか。「いまで以上に」といったって、以上にも何にも、一度も仲よくしたことがなじゃないか。いないものをどうもならんがい……／しかし良平は、「校長さんはあすこが言いたかったのだな。それでも、みんなは、そこがよくわからんかも知れんな……」と思ったが、校長が力んでいた点はわかっても、何であんなことを力んでいったのかは良平にもわからなかった。だいいち、日本の天皇陛下と、韓国の皇帝陛下とが、相談をして日本ひとつにしたということがよくわからない。また何にしても、わかってもわからなくてもどうでもいいだろう。／ただ、二、三日まえに見た新聞の絵のことがやはりわからない。／布の靴をはいて、城の股引《ももひ》きをはいて、やはり白の長い上っ張りのような着物を着て、口ひげをも顎ひげも生やして、長い長いきせるをくわえて——それは、こんにゃく屋の年寄りおばさんのよりももっともっと長い。——黒いつばのある帽子をかぶった朝鮮人のおんさんの絵がかいてあって、片わきに、「はばかりながら日本男児」と書いてあった。／あれは、韓国併合で、朝鮮人も日本人になった、朝鮮の男も日本男児になったということだろう。それでも、「はばかりながら」というのは何のことだろう。恩地先生が、雪隠《せっちん》とか手水《ちょうず》どことかいわずに「はばかり」と言いなさいといった。この「はばかり」は、そんなはずはない……

「韓国併合」を取り立てて正面から批判するのではない、しかし、それを告げる校長の話は「何かわけのわからぬこと」であり、「仲よくする」ことがいかに偽善であり空虚なたてまえであるかが、良平たちにとって相手が存在しないものであるという子供の素直な感情を突きつけるによってさらし出される。それは理屈によるよりも、そもそも同じ土俵に乗らないという点でより根源的な厳しい批判となり得ているのである。朝鮮人が「日本男児」になったことを「はばかりながら」と表現することにたいしても、「はばかり」を便所と解することで、これまたその差別性に対して断固たる拒絶を示している。このような一節にも、竹内が評した「生理的要求」としての「自分のことば」での語りの一端が表れているのではなかろうか。

＊李恢成の次のような指摘もある。「中野重治は文学生活五十年のなかで、深く、朝鮮問題にかかわってきた文学者であるといってよいと思うのです。詩とか、小説とか、論文、エッセイなどにしばしば朝鮮人が登場してくるわけです。（中略）量の問題ではなくて質的に登場してきているということで、中野重治さんほど、生涯にわたって自分の小説やエッセイのなかで朝鮮人、あるいは朝鮮問題をしつこく、ある意味では小出しにしてきた作家は、日本の文学者のなかでは少ないんじゃないかと思うくらいです」（「中野重治と朝鮮」『新日本文学』一九八〇年一二月）。

竹内が中野に見出したもう一つの点は、彼の「固有の人民のカテゴリー」があることだった。その第一は「天皇制の抵抗物」としてのそれである。「したがって、それ自体が天皇制によって浸透されており、おだてたりあまやかしたりする対象物ではない。鞭うつべきものである。人民は彼にあって、理想像ではなくて、脱却の過程の擬人化である」（⑫六）といい、ドレイからいかに解放されるかという竹内自身の課題が、中野にも投影されているのである。多くのコミュニストが「天皇制を権力機構としてのみとらえる見解のせまさ」を持ち合わせているなかで、中野は「日本ファシズムの進行に紙一重に接近して、危ない橋を渡りながら内面の格闘を通してファシズムの非人間性を記憶にたたみ込む操作を行っているうちに、本来の彼の素質が、複雑きわまりない現実をとらえる方法を個性的に彼の内部で成熟させていった」という。「プロレタリア階級は無条件では革命の主体ではない。それは一度、概念的にはアイマイであるが実体的には明確な人民という範疇をくぐりぬけることによって、天皇制を対極に析出するいわば自己改造の道を通って、はじめて歴史の主人公になることができる。つまり人民は、なるものであって、存在するものではない」と（⑫九〜一〇）。

　したがって中野の人民概念は、「いちじるしく民族的、土着的」となり、それが第二の点である。中野は戦争中にコスモポリタンとして「民族的なもの」を呪ったのではなく、「彼の骨をなすナショナリストが、戦争中は八紘一宇を、戦後は世界国家を一貫して呪いつづけているのである」。竹内もまた「文明開化」の延長線上で「民族的なもの」を克服することを拒んだ。そして竹内は、「中野の本質はナロードニキであると私は思う」という（⑫一〇）。竹内も戦後初期にはナロードニキを追求した。

　竹内は、それから一〇年後に書いた「朝鮮語のすすめ」と題するエッセイのなかで、自らも朝鮮語を学ぶチャンスがあったにもかかわらず「その都度つぶした」「失敗の歴史」を告白しつつ、日本人にとって朝鮮語を習うことが不可欠であることを次のように述べている。

> 日本国家は朝鮮人から一度は完全にその母国語を奪った。この理不尽さを、感覚的に理解することは、どんなに努力しても日本人には不可能ではないかと私は思う。いくら朝鮮語を習ったって、そんなことがわかるわけはない。けれども、その手前のところで、朝鮮語を抹殺することによって日本語そのものがゆがめられ、堕落した事情を確認し、堕落の程度を測定することはできるはずだ。そのために朝鮮語は不可欠である（一九七〇年九月、⑤二三六）。

さらに竹内は、そのように考えるようになったのは中国語からの類推であるとして、次のようにいう。

> 差別者は差別の実体をつかむことができない。差別は被差別者の眼には見えるが、差別者の眼には見えない。けれども、差別が本性をおかし、腐蝕作用をおこすのは双方に対してであって、一方に対してだけではない。ちがいは、自覚するかしないかだけである。中国人と中国語を侮蔑したために日本人が精神的に蒙った損失は、自覚するしないにかかわらず、きわめて大きいと私は考える。いわんや朝鮮においてをや、という次第だ（同前、⑤二三六〜二三七）。

部落差別に関しても述べていたように、差別は差別した側の問題であるということ、そして差別をした側も損失を蒙るのだというのは、竹内の一貫した認識であった。

竹内はまた、差別が見えないでいる「差別者が差別の自覚に到達するためには」どうすればよいかという点に切り込み、それには「ある種の原体験が必要」だという。差別には「個別性」と「すべての差別に通じる一般性」とがあって「原体験」にもそれが当てはまり、「個別体験の中にはかならず応用のきく部分がある」はずだが、それにしても「原体験を体験たらしめるものは何か」は難問だという。それは、易々としたり顔で処方箋を提示するような態度の対極にあり、中野の朝鮮への向き合い方に通底するものではなかろうか。そのようななかで竹内が見出すのが、差別者と被差別者の対話の成立を阻む「意識的な言語抑制」を取りはらう――その抑制を他の条件から切り離して解くことはできない」が――ことであった。だからこそ「私は能力があれば今からでも朝鮮語を習いたい。そして人にもすすめたい」という（⑤二三七～二三八）。相手方の言語である朝鮮語を修得することこそが、差別者と被差別者の壁を越えてつながる回路を開く第一歩と考えられていたのであろう。

竹内の朝鮮についての「原体験」は、一九三二年に朝鮮・中国東北地方を訪問した際に、大阪高校時代の旧友で郷里朝鮮に戻っていたA君とその親友のB君に会い、双方の家族ぐるみの交際の現場に立ち合ったことであった。竹内はそのことを、「日本人として幸福だったと今でも思います」と述べている。「朝鮮民族について、また朝鮮文化について、それを日常性に引きつけて考える手がかりは、いまでもこの二人との短い交遊が私にとって唯一の貴重な遺産であります。忘れようにも忘れられません。私にとってかれらは得がたい友人でした。かれらも、私を友人として遇してくれたと自分では信じています」と竹内はいう。同時にそれだけに朝鮮戦争という「無残な戦禍のためにその消息が八方手をつくしてもつかめぬのは痛恨のきわみ」でもあった（「おもかげの消えぬ人」一九七四年一二月、⑤二四七）。竹内は、こうした「個別性」による「原体験」を大切にしつつ、それを「すべての差別」にも「応用」していったのであろう。

竹内の差別との向き合いには、大上段にかまえる理論ではなく、個別の「原体験」を大事にする姿勢が貫徹していた。だからこそ竹内はくり返し、「もし余力があれば、いまからでも朝鮮語を習って、朝鮮漢文が読めるようになりたい」というのであった（⑤二四七）。竹内はほぼ同時期に「中国を知るために」を雑誌『中国』に連載しており（↓第三章3）、それはまずもって中国の文化や人びとの暮らしを具体的に「知る」ことが中国認識を改める大前提と考えたからであった。朝鮮については、竹内は「私は朝鮮文化について何ひとつ知りませんから」とくり返しことわっていたから、中国に対するのと同じようにはならなかったが、竹内の「朝鮮語のすすめ」は、「中国を知るために」の朝鮮版「朝鮮を知るために」なのであった。

竹内好氏を悼む

―中国の会と朝鮮の会―

竹内好氏が死去した。享年六十六才。記事を読んだとき、音をたてて大きな岩が崩れるように思われ、しばし呆然となった。

竹内氏は朝鮮の研究者ではないが、その生き方は私たちに多大な影響を与えてくれた。私個人の考えでいえば、竹内氏の「中国の会」や雑誌『中国』は私たち朝鮮の会の一つのモデルであった。異論になるが、この会の名をつけるとき、議論した結果「中国の会」があるんだから「朝鮮の会」でもいいではないかという話もでた。必ずしも皆十分納得したわけではなかったが、結局名称は朝鮮の会になった。それは「中国の会」を一つのモデルとして頭に画いた現れでもある。

それはなによりも竹内氏に代表される中国の会の基本姿勢に共感をもった。原則と責任の守り方である。雑誌『中国』もその原則によって廃刊とした。竹内氏でいえば、「都立大をやめたのも、「評論家廃業宣言」も「沈黙」もみんなそうである。

朝鮮の会は、朝鮮の会独自で歩むのは当然であるけれども、竹内氏の死はなんとも残念でならない。私たちは私たちなりに竹内好氏を乗り超えていかなければならない。（土塊）

図28　「朝鮮の会」会報『ばらむ』に掲載された竹内の追悼文

なおのちのことになるが、竹内が死去した際に、朝鮮語を学んでいる人たちが集う「朝鮮の会」の会報『ばらむ』第一二号（一九七七年三月）に、「竹内好氏を悼む―中国の会と朝鮮の会―」という文章が掲載された。それは、竹内の生き方に影響を受け、「中国の会」や雑誌『中国』は「一つのモデル」であったと記す。竹内の朝鮮との交わりは、このようなかたちでも最後まで続いていたのである。

第三章 「市民的自由」と「民族」（一九六〇〜一九七七年）

1　方法としてのアジア——丸山眞男との交流のなかで——

(1)「戦争の二重構造」というアポリア——戦争責任の究明——

一九五九年ごろから六〇年安保改定の問題が議論にのぼりつつあった。後述するように、竹内は、中国との国交回復という点を抜きに安保改定問題を考えることはありえず、したがって安保改定阻止闘争が一つの引き金となって、日本の戦争責任の問題に自覚的に取り組みはじめることとなった。

竹内の認識では、「日本と中国の関係でいえば、戦後はおわるどころか、まだはじまってもいないのである。つまり戦争そのものがおわっていない」のであった。「台湾の亡命政権との間に日華平和条約が結ばれた」ことは、「中国の方から見れば、これは中国に対する新しい侵略準備の宣言」なのであって、これこそが「日中関係の本質」であり、この本質に立ってみないと一九五八年五月以後の日中関係の破局は理解できなかった（「近くて遠い中国」一九五八年一一月、⑪二二八）。首相岸信介の言動は前述（第二章3⑵）の吉田書簡を継承した、他のアジア諸国には通用しない「古い中国観」にほかならず（「中国観の破産―日中問題の考え方―」一九五八年一〇月、⑪二一〇）、それは日本の講和のあり方に起因するものであった。それゆえ竹内は、「もし中国に侵略の意図がないと見きわめたら、侵略を前提にしてつくられている日米安全保障条約を即刻破棄し、軍事基地を撤廃すべきである。すぐ破棄はできないにしても、その実現を目ざして国民的運動をおこすべきである」と訴えた（前掲「近くて遠い中国」⑪二三二）。

さらに竹内は、「日本は過去に中国を侵略して、国土を荒らし、財産を奪い、おまけに無数の罪ない人民を殺した。その償いはまだすんでいない」こと、そして「侵略戦争に駆り出されて、侵略の餌食になって死んだ」日本人たちも「自分が犬死にでないと信じ、「東洋平和のため」と信じて死んだ」ことを突きつける。竹内によれば、その両者の「魂を救う道は、中国の建設に結びつくことによって民族の恥をすすぐ以外にな」く、「光栄ある明治維新の伝統を生かすのも殺すのも、われわれ日本国民の心がけ次第である」から、それを「生かす」ことによって、「いつわりのゴマカシ」ではない「東洋平和」を「もう一度理想として生きかえらせる」ために、その「保障」として「中国との国交回復をかちとること」が必要なのであった（「遠くて近い中国」⑪二三一〜二三二）。

一九六〇年二月に世に問うた「戦争責任について」（⑧）も、そうした問題意識のなかで書かれたもので、竹内は次の二点を指摘する。

一つは戦争の二重性についてである。彼は、直近に日本が行った戦争には、実は通常いわれているようなファシズム対民主主義の軸ではとらえられないという「難点」があるので、それをとりのぞくために、後述する論文「近代の超克」（『近代日本思想史講座』第七巻、筑摩書房、一九五九年、⑧）のなかで、先の戦争は「侵略戦争」と「帝国主義対帝国主義の戦争」の二重性を有していて、「この二重性は日本の近代史の特質に由来するという仮説を立てた」のであった。「したがって、侵略戦争の側面に関しては日本人は責任があるが、対帝国主義戦争に関しては、日本人だけが一方的に責任を負ういわれはない、という論である」（⑧二一六）。このような腑分けは、アジア・太平洋戦争には対帝国主義戦争の側面があると考えていてその正当性を全否定はしきれないために、それが持っている侵略戦争の側面に正面から向きあうことに足踏みをする人びとが少なからずいることを見通してのことであった。それは、侵略戦争の責任追及を推し進める戦略であったにちがいないが、同時に戦争のそのような腑分けを行うことは、多分に竹内自身の心情に即したものでもあったといえよう。この戦争の二重性という理解は、明治国家の二重性としてとらえることをも意味し、そのような整理をするために、彼は日本近代史研究へと誘われていったのである。六〇年安保改定の強行採決が行われた年の暮れ、竹内は、「私は学問研究をやりたい。テーマは十五年前に決っているので、近代史の再検討といったものである。日中の関係を軸にして、近代史を書き直す作業のメドをつけたい」（「近況報告―雑感　二―」一九六一年一月執筆、⑨二三九）と書きつけており、こうした問題意識に加えて、後述するように戦争体験と安保体験をつなぐという彼のめざすところからしても、歴史をふりかえることは不可欠であった。

二つ目は、一つ目と密接に絡み合っている戦争責任意識の主体化ということである。竹内は、「この救済のためには、民族感情に自然な責任感の伝統をよりどころとするしかない」と考えていた。「戦争責任という曖昧な、冷い感じのする範疇でとらえるのでなく、いきなり侵略の罪という媒体を投入すること」を避け、「戦争のどの部分、どの側面に責任を負うかを議論することが、戦争責任論を生産的にする道である」と考えたのであった。そして竹内は、自らは「文明への挑戦」をゴールとしながらも、「戦争が文明への挑戦である」としてそれを出発点に置くことも「さしつかえない」とし、欧米由来の「文明」を問いなおすという観点に立って、戦争を観念的に否定するのではなく、戦争における「事実としての思想」（後述）からとらえ返そうとしたのであった（前掲「戦争責任について」⑧二一七）。

竹内がその点から注目したのが、中野重治『斎藤茂吉ノオト』（筑摩書房、一九四二年）であった。竹内は、その作品の「総力戦の現実把握の深さ」を高く評価し、「さればこそこれが抵抗の書たりえた条件の一つになっている」という。すなわち「戦争をくぐらなければ、具体的にたたかっている民衆の生活をくぐらなければ、いかなる方向であれ民衆を組織することはできない　つまり思想形成を行うことはできない」のであり、「戦争吟を、戦争吟であるために否定するのは　民衆の生活を否定することである。戦争吟を認め、その戦争吟が過去の戦争観念にたよって現に進行中の戦争の本質（帝国主義戦争という観念ではない）を見ることから逃避している態度をせめ、戦争吟を総力戦にふさわしい戦争吟たらしめることに手を貸し、そのことを通して戦争の性質そのものを変えていこうと決意するところに抵抗の契機が成り立つのである」と述べる（前掲「近代の超克」⑧四三）。「民衆の生活をくぐる」ことなくして、どんな思想も超えられないという竹内の信念が吐露されているといえよう。

のちのことになるが、一九七二年の雑誌『中国』⑪のなかに、「大東亜戦争と我等の決意（宣言）」を書いた当時のことを回想した文章が残されている。

> 他人がどう受けとろうと、それはその人の自由だが、私本人は一度だって心にないことを書いた覚えはない。すべての言語表現は自分の血肉とともにあり、その責任は一生つきまとうと考えている。この宣言だって例外ではない。（中略）いまなら簡単にいえることだが、あの宣言は、政治的判断としてはまちがっている。徹頭徹尾まちがっている。しかし、文章表現を通しての思想という点では、自分ではまちがっていると思わない。他人にどう断罪されようとも、私はあの思想をもったまま地獄へ行くほかない。（中略）戦後の私の言論は、自分が編集者としてあの宣言を書いたことと切り離せないと自分では思っている。たとえば、太平洋戦争の二重性格という仮説や、「近代の超克」論の復元作業などは、人はどう思うか知らないが、自分では賭けの失敗が根本の動機になっている気がする（「一百謎」一九七二年一〇月、⑪一五七）。

過去のあやまちから逃げることなくそれと正面から向き合い、それをバネに今日の日本社会の突破口を見出そうとする決意のほどがみてとれる*。

＊これが書かれたのは、中国文学者の竹内実、評論家の尾崎秀樹、哲学者の真下信一らから出された批判に答えるためであった。この件については、中村愿『戦後日本と竹内好』（山川出版社、二〇一九年）でも述べられている。

橋川文三が、竹内の「宣言」とそれへの向き合い―反省に「竹内好の戦後の生き方のすべてがふくまれているともいえよう」（「竹内好と日本ロマン派のこと」一九七七年一〇月、『橋川文三著作集』第一巻、筑摩書房、一九八五年、一九頁）と述べたとおり、そして竹内自らが明らかにしているように、竹内が後述する「近代の超克」論を書き、また「アジア主義」を論じ、「方法としてのアジア」を提起したのも、すべてこの「戦争の二重性格というアポリア」に向きあうためであった。加えて、前に述べたように、「国民文学論」は竹内の希望的観測による評価が含まれていたとはいえ、実際には期待したようには受けとめられず、竹内をして「その後、ナショナリズムの研究が進んだとはいえないと思う」と言わしめる状況であった。そういう「国民文学論のさわぎに対する失望感」があり、「もっと地道に過去の遺産の整理をしなければいけないと思って、一つ取りくんだのが「近代の超克」」であった（前掲「予見と錯誤」⑨四一四～四一五）。後述する「アジア主義」の研究もその延長線上に位置するものであり（同前、⑨四一五）、竹内の国内政治に対する種々の発言も、この問題を抜きに理解することは不可能であろう。

(2)「伝統」を求めて――「近代の超克」――

折から竹内は、一九五九年から六一年にかけて筑摩書房から刊行された『近代日本思想史講座』の

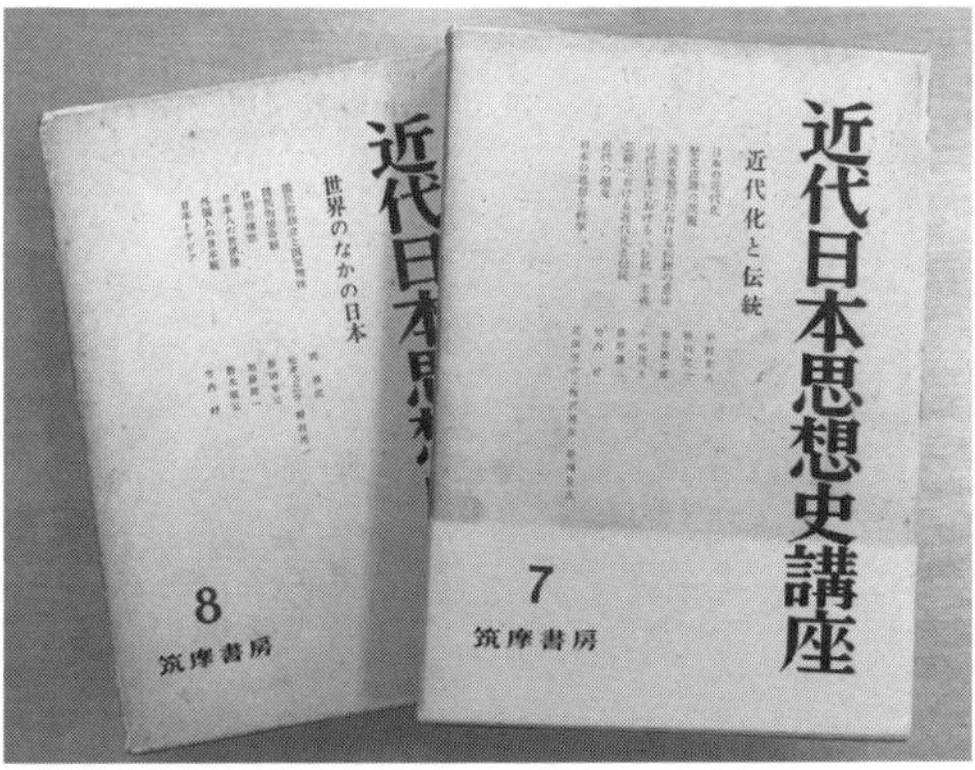

図 29　『近代日本思想史講座』第 7 巻・第 8 巻

編集責任者を務めることとなった。この講座の企画の枠組を作ったのが丸山眞男で、丸山は、編集責任者を竹内に依頼して「たびたび相談に行」ったという。丸山は後年、竹内が「組織者として非常に熱心だった」のがこの講座であり、「好さんとぼくとのつながりの一つはこの講座です」とさえ語っている（前掲「好さんとのつきあい」『丸山集』⑩三五五）。広く長く読まれてきたこの講座は、一九五九年から六一年にわたって全八巻で企画され、そのうちの七巻が刊行されている（丸山が編集予定の第二巻「正統と異端」が未刊行）。竹内が担当したのは第七巻「近代化と伝統」（一九五九年、亀井勝一郎との共編）と第八巻「世界のなかの日本」（一九六一年、唐木順三との共編）であった。一九六〇年代初めに集中する後述の一連の「アジア主義」に代表される著作は、こうした丸山との共同の仕事のなかで、少なからず丸山の主張を意識しながら生み出されたものであったといえよう。

　第七巻「近代化と伝統」の「まえがき」によると、「日本における国民国家および民族文化の定位され方を、もう一遍源にさかのぼって検討し、それによって失敗した実験の諸条件をあきらかにしよう」というのが竹内が担当する第七巻と第八巻のねらいであった（⑬三四八）。そこでは、丸山を意

図 30　竹内論文「近代の超克」が収められている『近代の超克』（冨山房百科文庫）

識してか、「普遍性はこの特殊性にのみ宿るのであって、特殊を通じない普遍はありえない」（⑬三四七）と「普遍性」と「特殊性」を単純に腑分けすることには慎重な表現もあるが、やはり欧米産の「文明一元観」とは異なる可能性を引き出そうとする竹内の意図が見え隠れし、日本近代の歴史の「特殊性と普遍性」をどう考えるかという問題が突き出されている。そうして竹内は、演繹的に固定したものを「伝統」とみなして躊躇うことのない「伝統主義」とは異なるところの、「形成されるべきもの」としての伝統」（傍点――引用者）（⑬三四八）の追究に立ち向かってゆく。

第七巻の竹内の論文は、「近代の超克」（⑧）であった。その主題の意味するところは、「固有の意味での「近代の超克」すなわち雑誌『文学界』一九四二年九月・一〇月号に掲載された同名のシンポジウム、そして思想・運動ともにそれと多くの共通点を持っている、一九四一年から四二年にかけて『中央公論』に連載された「「悪名高き」座談会」「世界史的立場と日本」をひっくるめて、「広い意味での「近代の超克」」であると断った上で（⑧五）次のようにいう。

「近代の超克」は、事件としては過ぎ去っている。しかし思想としては過ぎ去っていない。思想として過ぎ去っていないとは、一つは、それにまつわる記憶が生き残っていて、事あるごとに怨恨あるいは懐旧の情をよびおこすということであり、もう一つは、「近代の超克」が提出している問題のなかにいくつかが今日再提出されているが、それが「近代の超克」と無関係に、あるいは関係を曖昧にして提出されているために、問題の提出そのものが真面目に受け入れられない心理の素地を残しているということである（⑧五—六）。

竹内は、「近代の超克」を今なお頭を擡《もた》げてくる「過ぎ去っていない」問題としてとらえ、そうであるがゆえにそれと正面から対峙しようとしているのであり、それは、先にみた「形成されるべきものとしての伝統」を救いあげるために通らなければならない回路であった。竹内はこのように述べている。「思想からイデオロギイを剥離すること、あるいはイデオロギイから思想を抽出することは、じつに困難であり、ほとんど不可能に近いかもしれない。しかし、思想の次元の体制からの相対的独立を認め、事実としての思想を困難をおかして腑分けするのでないと、埋もれている思想からエネルギイを引き出すことはできない。つまり伝統は形成できないことになる」（傍点——引用者）。「近代の超克」は「思想としては今日なお生きており」、したがって「ある思想が何を課題として自分に課し、それを具体的な状況のなかでどう解いたか、また解かなかったかを見ること」が必要なのである（⑧一二）。

竹内がこのように述べる背後には、丸山の「伝統」についての理解が影響を与えていたと考えられる。「開国」（一九五九年）で展開されていくことになる丸山の「伝統」ついての考えは、すでに「日本の思想」（『岩波講座　現代思想』第一一巻、一九五七年）の「まえがき」にそのモチーフが示されている。

私達が思想というもののこれまでのありかた、批判様式、あるいはうけとりかたを検討して、もしそのなかに思想が蓄積され構造化されることを妨げて来た諸契機があるとするならば、そういう契機を片端から問題にしてゆくことを通じて、必ずしも窮極の原因まで遡らなくとも、すこしでも現在の地点から進む途がひらけるのではなかろうか。なぜなら、思想と思想との間に本当の対話なり対決が行われないような「伝統」の変革なしには、およそ思想の伝統化はのぞむべくもないからである（傍点――引用者）（『丸山集』⑦一九四～一九五）。

近代日本が維新前までの思想的遺産をすてて「欧化」したことが繰り返し慨嘆される（そういう慨嘆もまた明治以後今日までのステロタイプ化している）けれども、もし何百年の背景をもつ「伝統」思想が本当に遺産として伝統化していたならば、そのようにたわいもなく「欧化」の怒濤に呑みこまれることがどうして起りえたであろう（傍点――原文）（同前、一九七）。

竹内は、「本当の対話なり対決」の必要から、戦前も含めての「近代の超克」に立ち向かったのである。すなわち、一九四二年の「近代の超克」シンポジウムについて、「近代」の解釈自体も多様で無内容であるにもかかわらずそれが「多くの知識青年を動かした」という事実に注目せねばならぬとしたのは、「「超克」伝説だけで思想を切り捨ててしまうことは、そこに提出されていた今日継承可能な問題までも捨てることになって、伝統形成には不利である。能うかぎりの可能性の幅で遺産をとらえなおすのが思想の処理としては正しいと思う」と考えたからであった（前掲「近代の超克」⑧二二一～二二五）。

竹内が、「近代の超克」の含意として筆頭にあげるのが、それを西洋伝来のものとすることによる歴史主義の克服、あるいは発展段階説の克服であったが（同前、⑧二一）、ここではその点はそれ以上に開陳されていない。しかしながらこの問題は、[illegible]の場でも丸山との間で議論となっており、それに目を向けて整理しておく必要があろう。

それは、一九五七年と推定される丸山眞男との対談「革命と反動（東洋とヨーロッパ）」（『丸山別集』②）における論点の一つでもあった。マルクス主義、近代主義に共通する歴史の進歩の観念の重要性をいい、そこに求めるべき普遍的理念が存在すると述べる丸山に対して、竹内は、「プロセス」に依拠しない「永遠の理念」すなわち孫文や毛沢東の「大同思想」に、日本と中国に共通する普遍的観念をさぐろうとした（一二三四頁）。竹内によれば、西欧と東洋の接触の「実際の具体的なあらわれ方」としては、当然にして「思想というものの接触」ではなく「資本主義の侵入、帝国主義の侵略という形」をとるため、「西欧」とは相容れない独自のものになる（黒川前掲「丸山眞男における「開かれた社会」」を参照）。またこの点は、先の「伝統」理解とも関わっており、丸山は、日本と外国、あるいは東洋とヨーロッパというように二分する発想を否定して文化接触の問題として説くのだが*、その点は竹内には容易に納得しえない点であった。[illegible]うしてそれは、この対談と同時期に書かれた「アジアにおける進歩と反動—日本の思想的状況に照らして—」（一九五七年七月）で展開されており、「反動の進歩への転化の側面を、もっと強調する必要がある」という点にあった（⑤八〇頁）。すなわち竹内は、「反動」のなかに「西欧的進歩」に対する抵抗の契機をさぐろうとしたのである。

＊後年丸山は、よりわかりやすい形で次のように述べている。「東洋対西洋とか、日本対外国という発想はわたしはきらいです。とくに、何かというと、日本ではこうだけれど、「外国では」こうだという言いかたがはやるのは、日本の空間的地位と文化接触の昔からのかたちとに制約されている、それこそ日本的な発想ですね」（前掲「普遍的原理の立場」『丸山座談』⑦一一三）。

丸山もけっしてアジアに目を塞いでいたわけではなく、「アジアの抵抗」について正面からとり上げた、一九五三年の講演録の一節がある。やや長くなるが、重要と思われるため引用する。

正に帝国主義のアジア分割というものが契機となりまして、十九世紀後半の何十年間崩れなかった天秤のかたむきが崩れだした。大きな平衡運動が生れた。世界の人口の半分以上を占めるアジアが自分の発言権を要求して、世界の上に現われた。ヨーロッパから進歩観という精神的武器を学んで、ヨーロッパに抵抗するようになった。このアジアの抵抗の真先に台頭したのが日本であります。日本は後に　アジアの抵抗を代表するという自分の歴史的使命を裏切り、帝国主義国家として、アジア大陸に侵入した　いうなれば、自ら西欧型帝国主義になってしまった。しかしながら極東の日本が、ヨーロッパ勢力の天馬空をゆくような侵蝕に対して最初に大手を拡げてこれを阻止した国家であった、というこの歴史的な重要性というものは何人も否定出来ません。明治維新以来の日本の近代国家としての発展は、アジアの抵抗を代表するという側面と、自らが帝国主義国家としてアジア大陸に進出してゆく側面とが、あざなう縄のようにからみ合っている。勿論、後になればなる程、帝国主義的側面は露骨になってきたけれども、最後まで表裏の関係をなして最近の太平洋戦争にまで来た。（中略）中国や、インドの、独立運動の指導者はことごとく日本のロシヤ帝国に対する勝利という歴史的事件に刺激され、鼓舞されて、独立運動に身を投じている。日本海海戦の勝利によって、インスピレーションを受けた、ということをネールが語っている。孫逸仙にしてもそうであります。日露戦争というものがアジア諸民族に与えた自信と、覚醒ということは非常に大きな意義を持っておる。こういう側面を日本はもっておりました為に、最近の露骨な帝国主義戦争（大東亜戦争）でさえ、アジアの解放という日本の掲げたスローガンは少なからぬ反響をアジアに及ぼした。（中略）太平洋戦争において、日本の軍事的進出は、オランダ、フランス、イギリス等の植民地に止どめを刺した。日本の軍事力が崩壊したあとヨーロッパの旧植民地支配者がノコノコ戻ろうとした時には燎原の火のような民族運動に直面しなければならなかった。そして旧植民地支配者は、かつての植民地諸国が永久に帰らぬ夢と化したことを現実によって学ばなければならなかったのです（「現代文明と政治の動向」一九五三年一二月、『丸山集』⑥四七〜四九頁）。

このように、丸山もアジアの抵抗の意義に注目しながら、そのなかでの日本の位置づけを論じていたのである。

また竹内と同様、アジア諸国に果たした日本の役割の二面性についても一九五三年の先の講演録のなかで、すでに視野に入れていた。しかし丸山は、「民族運動も混沌としていて、全体として明確な方向を持っておりませんから、必ずしもアジア民族運動を、手ばなしで礼讃することは出来ない」とし、民族主義が早くも「ウルトラナショナリズムの傾向（極端な排外、極端な攘夷）」を示していることに警鐘を鳴らした（同前、⑥五七）。

なお、丸山における「抵抗」の位置づけについては、松沢弘陽の次のような指摘がある。座談「日本の反動思想―戦前と戦後―」一九六四年九月（梅本克己・佐藤昇・丸山眞男『現代日本の革新思想』河出書房、一九六六年）での丸山の発言は、『岩波講座　現代思想V　反動の思想』（一九五七年）「本巻の序論」として書かれた「反動の概念」の「「反動の思想」を補うもの」であったとし、松沢は以下のように述べる。「そこ（座談——引用者）では「反動」のラディカル化による「過激反動」の発現や、保守の反動への転化としての「頑固反動」といった、移行の問題にもふれられている。「反動の思想」は、「伝統的な進歩反動という対極にたいして、抵抗という別の次元が設定されるのではなかろうか」（傍点丸山）に始まる一節において、固有のカテゴリーとしての抵抗の意味に目を向けて結ばれている。これは丸山が抵抗の問題をとりあげた最初といえよう。彼に抵抗という問題に目を向けさせた大きなきっかけは、親友竹内好の魯迅論の主題をなしていた抵抗の問題だったと思われる。ここで登場した抵抗の問題は、「忠誠と反逆」（一九六〇年、本集第八巻）においてさらに展開される」（松沢「解題」『丸山集』⑦四〇二）。

「近代の超克」の意味するところのもう一つは、「文明開化の否定」であった。西洋的近代とは別の近代を探り当てようとする竹内にとって、日本が西洋的近代の道を歩み始める起点になった「文明開化」を否定することが重要な問題であったことはいうまでもない。竹内は、「日本ロマン派」のなかでもとくに「日本の近代を全否定の対象として文明開化と規定した」保田與重郎に着目した（⑧一一）。

自らも日本ロマン派をくぐった橋川文三は、共産主義・プロレタリア運動、「転向」、「日本ロマン派」の体験は、「現在の五十代、四十代、三十代のそれぞれの精神的造型の根本様式となっており、相互の間に対応ないし対偶の関係があ」り、「こうしたいわば原体験としての日本ロマン派は敗戦の衝撃によって亡びたとされているが、それは事実としても正しくないばかりでなく、この種のロマン主義、この種の民族主義を発酵させた母胎としての心性は、とくに三十代以下の世代に、広汎に認められる」という（傍点――原文）（「日本浪漫派批判序説―耽美的パトリオティズムの系譜――」一九五七～一九五九年、『橋川文三著作集』第一巻、筑摩書房、一九八五年）。このような日本ロマン派が持っていた文明批判の「心性」は今日に継承されており、だからこそそれに向きあうことが重要だというのである。橋川は、かつて自らが書いた「……私は現在、日本ロマン派の問題提起をもっともオーソドックスな形で継承している唯一の人が竹内ではないかと思っている。むしろ、竹内と保田与重郎を含めた形で、文明批判の体系としての日本ロマン派の意味をキチンと考えておくべき時期が来ている……」という一文を引きながら、「つまり、竹内の「近代の超克」論は、さまざまな屈折と増幅をへたものであるが、基本的には日本ロマン派という異常な思想運動の歴史的意味に関連させて考えるべきものであり、そのためには、日本ロマン派そのものを明治以降の政治と思想の歴史の中で、正確に定位する必要があると考えるのである」と竹内の問題提起の重要性を強調する（「二つの「超克」論」一九六〇年二月、前掲『橋川文三著作集』第一巻）。

橋川は、「保田の「文明開化」批判には、実質的には藩閥勢力圏から疎外された思想家、文学者がいだいた種類の明治国家に対する嫌悪思想にも似たものが含まれていた。いわば不平分子の美学ともいうべきものがその指導原理となっており、それにもとづいて、明治国家―近代国家のイデオロギー的産物である文学（とくに自然主義文学とプロレタリア文学）が否定せられている」という位置づけをした上で、「私は竹内の太平洋戦争に関する二重構造論（対中国・アジア侵略戦争と、対英米帝国主義戦争との――原文）が、そのまま保田的＝日本ロマン派的解釈に起源するものとはみないが、少くともその背景にある日本近代思想史の重畳した錯誤をふまえないでは、批評の根底はくいちがうだろうと思う」（前掲「二つの「超克」論」）といい、橋川もまた、保田への同調は現在の問題にも通底する以上、それをすり抜けるべきではないとする。このような橋川の竹内への共鳴に明らかなように、竹内と橋川の問題意識はきわめて近く、また両者ともに保田を切り捨てることができなかったのは、保田には生活者である民衆の意識を代弁している側面があると見なしたからであろうか。

この問題を考える際に、竹内がこだわったのは「十二月八日」の意味」であった。竹内は、河上徹太郎や高杉一郎ら文学者にとってのその体験の意味を追い、それについて「知識人さえもが、むしろみずからもとめて『聖戦』、『八紘一宇』、ないしは『大東亜共栄圏』などという神話的象徴にとびついていった」（傍点――原文）と評価する「若い批評家」（江藤淳）が存在することに対しては、「同時代に生きて高杉に近い体験を実感としてもっている私などから見ると、この解釈は誤ってはいないが、もの足りない」と述べる。「「みずからもとめて」「神話的象徴にとびついていった」という気は全然しない。むしろ主観的には神話の拒否ないし嫌悪は一貫しながら、二重にも三重にも屈折した形で、結果として神話に巻き込まれた、と見る方が大多数の知識人の場合に当てはまるのではないかと思う」といい（⑧二九）、「「日本というものが、なんとも言えず悲しい」という高見（順――引用者）らしい詠嘆には私は無条件には同意しないが、「来るべきものが来たという感じ」は私にもあった」と告白する。そして次のように述べる。「「支那事変」とよばれる戦争状態が、中国に対する侵略戦争であることは、「文学界」同人もふくめて、当時の知識人の間のほぼ通念であった。しかし、その認識の論理は、民族的使命観の一支柱である「生命線」論の実感的な強さに対抗できるだけ強くなかった。一方、侵略戦争を原則的に否定する共産主義は、原則を固執して状況適応の柔軟さを欠いていた」（⑧三〇～三一）。竹内は、「一二月八日」をもっていったんは覆い隠したはずの侵略戦争としての側面にふたたび正面から受けとめ、それに向きあってきたが、やはり対帝国主義戦争としての側面もあったことは否定しきることができず、そのことが、克服すべき西洋＝文明開化と、引き継ぐべき東洋＝伝統という構図として竹内を拘束し続けたのであった。

「太平洋戦争の二重構造が認識されないままに忘れられようとしている」ことと「明治国家の二重構造が認識の対象にされない」こととは一体であったから（⑧五一）、竹内の関心はたえず日本近代史へと誘われた。竹内によれば、「「近代の超克」は、いわば日本近代史のアポリア（難関）の凝縮であった」。すなわち「復古と維新、尊王と攘夷、鎖国と開国、国粋と文明開化、東洋と西洋という伝統の基本軸における対抗関係が、総力戦の段階で、永久戦争の理念の解釈をせまられる思想課題を前にして、一挙に問題として爆発したのが「近代の超克」論争であ」り、「問題の提出はこの時点では正しかったし、それだけ知識人の関心も集めた」にもかかわらず「その結果が芳しくなかった」のは、「戦争の二重性格が腑分けされなかったこと、つまりアポリアがアポリアとして認識の対象にされなかったから」であった。その「アポリア解消が、戦争の虚脱と、日本の植民地化への思想的地盤を準備した」というのである（⑧六四〜六五）。

すでに述べた「国民文学論」におけるマルクス主義者や「近代主義」者たちに対する竹内の厳しい評価は、この点に由来している。竹内によれば、「西欧的な近代主義者たち」は「「決定的な敗北を自認」しなかった」。つまりこのアポリアに向きあうことのないまま「敗戦によるアポリアの解消によって、思想の荒廃状態がそのまま凍結されているのである」（⑧六五〜六六）。そしてこの「先進国対後進国のヨーロッパ的原理」に対抗できるものこそが「アジアの植民地解放運動」なのであった（⑧三五）。

さらに竹内の批判は、竹山道雄を中心として行われた日本文化フォーラム編『日本文化の伝統と変遷』（新潮社、一九五八年）に象徴されるような「「近代主義者」も「日本主義者」もいっしょになって、「今日の日本は真に文明開化の日本」であって「有難い目出度い次第」（福沢諭吉『自伝』）だと手をたたいて喜びあっている天下泰平の空前の文明開化が将来されている」状況へと向かい、このように述べる。「アジアに主導権を主張することと、西欧近代を「超克」するという原理的に背反する国民的使命観が、ここでは日本イコール西欧という観念の操作によって、単純明快に前者だけを生かして後者を捨てる形で解決されており、それは伝統からの逸脱であって、真の解決ではないからである。彼らにはアポリアは存在しない。（中略）（「脱亜論」を説いた——引用者）福沢は事実認識を誤ったのであって、日本はそもそもアジアではなかったのだ、というのがこの派の新文明開化論者の主張である」（⑧六六）。このように述べる竹内は、日本近代史のアポリアと向き合い、「文明開化」＝西洋に対する抵抗の側面にこだわり続けることを自己の課題として引き受けていったのである。

(3) 福沢諭吉の文明論との対峙

「文明開化の論理」の克服を追究しつづける竹内にとって、福沢諭吉との対峙は避けて通れないものであった。「近代の超克」も最後は福沢への論及で終わっており、前掲『近代日本思想史講座』第八巻「世界のなかの日本」に収録された論文「日本とアジア」（一九六一年六月、⑧）は、むしろ福沢論が軸になっていた*。それが世に問われてから五年後、丸山もまた、『竹内好評論集』第一巻の「月報三」（筑摩書房、一九六六年）に寄せて、次のように述べている。

> 好《ハオ》さんは、おそらく福沢を最大の、尊敬すべき敵と思っているでしょう。通俗的には、福沢は、国権論や脱亜論など到達した帰結で批判されるのですが、好《ハオ》さんはもっとよく理解しているにもかかわらず、やはり福沢を最大の敵として見ている。日本の近代は、結局福沢の路線を歩んだという観点から批判する。その点まさに私と逆です。私は、福沢をギリギリのところまで学んでそれをテコにして日本の近代を批判したいと思っています（「好《ハオ》さんについての談話」一九六六年六月、『丸山集』⑨三三九）（傍点——引用者）。

＊それを『評論集』③に収める際に竹内は、「福沢論と東京裁判批判を組み合わせて材料にしたが、展開が十分とはいえない」とのコメントを付している（「解題」⑧四三六～四三七）。

竹内は、「福沢の文明論で特徴的なこと」として、[illegible]文明の本質について智を徳の上位においたこと、および、知徳の総和である文明（それは単一な、等質のものである）の地域による発現の差を認め、それを程度の差としてとらえ、努力によって追跡可能であると考えたこと」をあげる。そしてそれこそが、「明治維新から日清戦争までの国家建設の時代」の日本に貫徹している「今日まで綿々として尽きない文明一元観の主たる内容」なのであった（⑧六九～七〇）。福沢が「戦闘的啓蒙者」としての役割を終えてからも、日本は「少くとも太平洋戦争の前の段階まではそうであ」り、「日本の近代思想史」は「プロレタリアの思想」も含めて文明一元観を否定できなかったと竹内はいう（⑧七一～七二）。

竹内によれば、民主主義的旋風の風潮の戦後思想においては、東京裁判の「被告である日本国家の代表者たちは、原告である連合国を通して福沢そのものに告発されている」という解釈が支配的であった。ところが現実には、「かえって、ファシズムを告発した原告である文明の側に不安と動揺が見られ」、ファシズムから丸山いうところの「第二の開国」へという「思想史上の大事件と考えられたものは、じつは国粋と欧化の交替という流行現象のくり返しに過ぎなかったのではないかと疑われる」と竹内はいい、むしろそれを克服する役割を担うはずであった「社会変革の諸思想」の弱さを指摘する（⑧七二～七四）。ここにも竹内の、文明開化にはじまる〝西洋的近代〟に対する批判が貫徹しており、戦後の民主主義的風潮も結局は「国粋」の反動であるところの「欧化」であって、文明一元観に反省を迫りそれを克服するようなものではなかったというわけである。* 竹内は、その点ではむしろ福沢の努力に見倣うべきで、「日本の独立という緊迫した課題に全身で立ち向う中で福沢が身につけたような、生き生きした文明のヴィジョンは、残念ながらわれわれにはない」と嘆き、福沢を「欧化」主義者一般とは峻別して次のように述べる。

> かりに日本国家に文明からの逸脱があったとすれば、その時期と原因とを画定することによって文明を再発見せねばならぬし、もし逸脱がなかったとすれば、さかのぼって福沢の文明観そのものを問責すべきである。つまり、東京裁判の批判から改めて出発しなおすべきであって、それを怠ったのでは、思想の生産性を回復することはできぬだろう（⑧七四）。

戦争ファシズムにいたったことは福沢の文明観そのものの帰結なのか、それともそれからの逸脱によるものであるのかの検討を迫るものであった。前述したように竹内の結論は前者であり、福沢の「文明一元観」が克服されずに戦争へと突入し、そして戦後もそれが持続しているという理解であったはずである。しかしながら、実は福沢に対抗できるだけの「文明のヴィジョン」を持たない戦後のありようを前にして福沢を否定しきることはできず、むしろ後述する丸山眞男の福沢評価に近づいており、そのことが、竹内自身がいうように論文として精彩を欠くことになっているのではなかろうか。

*竹内いうところの「文明一元観」については、福沢の『文明論之概略』がその代表であるとして、梅棹忠夫との対談（「アジアの理念」一九六一年九月）のなかでわかりやすく次のように説明している。「そこでは世界

は、野蛮から文明へ向かって一方交通に進歩する、それ以外の道はあり得ない。世界のさまざまの国は、全部野蛮から文明への一本のコースの上に前後の順で位置していると考えられている。そこで、文明の採用が緊急課題になって、富国強兵その他の国策が決定され、一九四五年の敗戦までつづいてきた。ところで、四五年の敗戦から、どういう反省がなされたかというと、そういう文明一元観そのままで、要するに日本のこれまでの文明化の努力が間違っていたのだという反省がなされた。（中略）ではどこが間違っていたかというと、つまり軍部独裁が成立し、軍・官僚が野望をたくましくしたために、そこからずれたとする——時期でいうと昭和の初めごろになる」（『状況的』一四三）。

丸山が論文「開国」（『講座現代倫理』第一一巻「転換期の倫理思想（日本）」一九五九年）のなかで押し出している「文化接触」という観点を竹内が摂取しようとした痕跡は、「日本とアジア」の論文のなかに多々みられる。その背景として、公表を前提に行われた丸山との座談（「革命と反動（東洋とヨーロッパ）」一九五七年、『丸山別集』②）、「日本における危機の特性」一九五九年一一月（『丸山座談』③、等）なども含め、前に述べたように、住宅も近接し丸山と議論を交わす機会が多かったことがあげられよう。

「福沢を最大の敵」とするはずの竹内は、福沢を次のように評価する。

福沢は、日本がアジアでないと考えたのでもなく、日本がアジアから脱却できると考えたのでもない。むしろ脱却できぬからこそ、文明の基礎である人民の自覚をはげますために、あえて脱亜の目標をかかげたのだともいえる。『西洋事情』にしろ『文明論之概略』にしろ、彼のアジアの現状に対する認識はきわめて正確である。（中略）彼において、国の独立という目的と、その目的実現の手段としての、文明の自己貫徹という法則への服従とは、見事な緊張関係を保って並存している。そして、当時まだヨーロッパでも、文明の確信はゆらいではいなかった。国の独立の基礎が固まるにつれて、福沢において内面的緊張の下にあった目的と手段の関係がゆるみ、分裂が生じるようになった（⑧八六〜八七）。

丸山の評価ときわめて近いことがみてとれよう。そればかりか、「彼は文明を提唱したが、ヨーロッパの眼で世界を眺めたのではなかった」と言いきり、「彼のアジア観は、アジアとは非ヨーロッパである、あるいは、アジアとはヨーロッパによって蚕食される地である、と答えたということである。こういう生き生きしたアジアのイメージから切りはなして「脱亜」だけを取り出すのは、福沢の本旨を没却するものであり、ひいては「自国の独立と文明とを害して、尚文明に似たる」（同）（原文。『文明論之概略』をさす——引用者）鹿鳴館的なエセ文明を文明と勘ちがいすることにも通ずるものである」（⑧八八〜八九）とも述べており、むしろ福沢の思想は、「エセ文明」の「文明開化」のそれとは異なることを強調するものとなっている。

ちなみに丸山は、福沢の「当時における最も切実な関心は国際的闘争場裡にいかにして日本の国民的独立を確保するかということにあ」り、「ヨーロッパの近代文明はこの日本の置かれた具体的状況において危機を処理するための不可欠の「道具」として要請せられたのであ」り、従って福沢が一生その先達を以て自他ともに許したヨーロッパ近代文明は決してそれ自身絶対的な目的乃至理念ではなかった」ことを強調している。そして「ヨーロッパ近代文明は、文明の現在までの最高の発展段階であるという歴史性によって限定せられる。ヨーロッパ文明も半開に対して僅に文明というのであって、決して之を以て至然至美と看做すべきものではない、やがて文明の一層の進歩（中略）は現在の西欧文明を以て野蛮と看做す時期が来よう」と述べ、「福沢がいわゆる盲目的な欧化主義者といかに遠いかということ」、そしてそれが「彼の根本的な思惟方法に連なっているということ」を力説した（「福澤諭吉の哲学―とくにその時事批判との関連―」一九四七年九月、『丸山集』③一七一〜一七二）。竹内の先の福沢評価には、こうした丸山の見解が影を落としていたのである。

竹内は、「植民地の独立運動が、文明の恵沢の結果であると考えるのは正しくない」と述べて、アジアの抵抗運動と「文明」の側とを一線で画し、「もちろん、ある程度の文明の浸透は、条件として必要である。それなしには土着資本の発生も、インテリゲンツィアの発生もありえない」という。「しかしこれは、単なる条件に過ぎない」として、次のように述べる。「文明が福沢のいうエセ文明化してしまえば、独立心がおこらぬから、当然に独立運動はおこらない。エセ文明を否定する反文明運動がおこり、それがエセ文明を内部から別の文明につくり変えていくとき、はじめて独立運動が着実なものとなる。（中略）文明の否定を通しての文明の再建である。これがアジアの原理であり、この原理を把握したものがアジアである」（⑧九〇〜九一）。そしてその文明再建の可能性を秘めていたのが、ほかならぬ福沢であるというのであった。さらにこのようにも記す。

> 今日もし福沢が生きていれば、彼のレアリズムは、文明を超えた原理の発見へ彼をさそったにちがいない。彼は文明の採用を提唱せず、逆に文明の虚偽化をもって選択をゆるさぬ独立の手段

と考えたにちがいないのである。日本が西欧であるか、それともアジアであるかは、工業化の水準だけで決めるべきではない。より包括的な価値体系を自力で発見し、文明の虚偽化を遂行する能力があるか否かにかかっていると見るべきである。それが発見できればアジアの原理につながるし、発見できなければエセ文明と共に歩むほかない。これは福沢が身をもってぶつかった課題以上の大事業である（⑧九二）。

このように竹内は、福沢が実は文明を相対的にとらえていたことを強調する。それは、福沢を軸にしながら「文明一元観」の克服を意図していた竹内の福沢評価に修正が加えられつつあったことを示すものといえるのではなかろうか。*

＊丸山が自らの福沢研究に対する批判のなかで論及している、ないしは念頭においていたもののなかに竹内の著作が含まれることは松沢弘陽が明らかにしており（「解説」、丸山著・松沢編『福沢諭吉の哲学 他六篇』岩波文庫、二〇〇一年、三一九～三二〇頁）、そこでも言及されているように、丸山は後年、竹内の福沢論について、「私は親友ですけれど、亡くなった竹内好君の見解がやや福沢の「脱亜論」の誤解の因をなしたと思っています」と語っている（「近代日本と福沢諭吉」一九八四年一一月、『丸山座談』⑨八三～八四）。

(4) 「アジア主義」——アジアからの「巻返し」——

ほぼ同時期に竹内は、一九四七年に発表した論文「中国の近代と日本の近代—魯迅を手がかりとして—」（④）をはじめとして、しばしば丸山の「近代化」のとらえ方に対して批判を投じており、先に見たように、一九五七年（推定）には二人の対談（「革命と反動（東洋とヨーロッパ）」）も行われた。

そうした一連の丸山との対峙も含めて、中国—アジアに向きあってきた自らの足跡をひとまず振り返ったものが「方法としてのアジア」であった。それは、一九六〇年一月二五日、国際基督教大学の教員であった武田清子の招きで、同大学アジア文化研究委員会主催により学生対象に行われた講演の筆記であり、竹内はそれを収めた『評論集』③の「解題」で、「新しいことは何も述べていないが、学生が相手のおしゃべりで、わかりやすい（ということは、生地《きじ》が出ている意味だ。）」と記している（「解題」四三一頁*）。

＊武田編『思想史の対象と方法』（創文社、一九六一年）に最初に収録するにあたっては「加筆というよりも、冗長の部分を削った」と記している（前掲「解題」『評論集』③四三〇）。

そこでは、戦前の中国との出会い、敗戦に伴う自らにとっての研究上の転機などをふりかえり、日本と中国の近代化のあり方についての持論が展開されている。なかでも力を込めて語っているのは、すでに見てきたように敗戦を経て、「後進国における近代化の過程には二つ以上の型があ」り（「方法としてのアジア」⑤九六）、日本と中国は異なるとの認識にいたったことであった。日本の近代化の原点を明治維新とすれば中国は五・四運動で、*その間には五〇年の隔たりがあり、日本のほうが適応性があったと説明できるが、その「近代化の質」についてみると、日本の場合は「構造的なものを残して、その上にまばらに西洋文明が砂糖みたいに核をくるんでいる。中国ではそうでなくて、デューイの考え方によれば、元の中国的なものは非常に強固で崩れない。だから近代化にすぐ適応できない。ところが一旦それが入って来ると、構造的なものをこわして、中から自発的な力を生み出す。（中略）表面は混乱しているけれども、西洋人の目から見た近代性という点ではるかに中国のほうが日本よりも本質的である」と述べている（同前、⑤一〇七）。

＊今日の中国につながる起点として中国で五・四運動が評価されるようになったのは、毛沢東の新民主主義論であることは、竹内が武田泰淳との対談のなかでの語りを参照（「私の中国文化大革命観」一九六七年五月、『状況的』二九〇～二九一）。

さらに竹内は、アジアの抵抗運動も「近代」の要素を避けて通れないとする丸山の議論を意識してであろう、「人間は全部同じであるという前提に立ちたい」、すなわち世界に共通に存在する「近代社会」は「等質の人間類型を生み出」し「文化価値も等質である」ということをことわった上で、アジア・アフリカなどは「自由とか平等といかいう文化価値」が西欧から浸透する過程で帝国主義による植民地侵略によって支えられたため、その価値自体が弱くなっていることが問題であるとする。竹内はいう。

たとえば平等と言っても、ヨーロッパの中では平等かもしれないが、アジアとかアフリカの植民地搾取を認めた上での平等であるならば、全人類的に貫徹しない。では、それをどう貫徹させるかという時に、ヨーロッパの力ではいかんともし難い限界がある、ということを感じているものがアジアだと思う。（中略）西欧的な優れた文化価値を、より大規模に実現するために、西洋をもう一度東洋によって包み直す、逆に西洋自身をこちらから変革する、この文化的な巻返し、あるいは価値の上の巻返しによって普遍性をつくり出す。東洋の力が西洋の生み出した普遍的な価値をより高めるために西洋を変革する。これが東対西の問題になっている。これは政治上の問題であると同時に文化上の問題である。

そして、「その巻き返す時に、自分の中に独自なものがなければならない。それは何かというと、おそらくそういうものが実体としてあるとは思わない。しかし方法としては、つまり主体形成の過程としては、ありうるのではないかと思ったので、「方法としてのアジア」と題をつけた」というのである（⑤一一四〜一一五）。なおこの一連の語りから、竹内がデューイとタゴールを重要な拠り所にしていたことが改めて確認できる。

竹内は、日本人一般の戦争意識に「中国に負けたという実感がない」ことをとり上げ、その原因の一つに「中国に対する侮蔑感」をあげており、「日本から何百万の兵隊が行っていますが——私も兵隊を経験したのですが——この人たちが何を見たかというと、何も見ていない。（中略）自分のほうに問題がなくて、ただ行ったって、何も見えるものではない。いかに多くの人が行ったって中国の事情はわからない」と述べている。おそらくその発言の根拠となっているのは、前述（第二章3(4)）の『思想の科学』におけるアンケート調査の結果であろう（⑤一一〇〜一一一）。『思想の科学』編集長時代の調査結果は、こうして竹内の中国認識に活かされていったのである。

「方法としてのアジア」を発表したその少しあとに、竹内は、梅棹忠夫と行った前述の対談で改めて「アジア」の定義にふれ、「近代の歴史の流れの中で、西欧の力への対応から生まれたもの」であり、

「西欧あるいは帝国主義によって植民地化された国が、民族独立と、近代国家の形成をかちとろうとして、内発的な動きがおこる型を一応アジアと呼んでいいんじゃないか」と述べている（「アジアの理念」一九六一年九月、『状況的』一四六）。

竹内は、「圧迫されている国のなかの抵抗運動、あるいは独立運動が当然直面する問題として、弱いものが強いものに対していかにしてみずからの正義を貫徹できるか、相手を変革できるか」（傍点——引用者）をすくい上げることに集中した。* 一九六一年に行われた坂本徳松と丸山眞男との鼎談のなかでも、インドにおけるガンジーの不服従運動や、「武力交渉の形」をとった中国などに言及し、「それぞれの国の特殊事情に応じて戦術が生み出され」ることから「学ぶべきものがある」と述べて、「圧迫されている国」の抵抗のなかからうみだされてくるもう一つの近代化の途をさぐろうと懸命であった。彼はまた、前年の六〇年安保闘争の経験に重ね、「われわれの去年の抵抗も一つの型であって、それをうまく整理すれば、日本的不服従の原型みたいなものが出てくるのじゃないかと思うのです」とも述べており（「政治の頽廃に抗するもの」一九六一年七月、『丸山座談』④一一二）、後述する安保闘争の敗北も、被圧迫者の抵抗の可能性をさぐるための糧となったであろう。

*その端緒は、一九五九年一月に世に出た「日本における危機の特性」と題する石母田正・鶴見俊輔・中村光夫・丸山眞男との座談での発言にも見られる。竹内は、次のように述べている。「第一次大戦の意味は、ヨーロッパの立場で考えたのと、アジアやアフリカの立場で考えたのとでは違う。東洋を含めた世界の規模で考えると、当時のヨーロッパ人の危機意識をもう一度再検討しなければならないでしょうね。価値基準が動揺したといっても、それはヨーロッパ的な規模でのそれですね」「アメリカは植民地獲得競争に遅れて参加して、門戸開放というこ

とで出てくるわけですね。そこでヨーロッパの強国とは違ったものを持っていて、ウィルソンの民族自決主義なども、一面では植民地の平等な分配の要求だが、同時に植民地の独立運動を励ます役割ももっていた。アメリカ、日本、それからアジアの他の植民地諸国を考えあわせないと全体の意味がつかめない」（『丸山座談』③一四四頁）。

「方法としてのアジア」は、竹内の遺稿集『方法としてのアジア—わが戦前・戦中・戦後—』（創樹社、一九七八年）のタイトルとしても用いられ、*竹内の思想の一面を象徴するものとなっているが、竹内自身は「それを明確に規定することは私にもできないのです」と結んでいるように（⑤一一五）確固とした内容をさすのではなく、むしろ西欧文明にたいする東洋＝アジアからの「巻返し」という意味合いであった。

図31 『方法としてのアジア』

*同書の巻末「刊行にあたって」（創樹社代表・玉井五一）に「生前、新しい単行本のお約束をいただきながら、思いもよらぬ急逝によってそれを実現することがかなわず」とあり、同書は竹内の生前に交わされた、アンケートなども含めて未発表のものを出すという約束によって学生時代の「処女小説」から晩年までの一四七編を集めたものであった。しかし、「本書の題名は『竹内好評論集、第三巻』に収められた先生の作品名に由来します」とあり、刊行の際に出版社がつけたものと思われる。ちなみに、本書と同じ題名の続編も七八年秋刊行予定とされているが、それは日の目をみていない。

それからまもなく、竹内は、〈現代日本思想大系〉（筑摩書房）の第九巻『アジア主義』（一九六三年八月）を編んだ。そこには竹内がアジア主義者とみなす思想家——岡倉天心・

図32『現代日本思想体系9　アジア主義』

樽井藤吉・宮崎滔天・山田良政・相馬黒光・頭山満・内田良平・大川周明・尾崎秀実《ほつみ》・飯塚浩二・石母田正・堀田善衛――たちの著作が並ぶ。一九六三年八月に刊行されており、「日本近代史のアポリア」と向きあうなかで、「アジア主義」の思想家たちの著作を読み、先の「方法としてのアジア」も書かれたとみられる。

『アジア主義』の「解説」が「日本のアジア主義」であった。折から竹内は、一九六三年五月に膿瘍に起因する痔瘻を患って入院することとなった。この論文はその療養中に書かれたもので、七月X日の日記には、「とうとう解説を書きあげた。書きあげたというより、力つきて考えることを放棄した、というのに近い実感であるのは今度もまた例外ではない」と記されている。毎度のことながら「執筆のはじめに予想していたのとは、まったくちがう仕立て方になった」といい、それは「気分屋」であることを意味し「芸術家であって学者的ではない」「もっと突っ込んで言うと、私の本心は、真の学者は芸術家であって、論文は作品でなければならぬと思うのだ。人に言うと笑われるにきまっているから黙っているが、じつはこれが私の自負であり、同時に自己卑下でもある」と記す（「転形期（一九六三年）」⑯四一二・四一三）。その指摘は、ある種、竹内のほぼ全作品に当てはまる側面をもっており、この「解説」におけるアジア主義の選択も、そうした「芸術家」である竹内の気分と直感によるところが大きいといえよう。しかしながら、竹内自らこの『アジア主義』は、「思想史の整理方法について新見解を提出したつもりである」と自負する仕事でもあった（「六〇年代・四年目の報告」一九六四年一月六日、⑨三六六）。

「日本のアジア主義」のなかで竹内は、改めてアジア主義を次のように説明する。アジア主義は、「膨張主義または侵略主義」や「ナショナリズム（民族主義、国家主義、国民主義および国粋主義）」とそのまま重なるわけではなく、「明治維新革命後の膨張主義の中から、一つの結実として」生まれたものだという。竹内の説明によれば、「膨張主義が直接にアジア主義を生んだのではなくて、膨張主義が国権論と民権論、または少し降って欧化と国粋という対立する風潮を生み出し、この双生児ともいうべき風潮の対立の中からアジア主義が生み出された」ということになる（⑧九九）。すなわち、竹内いうところの日本近代史の二重構造というアポリアから生まれたのである。アジア主義は「それぞれ個性をもった「思想」に傾向性として付着するもの」であり、「どんなに割引きしても、アジア諸国の連帯（侵略を手段とすると否とを問わず）の指向を内包している点だけには共通性を認めないわけにはいかない」とし、「これが最小限に規定したアジア主義の属性である」と述べる（⑧一〇〇〜一〇一）。

それと同時に、彼は「自称アジア主義の非思想性」（⑧一〇〇）についても紙幅を割き、「アジア主義」との峻別を図るのであった。竹内によると「「大東亜共栄圏」思想は、ある意味でのアジア主義の帰結点であ」るが、それは「アジア主義からの逸脱、または偏向」にほかならず（⑧一〇〇）、「アジア主義をふくめて一切の「思想」を圧殺した上に成り立った疑似思想」でもあった（⑧一〇一）。

なぜならば、「思想は生産的でなくては思想とはいえぬ」からであり、*「大東亜共栄圏」を帰着点とする戦争の時期は、「思想の無思想化の進行過程」であり、大東亜共栄圏は「アジア主義の極限状態」（⑧一〇一、及び五一）であった。思想は生活のなかから生まれるものでなければならぬとする竹内の考え方が、ここでも貫かれているといえよう。

＊竹内は、平野義太郎は「大東亜共栄圏のカリカチュアを身をもってえがいた」のに対して、「本物の玄洋社流のアジア主義は、見方によっては徹頭徹尾、侵略的ではあるが、その侵略性を平野のように隠してはいない。そして時勢におもねるのではなくて、時には政府に抗して主張されたものである」と評する（⑧一〇七）。

この論文でも竹内の福沢評価は高い。「彼は文明の信奉者であるが、その文明は当時流行の欧化ではなく、むろん、鹿鳴館で仮装舞踏することでもない」とし、それは福沢が「文明は、無慈悲に自己を貫徹する」ものと考える「自己が弱者であるという意識をもった醒めたナショナリストである」ためであり、それゆえに「おなじ弱者である隣国への同情がないではな」く、「心情としてのアジア主義はある」とする。「だからこそ金玉均にも援助の手をのべた」のであるが、「彼（福沢——引用者）のいだく緊迫感に照らしてアジア連帯は間に合わない」ため、文明自体が価値であり「連帯」自体を価値と考えなかった福沢にあっては、それを提示するにいたらなかった、ないしは必要がなかった。前にも述べたように、竹内にとって「弱者」という意識はきわめて重要であり、竹内は福沢のなかにそれを見ていたのである。

このようにもいう。「福沢の価値に対置する別の価値をもってしなければ、アジア主義はテーゼとして確立しない。しかし一八八〇年代の状況からはそのようなテーゼは生まれなかったと私は思う」。竹内は、先にも述べたように福沢のなかに「連帯」すなわち「心情としてのアジア主義」を見てとっていたのであるが、福沢のいう「文明」という価値は、アジアを十分に包み込んだものではないため、福沢の「文明」に対置しうるものを探し求めていたのである。そうして竹内はいう。「福沢が日清戦争の勝利を文明の勝利として随喜しているとき、したがって福沢が思想家としての役割をおわったとき、また日本国家が近代国家としてゆるぎなくなったとき、福沢の批判をテコにしてそれが生まれた。その一つは、西欧文明をより高い価値によって否定した岡倉天心であり、もう一つは滅亡の共感によってマイナス価値としてのアジア主義を価値としての文明に身をもって対決させた宮崎滔天や山田良政の場合である」。そうして「福沢の批判をテコにして」、岡倉天心や宮崎滔天、山田良政らの思想がすくい上げられていく（⑧一三一）。

竹内は、「初期のナショナリズムと膨張主義の結びつきは不可避なので、もしそれを否定すれば、そもそも日本の近代化はありえなかった。問題は、それが人民の自由の拡大とどう関係するかということだ。そしてこの回答は単純ではない」と述べてナショナリズムとリベラリズム、デモクラシーとの結合の問題を改めてとりあげ（⑧一五三）、次のように述べる。

> おくれて出発した日本の資本主義が、内部欠陥を対外進出によってカヴァする型をくり返すことによって、一九四五年まで来たことは事実である。これは人民の弱さに基づくが、この型を成立させない契機を歴史上に発見できるか、というところに今日におけるアジア主義の最大の問題が

かかっているだろう。戦後になって突如としてアジアのナショナリズムという新しい問題が投入されるが（飯塚浩二「アジアのナショナリズム」*参照――原文）、これが過去のアジア主義と切れて、天心なり滔天なり内田なり大川なりと無関係に論じられることに、そもそも問題があるわけだ（⑧一五三～一五四）。

*飯塚浩二「アジアのナショナリズム」は、次のように問うている。「この機会（一九五〇年、インドで開かれたラクノウ会議をさす――引用者）にアジアの声を聞かなければならぬのは、何も西欧の連中ばかりではない。われわれ日本人はそれが外部の条件から強いられたことで、自分たちのせいではないかのような顔をして「アジアの孤児」などといってみる前に、何か考え忘れていることはないのか。都合のいい場合だけ、自分がアジアの内にいるつもりになっているものの、日本のわれわれは果してアジアをアジアの内側から理解しようとしたことがあるといえるのか、どうか。否、そういう懸念さえ、実はもったことがなかったのではないか。忠君・即・愛国という方式でしか陽の目をみることを許されなかった日本（公）のナショナリズムは、誰かの家来であることから民族を解放する精神的拠りどころだったアジアの民族主義と、少しは似たところがあるのか、似てもつかぬものなのか」（前掲、竹内編・解説『アジア主義』三六四頁）。

そして竹内は、「西郷を反革命と見るか、永久革命のシンボルと見るかは、容易に片づかぬ議論のある問題であろう。しかし、この問題と相関的でなくてはアジア主義は定義しがたい。ということは、逆にアジア主義を媒介にしてこの問題に接近することもまた可能だということである」（⑧一五六）と、西郷隆盛に結びつけてアジア主義を結ぶのであった（西郷については、第三章2で述べる）。

なお、「日本のアジア主義」のなかでも論及がある岡倉天心については、『朝日ジャーナル』一九六二年五月二七日号に「日本の思想家・この百年」第一二回として書かれており、その執筆について竹内は、従来の天心のとらえ方には「十分に満足ではない」*ことから、「一ヶ月以上も天心で明け暮れることとな」り、その結果「一つの視角をとらえたと思う」との満足感を日記に記している（「転形期（一九六二年）」五月八日、⑯二二七〜二二八）。そこで描かれる天心は、東京美術学校を排斥される段階になって、あるいは明治二〇年代、三〇年代になってから「文明開化」に反対したのではなく、一貫して「文明開化の風潮への抵抗に生き、その方向で美術学校を経営した」姿であった。むしろ明治国家の「文明開化と国粋の争いが、体制の安定によって終止符を打たれたというのが本筋である」とし、天心を「日本国家から疎外された超越価値の使徒」として描き出した（「岡倉天心」⑧一七二〜一七三）。

*竹内が天心の先行研究として満足できるわけではないとしてあげるものの一つに、松本三之介の研究がある。それは、前述の竹内が唐木順三と編者を務めた『近代日本思想史講座』第八巻〈世界のなかの日本〉所収の「国民的使命観の歴史的変遷」の論文を念頭に置いていると思われる。松本は、天心のアジア連帯観は、「近代日本思想においてこれまで決して珍しいものではない」「日本の地理的位置や人種的関係によっていわば一つの宿命として受取られたにすぎない」、そうであるがゆえに「日本の「指導性」を当然のものとして自然化し、「連帯」と「指導」の名のもとに独善的なアジア支配を推し進めるという自己欺瞞をあえて犯さしめる」ところの、「魂の底から自覚的に汲みあげられた信条ではな」い「自然的な連帯感を改めて強烈な意識の下にさらした点に特長があった」と述べる。そして、それとは異なる天心の「芸術、宗教や哲学に示されているような共通の精神によって結ばれた魂と魂とのふれあい」による「アジア連帯の自覚的把握」、そしてそれによる「「文明」の日本と「固陋」のアジアというアジアに対する違和感……蔑視観の存在を根底から否定」したところの「日本の自意識は、実はヨーロッパ文明の普遍性と優位とを信ずる「欧化」主義の立場に立つことによって、はじめて獲得されたものだからである」という（九四〜九六頁）。天心が「文明開化の風潮」の一貫した抵抗者であったことを強調する竹内は、

この点において「不満」であったと考えられるが、両者の意味する「文明開化」の内実の突き合わせの必要はあるだろう。一九六二年五月八日の日記に、「今日の天心評価には三つに類型がある」として、「亀井勝一郎と、丸山真男―松本三之介の線と、岡倉古史郎の方向」をあげ、「そのどれにも私は十分に満足ではない」と記している（「転形期」⑯二二七）。

『アジア主義』が刊行されてから三年後の一九六六年に刊行した『竹内好評論集』全三巻の第三巻「日本とアジア」に、「中国の近代と日本の近代」（一九四八年）を嚆矢とするアジア関係の論文が収録されており、「日本のアジア主義」も当然にして収められた。自らが付した「解題」では、林房雄の「大東亜戦争肯定論」で論及され「いささか物議をかもした形」になるなどの批判があることに触れ、「論壇なり学界なりが、私を批判するのは私にも喜ばしいことである。それによって閑却されている「アジア主義」の問題性があらわになれば、私の目的の一部は達したことになる。私は批評に耳を傾ける用意がある」と述べる。ただしそれに続けて、「ただ、現状でいえば、耳を傾けるに足る批判は一つもあらわれなかった。概していうと、専門家はこんなに史料批判が甘いのか、と思うようなもの、または相変らずの権威主義、善玉悪玉主義である。この二つを打破するためにこそ『アジア主義』を編み、その解説を書いたつもりなのだが」（『評論集』③四二八～四二九）と、自らの考えがいっこうに理解されないことの無念さを吐露している。このこともまた、竹内の「評論」からの撤退を推し進めたといえるかもしれない。だからこそ竹内はまたくり返し書き続けなければならなかった。

このようにアジアと向き合った思想家と格闘し、天心にも心を砕いてきた竹内が求めるものは、一九六四年一月に世に問うた「日本人のアジア観」に端的に語られている。すなわち是が非でも「日本人がアジアを主体的に考え、アジアの運命の打開を自分のプログラムにのせて実行に移した」「自分の責任でアジアを変えようとした」（⑤一一七頁）という側面を探り当てることであった。西郷隆盛にはじまり明治の思想家たちのなかには、「アジアは深くに日本人の心のうちにあった」。それを、侵略戦争を憎むあまり、大東亜戦争がもっていた「アジア連帯感」まで否定され洗い流されてしまったことが竹内の痛憤を形づくっているのであった（⑤一一八～一一九）。竹内には、「アジアの連帯」を見出したいという思いが勝り、福沢、ひいては丸山の文化接触についての十分な理解にいたっていない側面が見られる。しかし、そのなかで竹内の提起した「反動」概念は、丸山に再考を促すことにもなったのである。そのようななかで竹内は、福沢をも含み込んだ「アジア主義」を、「「物質」化した日本国家」を弾劾するものとして打ち出そうとした（前掲「方法としてのアジア」⑧一七三）。そうしてその「アジア主義」は、彼にとって、以下に述べる民主主義を破壊する現実の国家との闘いの途を探り当てるためのものであったことはいうまでもない。

　晩年に近い一九七五年、竹内が編者を務める『アジア学の展開のために』（創樹社選書）が刊行された。それが編まれた経緯は竹内自身が「序章〈アジア学〉の視点」で述べているように、共同通信社文化部の中村輝子の企画で一九七二年度に年間企画として一二回にわたって配信されたものに変更が加えられて刊行にいたったのであり、「実質的な著者」は中村であったが（九頁）、その編者を引きうけ、序章を書き、シンポジウム「Ⅳ　国家―近代化の意味」に加わったのも、「アジア学」という試みに共感するところがあったからにほかならない。竹内は、「アジア学」なるものを打ち立てることの危険性——一つには「アジア」という定義の面倒さ、もう一つには「それが過去のシナ学や、大東亜共栄圏学の新版にならぬように」との警戒——を熟知してのことではあったが、「アジアは完全な他者ではない」がゆえに「絶えず自分の姿勢を自問自答してい」くべきものであったからこそ、この問いを続けることに意味を見出したのであろう。竹内は改めてこのように述べている。「いささか我流に申しますと、もしアジア学なるものが成立するならば、それは文明観の作りかえとして、近代ヨーロッパを手本とする学問体系を内部から変革する学問として、その姿勢を絶えず問い返す自己変革の過程においてのみ、可能であると考えます。なぜなら、私の仮説では、近代ヨーロッパの対抗概念がアジアでありますから。つまり、未来の文明を告知するものだけがアジアなのです」（「序章」一三・一四頁）。一九六〇年代初頭に竹内が苦闘して導き出した「アジア主義」は、中村の手によって「アジア学」という装いで、ふたたび世に問われたのである。

「アジア主義」、そして「方法としてのアジア」も、「東洋の力が西洋の生み出した普遍的な価値をより高めるために西洋を変革する」（前掲「方法としてのアジア」⑤一一五）ものであり、普遍的近代を否定するのではなく、それを東洋の側から問い続け、よりよき近代を実現する永久革命なのであった。丸山眞男は後年、「〔竹内〕好さん論をやる人は、そういちいち当たったわけではないけれど、どうもぼくとコントラストの面を強調しているような気がしますね」「いちいちの例は挙げませんが、ぼくの側の気持ちは一貫して、「表面的に非常に違っていて、奥底では意外に共通しているのが、どうして世間には分からねえんだろうなあ」ということでした。井戸の場所は非常に離れていても、井戸のなかに深く下っていくと地下水で通じているようなもんです」と述べている（前掲「魯迅の会好さんへの追悼（あまり原稿）」『丸山別集』③二三三・二三四）。竹内の「方法としてのアジア」が、実は丸山との深い交流のなかで打ち立てられたことは一見意外に思うが、実はそのように「地下水で通じてい」たからである。

2　「不服従の遺産」／日本近代のとらえなおし

(1) 日中国交回復を求めての安保改定阻止

竹内は、安保闘争においては、岸内閣による一九六〇年五月一九日の強行採決後、安保改定阻止の課題を「民主か独裁か」という議会制擁護の問題にすり替えてしまった急先鋒として語られることが多いが*、竹内が安保改定阻止を軽視していたかというとけっしてそうではなく、彼は、以下にみるように中国との国交回復という課題と結びつけて安保改定問題をとらえており、この問題は彼にとっての一連の課題に接続するものであった。それゆえにこそ、一九六〇年初めから翌六一年半ばまでの著作を編んだ『不服従の遺産』は、たんに一九六〇年に書かれたというだけではない理由で、あえて前述の「基本的人権と近代思想」を巻頭に据え、次いで「日中関係のゆくえ」（一九六〇年三月）を置いて編まれているのである。竹内は、「強いものとは手を結ぶが、弱いものとは手を結ばない」安保条約の改定には反対であり、なぜならばそれが沖縄や被差別部落の問題にもつながっているからだとも述べている（前掲「基本的人権と近代思想」⑨九～一一）。

＊道場親信「ゆれる運動主体と空前の大闘争―「六〇年安保」の重層的理解のために―」（『年報日本現代史』第一五号〈六〇年安保改定とは何だったのか〉現代史料出版、二〇一〇年）、注一三を参照。

安保改定が争点となるなかで書かれた「日中関係のゆくえ」では、「極東の国際緊張を激化するものとしての、日本の安全をおびやかすものとしての、日中関係を決定的に破局に導くものとしての、新安保」（⑨四三）と位置づけ、「中国が十年来反対しつづけてきた日本の中国敵視事実の二つの眼目は、新安保によって一挙に顕在化する。国交回復の望みの綱の最後の一本が切れる」（⑨四五）と述べて危機感を表明した。そして「日本は、戦争の後しまつをつけていないという道義的責任および政治的責任を負っている。（中略）ともかく、まっさきに講和すべき中国と最後まで講和しないで、講和しないどころか、当の中国を仮想敵国にした軍事同盟をアメリカと結ぶのでは、いくらなんでもひどすぎる」（⑨四六）と述べるように、竹内が追及してきた中国に対する戦争責任と向きあい、国交回復を実現するという課題に照らして、この問題は当然にしてぶつからざるをえないものであった。

そのような問題意識に立つ竹内には、現状は「ナショナルなものがいちじるしく稀薄になっている」と映り、そのなかで「世界の大勢も大事だが、大勢はどうあろうと我は我だという主体の論理も大切である」（「「民族的なもの」と思想―六〇年代の課題と私の希望―」一九六〇年二月一五日、⑨六〇）「そのような主体の論理は、ナショナルなものを中核にしなくては成立しない。そうしたナショナルなものは、伝統のうちに発掘するしかない。それなしには中間層は吸収されない」（同前、⑨六一）と年来の主張に立ち返るのであった。すなわち、竹内が「伝統」にこだわったのは、「中間層」までを含めて「主体の論理」をたちあげなければならないと考えており、そのためには共感を得やすいものを媒介させる必要があったからである。

竹内は、「「明治国家の歴史のなかには、現在の日中関係を正しいものにかえるような、思想的遺産というものがないのではないか」もしあれば示せ」松田道雄から投げかけられたという話に触れて、「私はこの回答を、数年かけてやりたいと思っている」といい、「一九六八年を目ざして、論壇が共通の課題を設定すること、その課題は、明治維新百年を祝うべきであるか祝うべきでないか、祝うとすればどういう形で祝うべきか、ということである。私の希望をいえば、私は明治維新百年際を「黄金の六〇年代」の一大行事にしたい」と述べるのであった（同前、⑨六二）。後述の彼の明治維新百年際の提案は、このように中国に対する戦争責任問題にもつながっていたのである。

安保改定の日程が迫るにつれ、彼の中国問題への言及も増えていった（「日本の独立と日中関係」「殉難者の霊の前に」など、⑨）。そのころの竹内の日記によると、四月四日には、三月二八日に結成された安保批判の会批准反対請願大会で講演をし、そのあと数人と藤山愛一郎外相に面会し、社会党とも懇談している（⑯七二）。また四月一五日にも自治労会館で行われた安保阻止国民代表者会議にも出席する（⑯七三）など、安保問題関係の集会への出席や講演が続いた。

そのなかで竹内は、「われわれの民主主義は、何度かためされたが、いま戦後最大の試煉にぶつかっている。金権と暴力だけを頼る小野心家の小野望を国民の力で倒さなければ、日本の近代史は百年前にもどるのである。安政の修交条約からもう一度歩き直さねばならない」と呼びかけた（「安保反対運動の新しい状況―第十五次統一行動を終って―」一九六〇年五月九日、⑨九四）。また、すでに一月一九日に調印されてしまった条約を国会が承認するならば、「国民もまた政府と同じ意見だということになります。中国との国交回復を日本国民は願っていない、という意志表明になるのです」（「破局に直面する日中関係」一九六〇年五月二二日、⑨九八）とも述べて危機感を煽った。

しかし、六月一九日に予定されているアメリカ大統領アイゼンハワーの訪日までに条約が成立していることを目論む政府は、五月一九日、衆議院本会議での強行採決を行った。竹内は、前日午後一時二〇分から二時まで、安保批判の会を代表して松岡洋子らと一一名で首相に面会し（⑥七九）、その結果首相は慎重審議を約束したという（日高六郎編『一九六〇年五月一九日』岩波新書、一九六一年、九六頁）。竹内の一九日の日記には、「最強硬の線が出る。夜半睡れず。ウイスキーをのみながらこれを書き感慨」（⑯七九）と記されている。

翌二〇日から、抗議のための声明作成や記者会見、集会などへの出席が続くが、そのようななかで、二一日、竹内は東京都立大学に辞表を提出し、それが新聞に報じられた（五月二一日、⑯八〇）（「辞職理由書」⑨九九）。「五月二十日以後、憲法の眼目の一つである議会主義が失われた」と竹内は記す。国会の機能を失わせた責任者が衆議院議長であり、公務員の筆頭者である内閣総理大臣であるという状態のもとで、都立大学教授の職にとどまることは、就職の際の憲法遵守という誓約に背き、かつ教育者としての良心に背くというのが辞職の理由であった（前掲「辞職理由書」⑨九九～一〇〇）。

五月二三日に記し、翌二四日に共同通信社から配信された「決断の時」は、次のように述べている。

> ただ、むしょうに気がめいりました。これで民主主義はおわった、引導を渡された、という感じが最初にしました。民主主義がおわればファシズムです。ファシズムは将来の危険でなく、目の前の現実となったのです。ファシズムの下でどう生きるべきか。あれやこれや思いは乱れるばかりです。ともかく態度決定をしなければならない。私の場合、亡命はできないし、国籍離脱もできない。それに代わりうる意志表示の方法として何があるか。私の選びうる範囲では、おのずから公職をしりぞくという消極的な手段に考えが行きつかざるをえません（⑨一〇二）。

すなわち、民主主義を踏みにじる為政者を戴く日本からの離脱の代替行為が、公職を退くことであった。意表を突く行為とも映りかねないが、竹内は、前日に安保批判の会を代表して首相に慎重審議を約束させていたからこそ、それを反故にしたことに対して最大限の抗議の意思を示したのだといえよう。

しかし、絶望の淵にどとまっていたのではない。竹内は、自らを励ますかのように、「闇が深まるときは暁の近づくときであります。絶望の底に希望がうまれます。私はいま、からだに勇気のみちてくるのを感じます。私たちのたたかいは、かならず勝つでしょう。もう一息のがんばりです」と締めくくるのであった（⑨一〇三）。

竹内はまた、自らの辞職をめぐる議論をとおし、「日本に抵抗権が確立することを望む」とも記している。「人民の抵抗権を土台にしない民主主義は本物ではない」のであり、「いまは国民が、この試練にあっている」という。そしてもはや「民主主義の危機どころでない。民主主義がなくなったのであり、独裁が実現したのである」という現状認識のもと、「今ほど言論の大切な時はない。もし言論機関がしっかりしてくれないと、日本は過去の韓国の二の舞いになるだろう」と、日本の植民地支配の犠牲になった韓国を引き合いだしてまで危機意識を呼びおこそうとした（「民主主義の再建のために」一九六〇年六月五日、⑨一〇五・一〇六）。このように竹内には、すでに喪失してしまった民主主義を今こそ「再建」しなければならないとする意識が、強行採決の直後から芽生えていた。それがまもなく、「民主か独裁か」という問いかけとなり、賛否両論に分かれての大きな反響を呼ぶこととなったのである。

　五月二五日に竹内が書いた「心境と見透し」（一九六〇年七月）は、「たたかっている自覚はある。（中略）ただ不思議な連帯感が自分を支えている。もしこれを強いて名づけるなら、国民的連帯感とでもいえるもののように思う」（⑨一〇七）といい、そこから改めて知識人と民衆のありようを問うていた。このように述べる。

> すべての公法学者、政治学者、およびその他の社会科学者は、今すぐ民衆のなかにはいるのが望ましい。文学者もそうである。そして民衆が、自分のドレイ根性を自分でたたき出す困難な作業に、手を貸すべきである。彼らが、奪われている主権を奪いかえすのを、助けるべきである。そのことによって自分の学問内容、学問態度をつくりかえることができるから、学者の方にも不利

はないはずだ。学問の変革と、民衆の意識の変革が同時進行する形を考えねばならない。民衆は渇えている。一杯の水に渇えている。水をあたえよ。あたえることによってエネルギイの一部を分けてもらうのは、学者の義務であり権利である（⑨一〇八）。

竹内は連日、抗議の集会や原稿の執筆に追われた（「大事件と小事件―五・一九前後―」一九六〇年八月、⑨）。そうしたなかで、いち早くその「転換」と、同時にそれが併せ持つ問題点を認識していた竹内、そして丸山をはじめとする知識人たちは相互に連絡をとり合いながら動き出していた。

その一つに、五月二七日、永田町で窓外のデモの歓声を聞きながら行ったという開高健と竹内・丸山による「擬似プログラムからの脱却」と題する鼎談がある（『中央公論』一九六〇年七月号）。丸山は、「これまで長い間争われてきた安保の問題も局面も全部一変して、全く新たな段階にふみ入った」といい、竹内も、「質的な転換があったということ、それを認めないものとは行を共にできない、そういう気がする」と述べて、それぞれに運動の質的転換を強調した（『丸山座談』④一〇九）。竹内は、「既存の政治集団、あるいは政治勢力」に対しては、「変化に対応する予見がなかったということにおいて政治的能力の貧困を暴露したという一面と、同時にこれだけのエネルギーの爆発、これも予見できなかったということにおいて、二重の失格じゃないか」と厳しい評価をくだし、運動は「今は怒りの興奮状態だが、それは今のファシストに対する怒りであるばかりでなくて、既成の政治勢力に対する不信と重なり合った怒りになっている」と述べた*。それに対して丸山は、「既存のいわゆる革命的組織の解体現象」の反射としてみられるそのような不信の爆発は、「普通の市民とは非常に隔絶していた場所で、またそういう感覚で行われていた」のであり、そういう「特殊地帯のアクティブズとそうでない市民の断絶がまだ大きかった」のが従来の運動であるが、今回の場合はそれとは異なって「普通の市民」が担い手となったことに注目し、「だからそれを一元的にコントロールする指導部がないのは、ある意味では当然ともいえる」と述べる。そうして、「やっぱり憲法感覚というものが、戦後十数年間の間に国民生活の中にちりばめられて定着しているという前提がなければ、ああいう巨大な盛り上りは考えられない。その痛覚みたいなものに、二十日の事件が触れたんですね」といって、既存の組織による運動をこえる「普通の市民」の運動が広がりつつあることにいち早く可能性を見いだそうとしていた（同前、④一一三〜一一四）。それは両者の運動に対する評価の分かれるところであった。竹内には、労働者にしても「中核は組織労働者」との考えがあり、「組織労働者が、既成の組織にのっかってやるのでなく、組織をぶちこわして体質改善をやるような、非常につらいものに耐えるかどうかということはキー」と述べている（同前、④一二〇）。

＊竹内は二年後に日高六郎と対談し、運動を振り返りながら、次のように述べている。「あの反対運動のなかで大きな勢力を占めた政党、とくに社会党ですが、こういうものがあまり教訓をくんでいないと思うんですね。これが日高さんのおっしゃった組織の老衰、硬化に関係がある。社会党なり国民会議なりが音頭をとればあれとおなじようなものがいつでもできるという甘っちょろい考え方があるんですね。それが実に困る」（「二年目の六〇年安保」一九六二年四月、『状況的』一〇五）。

竹内は、既存の政治集団と並んで新聞に対しても、「実に無能力を暴露した」との厳しい批判を投じていたが（前掲「疑似プログラムからの脱却」『丸山座談』④一一四）、その点は丸山も同様で、「記者個人が必ずしも意識しない形での転向が起こりやすい」、「重点移動」が生じた、といった婉曲的表現を使いつつも、新聞報道のあり方への憤懣を表明した。*

*丸山眞男「復初の説」（一九六〇年八月、『丸山集』⑧五四・三五五、等。「八・一五と五・一九」一九六〇年八月、同前、⑧三六五〜三六六）にも言及がある。竹内もまた、日高との対談のなかで、一九六〇年六月一〇日のハガチー事件を機とするマスコミの「変質」を次のように指摘する。「六月十五日は動揺があったけれども十七日の共同声明がでて、まあケンカ両成敗式の切捨てをして……、つまり最初のデモクラシー擁護の線がまったく変えられたという劇的な転換がおこったわけで、それ以後は各社とも社内体制が変わってきて、一種の言論および報道統制がおこなわれるようになったと思うんです。（中略）それはやはり、安保体制下の日本の特質と同時に、資本の論理が貫かれれば当然なのであって、むしろマス・コミに自由な報道なり言論なりを期待するほうが甘いかもしれないと思うんだな」と述べる（前掲「二年目の六〇年安保」『状況的』一〇七）。

なお、竹内や丸山らとともに運動を担った日高六郎は「動かなかったもの」と既存の政治集団の双方の問題について以下のような指摘をしている。「動かなかったものが、動いたものへ近寄ろうとしながら、再びそこから遠ざかっていくひとつの理由として、運動のスタイルが多様な集団の連帯の表現というより、紋切型の画一主義に傾いていくことにたいする反発もある。動きかけて動かないもののがわに、ごくわたくし中心主義があり、ときにはそれが「市民」の良識などと誤認されてきたが、同時に運動のがわにも、依然として、機械的にくりかえされるスローガン主義やぎこちない形式主義が残っていた」（傍点――原文）（日高編前掲『一九六〇年五月一九日』）。

竹内は、一九六二年四月の日高六郎との対談のなかでこのときのことを振り返って、「ちょうど二年前の今頃、あのだんだん高まってくるのを今でもよく覚えている。それを思いだすことで、何かだんだんに自分のなかで遺産が定着してくるし、また現在の判断とか方針決定に役に立つ。それは個人の心のなかにのみ残っているものではなく、その規模は相当ひろくあるだろうと思うんです」（傍点

――引用者）と述べている（「二年目の六〇年安保」一九六二年四月、『状況的』一〇四）。まさに竹内のなかでは、この体験が「遺産」として位置づけられていた。

(2) 民主か独裁か――「市民的不服従の運動」――

「民主か独裁か」という表題を冠した竹内の文章が『図書新聞』に掲載されたのは、一九六〇年六月四日のことであった。それには「当面の状況判断」という副題がつけられ、「以下に述べるのは五月三十一日現在における私の状況判断である」との断り書きから始まっていた。そこでは、「民主か独裁か、これが唯一最大の争点であ」り、「中間はありえない」とする。そして「この唯一の争点に向っての態度決定が必要である。そこに安保問題をからませてはならない。安保に賛成するものと反対するものとが論争することは無益である。論争は、独裁を倒してからやればよい。今は、独裁を倒すために全国民が力を結集すべきである」と述べる（⑨一一〇）。

主張内容は、強行採決の行われた五月一九日以後、竹内がもっぱら民主主義の危機を訴えてきたことの延長線上にあるが、この問いかけは、そのタイトルも含めて、人びとに衝撃をもって受けとめられたであろう。竹内は、それの掲載に先立つ六月二日、文京公会堂で行われた「民主主義を守る全国学者・研究者の会」集会で、「四つの提案」と題して講演を行い、「民主か独裁か」が現時点での争点であることを強調していた（日高編前掲『一九六〇年五月一九日』九三～九四頁、及び⑰三一二）。それに手を入れたものが『思想の科学』（一九六〇年七月）に掲載されており、趣旨は前述の「民主か独裁か」と同一であるが、ここでは大衆に向けてより率直によりわかりやすく語られている。彼はいう。

まず何を措いても民主主義を再建しなければなりません（拍手）。安保の問題はその後に延ばせばよいのです。（中略）目標が新安保条約をつぶすことなんだから、その手段として民主主義を再建するんだ、という考え方がありますが、それは私は反対です。これは順序が逆になっております（⑨一一五）。

図 33　安保反対集会で講演する竹内（1960 年 6 月 4 日，『竹内好全集』第 9 巻口絵）

なぜならば、次のように考えていたからであった。

いまの岸さんを倒すのは、考えようによってはわけない。しかし岸さんのような人が出てくる根――これが結局、私たち国民の心にある、弱い心にある、依頼心、それにすがりつく、自分で自分のことを決めかねる、決断がつかない、という国民の、私たち一人一人の心の底にある――かくされているところのそれを、自分で見つめることがためらわれるような弱い心が、そういうファシズムを培ってゆく、ということを忘れてはなりません（拍手）。たしかに本当の敵はわが心にあります。自分で自分の弱い心に鞭うって、自分で自分の奴隷根性を見つめ、それを叩き直すという辛い戦いがこの戦いです（拍手）。国民の一人一人が眼覚めてゆく過程が、わが国全体が民主化する過程と重なります（⑨一一九）。

この問いかけについて丸山が後年、「戦後一貫して反近代主義とナショナリズムの立場を通してきた竹内氏が、同時に民主主義という裏うちの軸をもっていたことが、はしなくもああいうテーゼの出し方に象徴的に表現されていたことなんです。他面であのとき市民派のレッテルで呼ばれた方はどうか」（「現代日本の革新思想」一九六六年一月、『丸山座談』⑥一一）を問うて、ナショナリズムとデモクラシーの結合の観点から竹内を高く評価したことは注目されよう。

丸山もまた、五月二四日、日高六郎の求めに応じて、安保問題研究会・安保批判の会共催の岸内閣総辞職要求・新安保採決不承認学者文化人の会で、「選択のとき」と題する講演を行っており（松沢弘陽・植手通有・平石直昭編『定本丸山眞男回顧談』（下）岩波現代文庫、二〇一六年、二一八頁）、日高によれば、これらの主張が、「運動のなかに民主主義擁護の線を原理的にいれていく役割をはたした」一方、「「安保条約改定反対」の目標が「民主主義擁護」の目標に置きかえられ、その結果全運動は失敗に終ったとする異論もでた」という（日高編前掲『一九六〇年五月一九日』）。その異論の筆頭にあげられるものに、清水幾太郎「安保戦争の〝不幸な主役〟」（『中央公論』一九六〇年九月）などがある。

丸山の主張も、五・一九を境として「これまでとまったく質的に違った段階に入った」という認識に立つものであり、「岸政府によって脱ぎすてられた理念的なもの、規範的なものを、今こそことごとく私たちの側にひきよせて、これにふさわしい現実を私たちの力でつくり出して行く」ことを説いていた（「選択のとき」一九六〇年八月、『丸山集』⑧一四七・三四九）。丸山も基本的に竹内と同様で、民主主義が権力により否定された今こそ、それを自分たちでつくり出しつくりかえていくことに突破口を求めたのだといえよう。

竹内は、五・一九前後のことを振り返って日記風に記して公表しており、そのなかで、五月一五日の「安保批判むさしの市民のつどい」における丸山真男の講演について次のようにコメントしている。

> 丸山真男が、安保をはなれて、集会の意味を説いたのもよかった。アテナイの市民集会を例に出して、これが民主主義の本来の姿だといった。「院外の圧力」論に対抗するものだが、彼の発言は、その後の推移に照らして、状況を先取していた（傍点——引用者）。

そうして、「腰の重い彼を、おそらくはじめて大衆集会に引っぱり出した私の功績も自慢していいだろう」ともいい*（前掲「大事件と小事件―五・一九前後―」⑨一四四）、丸山が、五・一九以前から民主主義の重要性を語ったことへの共感が語られている。それはまた、「デモや座り込みだけでは独裁化に対抗できない。それは人間を物理力や精神力に還元するだけで、総力の結集にならぬからである。専門を離れてはならない。持ち場で全力を発揮するのが大切だ。（中略）金だけを出す人、頭脳だけを出す人、力だけを出す人があってよい。それが集って統一戦線になる」（前掲「民主か独裁か」⑨一一四）という主張と不可分であり、六月一〇日のハガチー事件をはじめとしてこのあとに高揚する、抗議デモなどの実力行使の戦術とは相容れないものであった。

＊丸山もまたこのことについて、「その時ぼくはギリシアの都市国家ポリスの話をしたんですね。「元来デモクラシーというのは、こういうふうに一般の市民が集まって、その場でディスカッションして決めるものであって、これがデモクラシーの始まりなんだ」と直接民主制の話をしたら、あれは本当にいい話だったと好さんから褒められました」と語っている（前掲『定本丸山眞男回顧談』（下）二一九〜二二〇頁）。

周知のように、五・一九の強行採決は、安保改定阻止の運動に大きな転換をもたらした。日高六郎は、「特に大都市では、一般市民層がかつて見られない大きなひろがりで、しかもまったく自発的に、運動に参加してきた」その運動の高揚を、「国家や政府の付属物ではなく、国家や政府を支配し統御する主体としての市民の自覚が、はじめて、予想をこえた規模で燃えひろがったのである」と説明する（日高編前掲書[*]）。しかし一方で、それが総評・社会党などの「既成組織」に依存する側面をもっていたことや、その後の学生運動にもたらした混乱などの課題もはらんでいたことは、大局的な観点から「六〇年安保」を論じた道場親信の研究（前掲論文）に詳しい。

＊該当箇所は「だいたい」日高が執筆とある。

竹内は、六月一二日、憲法問題研究会主催「民主政治を守る講演会」でも、「私たちの憲法感覚」と題する講演を行っている。そこではふたたび自らの辞職のことに触れて、「ほんとうは、やめるという形で抗議すべきではない」ことは「百も承知」だが、それでも「なにをしていいかわからない」「自分として最大の決意の表明をする手段として、過去にもっている教養や個性などから導き出される一つの自分としての、ほかにいきようのない結果が、ああいうことになった」のであり、「今後一生かかって、自分の行為の意味を問いただすことに、これからの自分の仕事をもっていきたい」と語っている（⑨一三二）。

竹内によれば、五月一九日の出来事は、「形式的な民主主義の手続きを経て、独裁者が生まれるという、私たちの歴史にとって初めての事件にぶつかった」わけであり、現行憲法が「身についたものになる」ためには、「着物を着かえるように、憲法を着なおすのでなくて、伝統の連続の上に、あるいはそれを再解釈する上に、新しく今の憲法が自分の身についたものとして、過去の伝統との連続の上に、憲法解釈が新しく打ちたてられなければならない」、すなわち「憲法あるいは民主主義というものの民族化、ないし主体化、あるいはまた内面化が大事とされるのである（⑨一三六〜一三七）。そして、「どうか皆さんも、それぞれの持ち場持ち場で、この戦いの中で自分を鍛える、自分を鍛えることによって国民を、自由な人間の集まりである日本の民族の集合体に鍛えていただきたい。愛国という言葉は、一度は警戒されましたけれども、私はやはり愛国ということが大事だと思います。日本の民族の光栄ある過去に、かつてなかったこういう非常事態に際して、日本人の全力を発揮することによって、民族の光栄ある歴史を書きかえる。将来に向って子孫に恥かしくない行動、日本人として恥かしくない行動をとるというこの戦いの中で、皆さんと相ともに手を携えていきたいと思います」と、大衆のナショナリズムに依拠して訴えた（⑨一三八）。「愛国」や「民族」を前面に押し出したのは、そうすることによって大衆の心にくい入る戦略だったのだろう。それほどに〝今〟が大事だったのである。竹内はこの闘いを、自らのかねてからの主張である、外からもたらされたものではない

〝民族の伝統〟としての民主主義を培っていく好機としてとらえ返したのであった。

新安保条約は、強行採決から一ヵ月を経た六月一九日、「自然承認」となり、同日、アイゼンハワーは沖縄に到着した。しかし、先に述べたような位置づけをしたからこそ、竹内はこの闘争を「勝利」と称した。「病中」に執筆した[*]という七月七日の『週刊読書人』に寄せた一文は、このようにいう。

> 力関係からいって、新安保条約を絶対阻止できるとは私は考えなかった。できるだけ傷を負わせ、実効をチェックすることが私の目標だった。その目標はほぼ果されたと思っている。アメリカ大統領の訪日中止の及ぼす影響を軽く見ることに私は反対だ。
>
> そしてわれわれは、じつに多くのものをこの闘争を通じて獲得した。何よりも大事なことは、人民の抵抗の精神が植えつけられたこと、そして予想よりその幅がひろく、根が深いらしいことである。私はこの一点だけで大勝利と判定する。これは新安保の形式的発効を償ってあまりある。国民がドレイなら、たとい安保がなくたってその国は独立しない。自由な人間の集りなら、国籍のいかんを問わず圧政者を国の外へ追い出すことは容易である。私は一時、国籍離脱の方法まで空想したことを今では恥かしく思っている（「なぜ勝利というか――第二期へ向けての方法論的総括――」⑨一六三）。

いまだ安保改定阻止の運動が盛り上がっており、その後の運動の高揚に期待を託すことが可能であった時だからこそ、竹内は、条約締結阻止という結果よりも「人民の抵抗の精神」の発揚に期待を賭けたのであった。「組織をつくることは割にやさしい。今度の運動のなかで、じつに多くの組織がうまれた。平時なら準備に一年かかる組織が一週間で未経験者だけの手でつくられた。むつかしいのは組織をつくることでなくて、組織をこわすことである。（中略）いいかえれば、組織そのものよりも組織の地盤が大切だということだ。ここにおいて個人の役割は大きい」と述べて、竹内は民主主義の内実こそを希求する途を選んだ（同前、⑨一六四）。

＊竹内は、「七月、八月と私は病気して寝ていた」と記している（「水に落ちた犬は打つべし――わが国の民主主義――」一九六〇年九月一三日、⑨二一〇）。

七月一五日記とある「革命伝説について」では、「目下革命が進行中であるとするならば、「この場合の革命とは、一種の精神革命である。あるいは道徳革命である」といい、こうも述べる。

しかし、革命専業者には、こういう考え方は受け入れられないだろう。彼らは革命を、固定した範疇でしかとらえられない。しかもその範疇内、他から与えられたものであって、みずから生み出したものでない。生むということに彼らはおそろしく不毛である。だから彼らのえがく革命コースは、建設的でなく破壊的である。革命は建設でなくて破壊だという固定観念が、思惟の怠惰と依頼心の強さを根として、牢乎として存在する。それが、モブの破壊行為という目に見える現象でしか革命のイメージをえがけぬ守旧派の革命概念と奇妙に対応するのである（「革命伝説について」一九六〇年一〇月、⑨一七二）。

既存の政治集団が、できあがった組織の維持拡大と「安保改定」というスローガンにのみこだわり続けることに対して投げかけられた批判であったといえよう。竹内は、「民主主義を権力が捨てたことによって民主主義は今度こそほんとに国民のものになった。（中略）ファシズムの芽を未然に刈り取ろうとする国民的規模をもった総抵抗であり、これこそ抵抗の名に価する最初の抵抗運動である」（「日本人の自信について」一九六〇年九月、⑨一八七）とも述べる。

竹内や丸山らが、五・一九以後の闘いこそ「民主主義と呼ぶべき」であり「そこで、安保が民主主義の闘いに質的に転換したと規定した」ことに対して、日本共産党、共産主義同盟、インテリからの反対があったという。* 竹内によれば、「私は運動を安保から切り離して民主か独裁かの闘いであるというふうに単純化した」というのは、「本心」なのであった（前掲「水に落ちた犬は打つべし―わが国の民主主義―」⑨二一七）。竹内は、以下のように、既存の政治集団の内部に権力支配ができあがってしまっていることの批判を語る。

> 何が一番大事かといって、国民の一人一人が自分で判断し、自分で選択して行動を決定する。その結果に対して自分が責任を負うということが一番大事じゃないかと思います。そういうことをさせなくする者に対しては相手が何であれ、すべての力を出して抵抗しなければならない。政府の権力に対してばかりではありません。あらゆる集団、特に政治的集団にそういう権力支配の傾向性がある。が、それに抵抗しなければならない。これは左翼内も共通だと思うんです（前掲「水に落ちた犬は打つべし―わが国の民主主義―」⑨二一八）。

＊当時「二十歳過ぎの学生」であった菅孝行もまた、竹内の提言に反発した一人であった。「竹内氏の文章をはじめて読んだのは一九六〇年の「民主か独裁か」であったといえば、竹内好氏を食わず嫌いのまま敬遠してしまっ

た理由を分かってくれる読者もある筈である。（中略）私は、竹内氏の提言に対して、ここには理解を絶することが書かれていると評した吉本隆明氏（「犠牲の終焉」）のほうに共感したのを今でもよくおぼえている」と記している（菅孝行「幾度かの出会い・急速な訣れ」一九八一・七月「月報一一」）。

さらに竹内はこのようにも述べる。

告白しますと私は実は民主主義をそれほど信頼しておりません。戦後、民主主義というもの、民主主義という言葉がはやったころ、そもそも言葉にするのが恥かしくてほとんど口にしたことはないんです。（中略）ところが、あの五月十九日を経験しまして、あの時点で考えたことは何かといえば、今こそチャンスである。敵があれほど民主主義を口で唱えながら、今それを捨ててしまった。今こそ我々がそれを拾おう。そのことによって我々の側に民主主義が移ったんだと、こういう感じを持ったんです（同前、⑨二二〇）。

竹内のこの発言は、九月一三日、名古屋市公会堂で行われた日本国民救援会愛知県本部主催の「憲法と民主主義のための大講演会」においてであり、その講演録に、竹内自身も述べるように（⑨二〇九）それにつけた「水に落ちた犬は打つべし」という表題は、魯迅の評論（「「フェアプレイ」はまだ早い」）のなかからとったものであった。今こそ民主主義を拾うというのがそれであろう。そこには、民主主義を永久革命と考えるがゆえに五・一九頃後を民主主義を育てる試練の場としてあえて位置づけたという側面と、一方で、以下にみるようにデモに集まる人びとの熱意に心を打たれ、オプティミスティックになってしまったという側面とがあろう。

はじめてデモに参加するときは勇気がいるが、参加してみると、なぜもっと早く加わらなかったかと悔まれるものである。デモを見ているのと、デモ隊の中から見るのとでは、世界がまるでちがうのだ。ここに連帯感がうまれ、個人が政治的に訓練されて、それまで自由や平和の願望として不定形にあったものが、ある程度明確な政治要求に整理されてゆく。この国民的連帯感と、その中で形成される政治要求の自主的な統合および向上が、今度の運動の第二の特徴である（前掲「日本人の自信について」⑨一八八）。

竹内は、「従来、主権の意識が稀薄であったものが、この運動を通して、主権意識がかなりはっきり出てきた。そして、自分たちが主権者の自覚をもって正しく行動をするならば、権力の勝手なふるまいを抑制できるのだという自信が生れた。（中略）言いかえるならば、ここにおいて、日本の歴史上初めて、抵抗権――人民の抵抗の権利が確立されたと思います」（「五・一九前後の大衆運動をどう見るか」一九六〇年七月二四日　思想の科学研究会年次大会、⑨二〇一）ともいうように、ここでもまた、この運動にこそ彼が求めつづけていた抵抗の精神の発露を見出すのであった。そしてこのようにもいう。「そこにあらわれた、自由な人間でありたいという意思表示は、天皇制的意識構造を内部からこわす第一歩であり、明治維新革命をやり直すほどの規模のものである。われわれは日本人であることの誇りを、この運動を通して回復した。それによって敗戦の傷手をいやす端緒をつかんだ」（「日本人について」一九六〇年一〇月一日、⑨二三五）。

竹内の一九六〇年の総括はすこぶる楽観的であった。「一九六一年は、あかるい年である」にはじまり、「この原因は、われわれが日本人民の力に自信をもつことができるようになったからだと思う。われわれは半年前に一度歴史を動かした。主人公らしくふるまった。（中略）こうして徐々にではあるが受け身の姿勢から脱却できるようになったのだと思う。日本の政府がどんなに戦争をやりたがっても、日本の人民はやらせない、やらせないだけのものがある」と述べる（「一九六一年に望む」一九六一年一月二三日、⑨二三六～二三七）。

『読書人』には、六〇年安保の年から七年目を迎えるまで毎年、竹内の「中間報告」が掲載されている。その「一年目の中間報告」（一九六一年一月二三日）は、「安保体制は強化された」が、「一方にその代償がないわけではな」く、それはかねてから述べてきたように「国民的規模での抵抗の経験」を初めて身につけたことであったと記されている（⑨二四四）。竹内は、久野収の運動の二分類、すなわち「民主主義の腐蝕化を内側から改革しようとする民主主義再建・国民抵抗派の思想コース」と「外側から衝撃しようとする安保闘争派、革命志向派の思想コース」のうち、自らは前者に属するとし、当分は「役割りをもつのは「革命志向派」（これも単純ではない）の方であって、「民主主義派」は舞台へ出ないですむかもしれない。運動の担い手は「市民」でなくて労働者「階級」になるだろう」との観測を示した。「「民主主義派」は舞台の動きをカーテンのかげから見守っているべきであ」り、「私は自分の立場と任務を、一年前の宣言を再確認するだけで十分なように思う」といい、「私はネーションを固執したい。ナショナルなものを大事にし、ナショナルなものにつなげて伝統からの投影で未来図を考える仕事をつづけてゆきたい」との意思を再確認するのであった。そうして、「去年の五月から六月にかけて、私は自分が伝統のなかに生きていることを強く感じた。「人民抵抗の精神」とつぶやきながら、おっくうがらずに集会に出かけていった。「日本人であることの誇りについて」というのが、運動の総括でなくてはならぬ、とそのときから考えていた」と述べている（⑨二四四〜二四六）。

(3) 戦争体験と六〇年安保をつなぐ

一九六〇年初めから翌六一年半ばまでの竹内のこうした一連の闘いの記録である著作は、『不服従の遺産』（筑摩書房）と題して刊行された。「まえがき」には次のように記されている。

> 記録を残す目的は二つあった。一つは自分のためであり、一つは他人のためである。私個人にとって一九六〇年は記録されるべき年である。私の精神的および肉体的エネルギイが、たといそれがどんなに貧しいものであろうとも、ともかくある極限に近くまで集中的に発揮され、その結果として、自他にある種の変化がおこった（⑨三）。
>
> 一九六〇年は戦争におとらぬ民族的体験の宝庫だと私は思う（⑨四）。

同書は、その間の「学術的なものや、随筆や、書評を除いて、これが全部である」（「あとがき」⑨二八七）が、いうまでもなくその中心を占めるのは、日米安保条約改定反対運動の軌跡である。「私が一つのテーマについて、短い時間に集中してこれだけ文章を書いた経験は、過去になかったし、将来もないだろうと思う。それだけ私にとって、この経験は異常であり、貴重である。どんなに愚かなものに人から見られようとも」と竹内は記す。そして、「いったん公表された文章は公器であって、本人でも自由な処分にまかせぬということの重い意味を今度ほど噛みしめたことはない。それが私を行動への怯懦に追い込むのでなくて、むしろ思索の冒険へはげますことを、私が私自身に望みたい」と結んでいる（「まえがき」⑨六）。

竹内は、その記録を公のものとすることにこだわり抜いた。若き政治学者として安保闘争にも参加した高畠通敏は、竹内が「この激動期の中で記録をつくることの意味を力説していたこと」に注目し、次のように述べる。

> 彼自身、「不服従の遺産」をはじめとする見事な記録をたくさん残した。運動の生命は、その直接的な効果というよりも記録を残すことによって不朽になるというのが竹内の口癖であった。それは、安保闘争において、運動の勝ち負けという直接的な問題よりは、いかに「見事な」運動をつくるかという配慮となってあらわれたと思う。「見事な」運動は、たとえ運動が敗北し解体した後でも、ひとりひとりの胸の中に遺産として残り次代へと受け継がれてゆく。安保闘争が民衆の主体的な「民主主義」の闘争としてあるということの意味もまたそこにかかっていると竹内は考えたのである（高畠通敏「竹内好と安保闘争」『思想の科学』第九一号）。

図 34 『不服従の遺産』

竹内が、「民主か独裁か」との問いを発して民主主義を遺産とすることにこだわったことの説明としても首肯しうる。そして高畠によれば、「不服従」というのも「掙扎*」と表現される「魯迅的な抵抗」のあり方なのであった（同前）。

＊竹内は、晩年、共同通信記者・中村輝子のインタビューに答えて、「掙扎」についてこのように述べている。「抵抗感覚だが、もう少しあいまいな感じでもあるね。はっきりそういう言葉を日本語でいえない時代もあったし、魯迅精神を解く手がかりという意味で、そのまま使ったと思う」（「『魯迅作品集』を全改訳する　インタビューに答えて」一九七六年四月二一日付「共同通信」配信、『追悼』二六〇）。

『不服従の遺産』に収められた論文「不服従運動の遺産化のために」は、「「安保」一年の私の決算書―不服従の遺産化のために―」（一九六一年四月二一日記、⑨）と題して、『婦人公論』一九六一年六月号に発表されたものであった。その原題にあるように強行採決から一年の歳月が流れ、その間の運動を振り返るなかで竹内がこだわったのは「市民」という語であった。竹内いうところの「市民」は、「独立した個人」「自由な個人」と言い換えうるものであり、「意志および責任の主体として個人であって、その個人は均等であ」り、「個人としての側面を市民とよぶ」（⑨二六六）。その際に、「日本の事情では、独立と均質と連帯の語感をふくんだ個人を意味する語が、市民を通り越して人民に定着するかもしれないが、これはそうなるにしても将来の話であって、今はまだ人民とはおかしい」といい（⑨二六七）、竹内はあくまで「その元は個人としての市民的自由の自覚にあ」ることにこだわり抜いた。そして、一年前の日本の運動を「市民的不服従の運動」と名づけたという「ある外国の雑誌」の話を引き、「いささか生ぬるいようだが、中庸をえた、運動の最大公約数をとらえた見方だと私は思う」と述べて、自らもそう称するのであった（⑨二六八*）。

＊丸山眞男もまた鶴見俊輔との対談（前掲「普遍的原理の立場」『丸山座談』⑦）のなかで、「市民的不服従」と称し、「基本的には防衛」である点においてそれの「ひじょうに初歩的な形態」と位置づけている。

一方、竹内は、「これまで、戦争の形でしか国民的体験をもつことができなかった」のが、安保闘争によって「今度はじめて不当な権力にたいして人間の自由をまもるために抵抗するという形での国民的体験をもつことができた」のであり、「日本国民は、自由な人間の集りであって、ドレイではないんだぞ、という自己証明がこの運動の意味である」とも総括しており（「日本人の誇り」一九六〇年一二月二〇日、⑨三二七）、この一連の闘いは、ドレイから脱却して市民的自由を獲得する運動として意義づけられるものであった。

一九六一年六月六日に書かれた『不服従の遺産』の「あとがき」は、安保闘争以外の運動、事件についても総花的に回顧されており、なかでも東京大学の学生であった樺美智子の命がデモの渦中で警官隊との衝突により失われたことは、竹内の心に深く食い入ったであろう。樺の両親のところに届いた「一般投書の中には、ザマミロ式の罵倒がかなりあったそうである。民衆はその血で屠殺者の手を清める、と魯迅はいったが、そういう民衆の実態を知るために、この資料が、いつか、何らかの方法で、利用できる形に整理されることを私は望む」と記している（⑨二九一）。

また竹内は、結社は「設立よりも解散がどんなにむずかしいか」を切々と述べ、そのあとに以下のようにいう。

私は、日本国家にも、解散規定を設けることを提唱したい。そうしないと愛国心はおこらない。

マルクス主義が魅力をもつ理由の一つは、階級および国家の終滅が予定されているからである。その終末観の濃いものほど私には魅力がある。初期のマルクス、レーニン、そして国家主席をやめた毛沢東である。中国の大同思想は、キリスト教の終末観ほどきびしくはないが、それだけ親しみやすい。しかし、たといそれを借りても、天壌無窮を終末論に転位させられるかどうかは、私にはすこぶる疑問である。一党独裁が手段でなく目的化する日本の現状には、私はかなり悲観的である（⑨二九四）。

竹内が永久革命論者であり、また丸山眞男にコスモポリタンであるといわしめる理由はここにも示されている。

竹内は、一九六一年末、「私は、もし戦争体験がもう少しキチンと整理できていたら、六〇年はもう少しうまくたたかえたのではないかと思うのである」との反省の弁を述べている（「戦争体験の一般化について」一九六一年一二月、⑧二二五）。そうして自らが経験した戦争の時代のファシズムの経験に照らしながら、次のようにいう。

> むろん、六〇年五―六月の事態をただちにファシズムと規定するのは、過敏反応であって、学問的にも正しくないという批判は成り立つだろう。私はそういう批判をたくさん浴びた。それにもかかわらず、私は当時の事態を兆候としてのファシズムと規定せずにはいられなかったし、その規定について今でもまちがっていたと思っていない。（中略）これはファシズムの定義の問題であるよりも、自由の感覚の質、および反自由に対処する行動原理の問題であるかもしれない*（同

前、⑧二二六）。

そして竹内は、「私たちの世代が共有するファシズムと戦争の体験が、ある共通の反応の型を示すことが、去年（一九六〇年——引用者）確かめられた——あるいは共通の反応の型を通して共通体験が確かめられたと逆にいうべきかもしれない」という（同前、⑧二二六）。だからこそ彼は、「戦争の時期を空白として、その部分を切り捨てて前後を結びつける歴史観は、思想的には不毛である。（中略）戦争は一面異常な状態であるが、同時に日常性の延長あるいは凝縮でもあるのは、クラウゼヴィッツの戦争観を待つまでもなく、ほとんど常識であろう」（同前、⑧二一八）とし、それを踏まえない「マルクス主義陣営の理論の貧困」を反面教師にしながら、戦争体験をすり抜けてしまうことに警鐘を鳴らした。

＊丸山眞男も、すでに一九五〇年ごろからファシズムの将来を見ていた。丸山は次のように述べて、その危険性を指摘している。「つまりアメリカのように本来の自由主義の原則が長く根をおろしていたところでさえ、自由を守るために自由を制限するという考え方は、現在の客観情勢の下ではズルズルとファシズム的な同質化の論理に転化する危険があるとするならば、わが日本のような、自由の伝統どころか、人権や自由の抑圧の伝統をもっている国においては、右のようなもっともらしい考えの危険性がどれほど大きいかは言わずとも明らかであろうと思います」。そして、「こういうようにファシズムの強制的同質化を準備する素地は近代社会なり近代文明なりの諸条件や傾向のなかに内在しているもの」であるがゆえに「国民ができるだけ自主的なグループを作って公共の問題を討議する機会を少しでも多く持つことが大事」であるという（「ファシズムの現代的状況」一九五三年四月、『丸山集』⑤三一一・三一八）。

前述の一九五〇年代末からの「近代の超克」論をはじめとする仕事も、そうした問題意識と結びついていたことはいうまでもないが、戦争体験を個別のものではない思想としての「共通体験」にしようとの意識は、六〇年の体験をくぐることによっていっそう確固たるものとなったのであった。
竹内は次のように述べる。

　国体論とは、国家を被造物としてでなしに、所与として自然として受け取る思想および心的傾向といってもいいだろう。そのような思想は戦争を経過しても大筋は動かなかった。それが動いたとすれば六〇年の体験が、微弱ではあるが動かす兆候を示したのである。(中略) 体験に埋没している体験は、真の体験ではない。それを自然主義的方法で体験化することはできない。(中略) 少くとも六〇年の共通体験を経過するまではそうだった(前掲「戦争体験の一般化について」、⑧二三〇)。

竹内は、「戦争体験の一般化」のために「戦争体験を戦後体験に重ねあわせるという処理方法は、かなりの有効性を発揮したと思うが、今ではもう一歩進んで、もっと限定的に方法の問題を考えるべき時期に来ているのではないか」といい、それこそが「六〇年の共通体験」だというわけである。「これを戦争体験の結実として見て、ここから逆に戦争体験へさかのぼる方法が可能ではないかと思う。可能であるばかりでなく、必要ではないかと思う」と竹内はいう(同前、⑧二三一)。「六〇年の体験は、本来は戦争中にあるべきものが、十五年おくれて発生したと考えてもいいのである。あれはファシズムと戦争の時期におこる抵抗の型であった」(同前、⑧二三二)。竹内は、同じころにおこなった日高六郎との対談のなかでも、「あの抵抗運動というものは、本来は戦争中にあるべきであったし、あったほうがよかった。われわれはそれを戦後十五年おくれて持ったんだけども、しかしなぜあの運動がおこったかというもとをさぐっていくと、どうしても国民的な戦争体験というものが地盤になっていると考えざるをえない」と語っている（「二年目の六〇年安保」一九六二年四月、『状況的』一〇四）。もう一つの近代の可能性を見いだそうとする一貫した姿勢がここでもみてとれよう。

それから約三年後、竹内は、「「戦争体験」雑感」と題する文章を『思想の科学』（一九六四年八月）に寄せ、先の自らの提案は、「安田武たち少数の人が意味を認めてくれたが、その後目立った動きはなかった」と記している（⑧二三三）。安田武は、竹内の仕事に注目しつつも、「竹内のこの所論は、日本人の戦争体験のどのような部分が、竹内のいう「国民形成」の原動力となって働いたのか、その点で、私にはまだよく理解がつかない」との疑問を提出している（「生者の傲岸な頽廃」一九六二年八月、安田『戦争体験―一九七〇年への遺書』未来社、一九六三年）。安田は「死者」を中心に据えて戦争体験と向き合うため、両者をつなぐべく樺美智子の死を「差挟む」のだが、「抵抗運動」を軸に置く竹内の問題意識とはやや異なっていた。また、大衆が戦時期と一九六〇年を重ね合わせて考えることは、さほど容易ではなかったかもしれない。しかし、安保闘争の体験と戦争体験とを切り結ぶことの重要性は、当時から日高六郎も指摘しており、日高は、「学者市民の自覚の問題は、とくに日本の学者・研究者のばあい、戦争体験と切りはなせない。民主主義を擁護するというとき、あるいは安保改定に反対するというとき、それは、一九三一年から四五年にいたる一五年戦争（中略）が日本国民にとって、また平和と独立を願っていたアジアの諸国民にとってなにを意味したかという反省と切りはなせない」と述べる。日高は、竹内と鶴見俊輔が「憲法をじゅうりんする岸内閣のもとでは、公務員としての責任をはたすことができないという理由」で大学を辞職したのも、「その決心の根には、学者・知識人の戦争責任の問題がひそんでいた」と評価していた（日高編前掲『一九六〇年五月一九日』）。

しかし、そのことの大切さは周囲には十分には理解されなかったと受けとめた竹内は、「わたしは、もう自分でやるだけの能力はないが、協力はしたい」とことわりながら、やや焦点をずらして、教師の戦争体験を発掘することの重要性を語る。ただし「民主主義の官僚が信用しがたいように、民主主義の教師も信用しがた」く、「みずから敵であったことを認めた教師を発掘しなければならない」のであり、竹内が求めているのは、「八月十五日を境にして教壇を去った教師のゆくえをさがして、記録をとるという仕事」であった。竹内はこのように述べる。「政治にはほとんど望みがない。政治家には期待がかけられない。とすれば、教育に期待するより仕方ないではないか。そしてわたしの考える教育は、教師がその全部である」（前掲「「戦争体験」雑感」⑧二三四）。竹内が、教育に関心を寄せ、日教組とも関わっていったのは、背後にそうした期待が込められていたのである。

(4)「明治維新百年祭」の提案——ネイション＝「主体の論理」の立ち上げをめざして——

竹内は、安保闘争のあと、日本近代史を「書き直す」意思を、再三にわたりさまざまな場で表明している。たとえば、「私は学問研究をやりたい。テーマは十五年前に決っているので、近代史の再検討といったものである。日中の関係を軸にして、近代史を書き直す作業のメドをつけたい」(「近況報告―雑感　二―」一九六一年一月、⑨二三九）といったように。

彼は、一九六〇年末にも安保闘争をふり返り、自分が「予測に失敗した」ことは「うれしい失敗」であって、民衆の多大なエネルギーが発揮されたことを目の当たりにして「自分が伝統のなかに生きていることを強く感じた」と記す。ただし、結果はそうであれ、「私は非力であった。あのときほど自分の非力を残念に思ったことはない。ことに、維新史の知識のないのが致命的な弱点の気がした。ふだんの心がけの足りなさにホゾを噛む思いの連続だった」ともいい、だからこそ、たえず革命の可能性を日本近代史の伝統のなかに探りたいと考えたのであった。竹内は、一九五九年のキューバ革命の成功にもふれ、それに「類例がないというのは、西欧型ではないという意味に解すべきだろう」といい、カストロの哲学および軍事方式、毛沢東の中国革命、そして日本の明治維新も、「ナショナルなものを中核」にしているために、非西欧型で「類例がない」という点で共通しており、「ただ明治維新は、革命としては失敗したから、そこから革命の理想像を抽出するのが困難になっただけではないか。しかし、われわれは去年の経験で、その手がかりをつかんだように思う」と述べている（前掲「一年目の中間報告」⑨二四六～二四七）。

このように中国、そして世界の動向をも見つめながら革命の伝統を掘り起こそうしていた竹内が、一九六七年に明治維新百年を記念するカンパニアを行うことを提案することになった直接のきっかけは、一九五九年の秋、折から来日していたソ連の歴史家トペハ*との出会いであった。「明治維新の評価が、日本のマルクス主義歴史学界よりもかなり高いことが、トペハ氏を通じて改めて知らされた。明治維新百年を記念するカンパニアがあった方がいいのではという思いつきは、このときの懇談からヒントを得ている」といい、さらにその背景には、竹内に先んじての桑原武夫による明治維新百年祭の提案があった（「明治維新百年祭・感想と提案」一九六一年一一月、⑧二三一）。竹内が初めて「明治維新百年祭」という言い方をしたのは『週刊読書人』一九六〇年正月号に掲載された「「民族的なもの」と思想―六〇年代の課題と私の希望―」（一九六〇年一月、⑨）であり（「「明治維新ブーム」に思う」一九六五年五月、⑧二四二）、そこでこのように述べている。「そこで私は一つの提案をしたい。一九六八年を目ざして、論壇が共通の課題を設定すること、その課題は、明治維新百年を祝うべきであるか祝うべきでないか、祝うとすればどういう形で祝うべきか、ということである」（⑨六二）。

＊ぺ＝ぺ＝トぺハ。日ソ歴史学会（第一〜八回、一九七三〜八七年）シンポジウムでも、しばしば報告、発言しており、明治維新研究をめぐって遠山茂樹と論争も行っている。

前にも述べたように、竹内のねらいは、「我は我だという主体の論理」を立ち上げることであった（前掲「「民族的なもの」と思想」⑨六〇）。それは、かねてから丸山眞男が一貫して追求してきた「政治的秩序に絶えず立ち向かおうとする精神」（丸山「ラッセル「西洋哲学史」（近代）を読む」一九四六年一二月、『丸山集』③七二）、「「ノー」といひうる精神―孟子の千万人といへども我行かんといふ精神」（「折りたく柴の記」、丸山『自己内対話―三冊のノートから―』みすず書房、一九九八年、一七頁）に相通ずるものであった。竹内は、「主体の論理」なくして「安保反対のたたかいを、国民の規模で組むことができない。雪解けだから安保はいらない、では冷戦の論理に別の論理を対置するだけであって、国民を動かすことはできぬのである」（前掲「「民族的なもの」と思想」⑨六一）と述べるように、まさに当該時期に争点となっていた安保反対の闘いを射程に入れて、それに立ち上がることのできる国民主体を育成しようとしたのであった。

竹内は、桑原武夫による明治維新の再評価の提唱をはじめ、歴史学分野での明治維新史研究などに言及しながら、それらによって「左右の論理が硬直、あるいは腐敗におちいった後で、思想的生産性をとりもどそうとする試み」が続けられ、その結果個別的成果をあげているとして、次のように述べる。

これらの諸勢力の間に設定する共通課題としては、明治維新の再吟味が最適切、最有効なのではないか、というのが私の提案の理由である。断わっておくが、私は、明治維新はその結果である明治国家よりも大きいと考える。明治維新は「未曾有の変革」を意図し、また実現したものであるが、明治国家は一つの選択にしか過ぎず、もっと多様な可能性をはらんでいたと考える。その可能性の探究を通して、日本国家そのものを対象化できるし、従って未来のヴィジョン形成が可能になると考える。単なる歴史学の領域で明治維新を問題にしているのではない。だから百年祭というカンパニアが必要になるのだ（傍点——引用者）（前掲「明治維新百年祭・感想と提案」⑧二三八）。

「戦後わりに早くから「ナショナリズム」をいい出した人間」である竹内は、「私にとって、明治ナショナリズムの究明は欠かせない課題だ。私は次第に、明治ナショナリズムは「国家あってネーションなし」、つまりネーション形成失敗例と考えるようになった。したがって維新にさかのぼっての可能性の探究に目が向くようになったのは私にとって自然だった」という。このように福沢諭吉の言葉も借用しつつ、既存の国家とは異なるもう一つの近代を探るべく明治維新の「再吟味」に逢着したのであった。それを行うためには、誤解の多かった「ナショナリズム」を「ネーション」に言い換えてもいる。したがって、「私としては、「近代の超克」「日本とアジア」「アジア主義の展望」などで、ぼつぼつ自分なりに地固めをやっているわけだ」というとおり、彼にとっての明治維新の「再吟味」は、「近代の超克」論や「アジア主義」の探究と一連のものとしてあった。ところが、「私の意図とまったく無縁の「明治百年」ノッペラボー肯定の風潮」と竹内がいうように、明治百年を祝う企てが政府はじめさまざまなところから進められ「提案は押し流されてしまった」（「「明治ブーム」に思う」一九六五年五月、⑧二四二～二四三）。

竹内は百年祭の提案を取り消した。「私の提案なるものは、ダシには使われたかもしれないが、*いま進行中のトピックとは無縁である。私を置き去りにしたまま、事態が前へ出てしまった」、「第二革命なしに第一革命が定着しないのは、ほとんど歴史の通則である」と考えており（同前、⑧二四一・二四四）、それがむしろ「革命としては失敗した」（前掲「一年目の中間報告」⑨二四七）からこそそれとは別の可能性を探り当てようとしたのである。

＊宮本司は、政府側は、竹内の提案が大きくクローズアップされ「これがいわゆる〝よび水〟になって、国民の

間に「明治再評価」の機運が盛り上がり、「明治百年記念ブーム」が巻きおこった」（「茶の間の会話　明子の誕生」『解説　政府の窓』一九六八年一月一日）と位置づけていることを明らかにしている（「竹内好と「明治一五〇年」―「明治維新百年祭」あるいは「民族」について―」『現代思想』二〇一八年六月臨時増刊号、一八三頁）。

竹内は、提案の取り消しを宣言したあとも、とりわけ歴史家の遠山茂樹の批判には、「学者の責任について」（『展望』一九六六年六月、⑧）を書いて丁寧に応答している。* それはほかならぬ、「勇気と自信によって裏付けられている」「正直な告白」―その学問的謙虚さによる自己批判の態度に「私も見ならいたい」というほどの敬意を覚えたからであった（⑧二四八）。批判は多岐にわたり、かつ井上清や旗田巍《はただたかし》らのマルクス主義史学、「実証主義史学」にも議論が及んで長大な論文となっているが、明治維新百年祭の問題に関わっては、遠山が、「マルクス主義史学にとってかけがえのない存在意義は、いかなる研究、いかなる思想も不可避的にもたざるをえない政治的役割、社会的責任の問題を指摘し批判することである。学問・思想の党派性の問題である」と述べた点について、とくにその「党派性」の意味するところにこだわりこのようにいう。「党派性とは、私のことばで言えば、真理の究極の保証に関する信仰（わるい意味ではない）のことだ。マルクス主義ではそれが、理想化された人民、あるいは終末論的な一種の神である。そしてその現世的存在として、聖化された党がある。これは信仰であるから、信仰を共有しないものには強制できない。（中略）だから社会的責任の問題と党派性の問題とは、論理的には異質であるし、実際の処理方法としても切り離した方がよい」（⑧二四九～二五〇）。竹内はそこを突破口にしながら「マルクス主義陣営」に存在する「言論の拘束」の問題に切り込みたかったのであろう（⑧二五一）。明治維新百年祭の提案をきっかけに、竹内はこうして歴史学とも正面から対峙することにはなったが、「戦後」に向きあうために「底辺のナショナリズム」に依拠して抵抗主体を立ち上げるという彼の意図は汲み上げられることはなかった。

＊遅れたのは「健康上」の理由によるものであり、一九六五年秋以後、乾性肋膜、肺炎で入院していた（⑰）。

政府主催の「明治百年祭」の計画が進められているなかで、一九六七年四月一九日、小田切秀雄らの『文学的立場』誌の主催で、その前年に行われた「明治百年を排す」に次ぐ第二回目のシンポジウム「対決の思想」が東京駿河台の山の上ホテルで開催された。招かれたのは、丸山眞男（政治学）、日高六郎・北川隆吉（社会学）、古川哲（経済学）、江口朴郎（歴史学）、古在由重（哲学）、竹内好（中国文学）、平野謙（文芸批評）、小田実《まこと》（作家）であった（中野重治・野間宏は欠席）。

それまで沈黙を守っていた竹内は、「明治維新の再評価」に議論が及び発言を求められて、「答えるべき内容は過去に書いちゃっていて、改めて書くエネルギーがない」ことを繰り返し述べている（一八七頁）。それを前置きした上で語るのは、遠山茂樹が書いた「学問と思想と政治―再び歴史研究の社会的責任について―」（『展望』一九六六年九月）以外にほとんど反響がなかった無念さであり、自らの提案の趣旨とはまったく異なって、「政府が公の行事として「維新」でなく明治百年記念会というようなものをつくる」ようになったあとに、学者が後手で反対運動をしていることに対する失望のみであった（一九〇頁）。

長時間に及ぶシンポジウムであったが、そのあと口を閉ざしてしまった竹内に代わって、不承不承ながらも発言した丸山によって、竹内の意図するところが明瞭に示されているため、以下、その丸山の発言を追ってみたい。*

＊丸山は、発言を求められた際に、竹内の『日本イデオロギー』（一九五二年）に対するこれまでの評者たちの理解の及ばなさにも言及しながら、「何かというとひとの演ずる「客観的」役割を裁定する一段上の座に自分をすえるその傲慢さが左翼批評の体質になっている」（一六六頁）ことの指摘から説きおこした。「指導者意識」はかねてから竹内が批判の俎上に載せてきた問題であったが、今回の文学者たちとの議論に際しても、竹内もまた丸山と同様の認識をもっていたがゆえに、積極的に応答しようとはしなかったのであろう。

第一に丸山は、竹内と同様、「明治百年」ではなくて「維新百年」というべきであり、その意味で、当初からそう言っていた竹内がすでにそれを撤回してしまったのは早すぎたともいう。それはさておき丸山が言いたいのは、たとえば工業化を、その飛躍的な成長も含めて全部否定とはいえないのではないかということであった。丸山も、「私は「維新百年」、つまり自由民権運動までを強調し、そのあとの「帝国日本」の時代との間に一線を画する見方なんですけれど」と述べるように、非西欧地域の「民族革命」の第一号として未完のそれの可能性をみるべきであるとする。そうなると、「指導者の能力だけが強調されて、急速な工業化を「下から」支えてきたエネルギーは何なのか」ということを切り離して「一方的にオリガーキーの指導者礼讃になっているところに、いわゆる明治維新の再評価の仕方の大きな問題がある」の

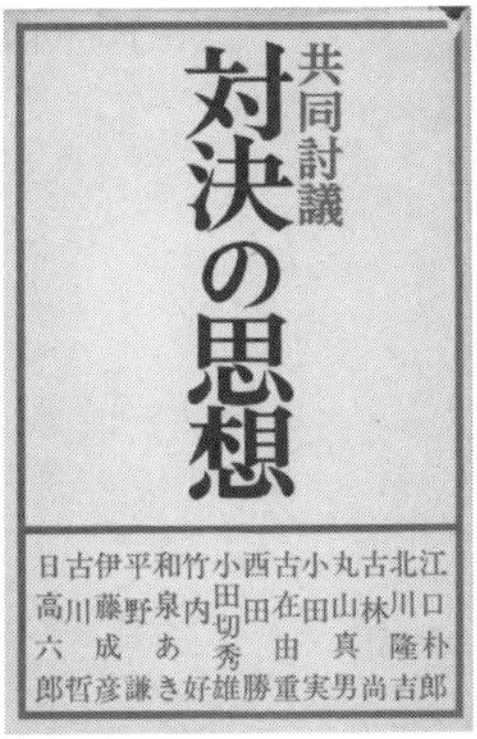

図 35　当日のシンポジウム記録が収められている『共同討議　対決の思想』

であり、「それを推進したエネルギーはどこから出てきたのか」を追究することは、むしろＡ・Ａ諸国の関心ともつながるというのである（二〇二頁）。

第二に、「反動の思想」は「軽蔑をもって黙殺する」ことで事足りており、「権力は相当まずいことばかりをやっているんだけれども、革新陣営のほうがもっとまずく、政治的コモン・センスを欠いでいるために、いかにも、権力側は着々と準備を積み重ね、点をかせいでいるように見えるだけだ」（傍点——原文）という現状認識を明らかにしている（一七三・一七六頁）。さらにこのように問う。「その敗北してきた「こちら側」の体質が、人間関係、統一戦線の論理、「異議なし」・「ナンセンス」流の少数意見の排除の仕方その他一切をふくめて、どこまで本当に変わったのか」。丸山の「革新陣営」に対する評価は、期待を託さねばならならい存在だけに厳しく、「いわゆる革新勢力の「体質改善」ということになると（中略）ほとんど絶望的に前途遼遠な感じがする。その意味でも、「ゆうゆうと」やるほかない」（傍点——原文）と述べるのであった（二一三頁）。丸山によれば、三島由紀夫や『大東亜戦争肯定論』を書いた林房雄の発言などはとるに足らないものであり、それらの批判に拘泥しているよりも、善し悪し両側面を兼ね備える現状の社会の矛盾した状況のなかで、「矛盾した可能性のなかのプラスの要素を延ばしていく条件」、すなわち「基本的人権の感覚とその制度的保障」が大事なのであり、それは詰まるところ、前述した「我は我だ」「「ノー」といひうる精神」と表現されたところの「「人民」と称する集団もふくめた、あらゆる集団のなかでの、集団に対する個という問題」（傍点——原文）の重要性に帰着するのである（二五一〜二五二頁）。

竹内もまた、林や三島の本は読んでいないと言うが（一九〇頁）、その一方で、目下、米中戦争に対する危機感を持っていることを、戦争中の自らの危機感にも言及しながら表明している。だからこそ先手を打つこと、主体を立ち上げることが必要なのであり、明治維新の再検討はそのためのものだったのである（文学的立場編『共同討議　対決の思想』勁草書房、一九六八年）。

このシンポジウムより前の、ちょうど明治維新百年のカンパニアの提案がなされているころに、竹内に左右の「思想運動の団体」のあり方を問いなおさせる契機となった事件が起こった。一九六一年末、講談社のあとを受けて『思想の科学』の発刊元となった中央公論社が、一九六二年一月「天皇制特集号」を断裁破棄処分にしたのである。竹内はこの一件に中心的に関与し、彼の発言によって中央公論社との関係を円満に絶つことが決まったが、その後中央公論社が、破棄した雑誌を公安当局者に見せるという展開にいたる。この事件について竹内が書いたものに、「思想団体の原理と責任」（『週刊読書人』一九六二年九月三日、⑨）、「ある抗議の顛末―私と中央公論社との関係―」（『みすず』一九六七年六月、⑨）などがあり、前者は、「今後、原稿を勝手に公機関の手に渡さぬという保障が得られるまでは、いかなる種類の原稿の注文にも応じぬつもりである」（前掲「思想団体の原理と責任」⑨四六五）という中央公論社との絶縁宣言をも含むものであった（前掲「ある抗議の顛末」⑨四七九）。

会のメンバーであった日高六郎は、竹内のこのときの憤りぶりを、「中央公論社が、断裁した「天皇制特集号」を公安関係者に見せたということがわかった時、竹内さんは決定的に憤慨した。その時の竹内さんの語気は今でも忘れられない」（「二年目の六〇年安保」一九六二年四月、『状況的』一〇〇）と伝えている。[*]

＊さらに日高は、「おそらく一九六〇年の安保闘争やこの『思想の科学』事件のことなどもあって、竹内さんは小新聞を出したいということを考えた。そしてそのことで、竹内さんと新聞編集者、雑誌編集者、マスコミ研究者などの七，八人と、月に一回の会合が始まった。編集面と経営面とあわせて、小新聞の可能性はあるか、ということが、会合の主題であった。この竹内さん計画の小新聞は成立しなかった。やがて『中国』が発刊された。『中国』の意味も深いが、もし竹内主筆の小新聞が生まれていたならば、それはかならずユニークなものとなったにちがいない。戦後まもなく、竹内さんの厳しい日本共産党批判の文章を読んだ時、私の心はふるえた」（前掲「二〇年目の六〇年安保」『状況的』一〇〇）と述べており、こうした経験が、小新聞発刊の志、さらには後述する『中国』の発刊へとつながっていったことがみてとれる。また小新聞については、大阪高校の同級生だった後藤孝夫に、「竹内の構想とは世の常の新聞とは根本からちがう」と思わせる話をしたことの回想もある（後藤「よき友竹内」「月報」⑬一九八一年九月）。

竹内においては、「天皇制特集」の寄稿者に「イデオロギイ上の右も左もふくまれている」のは思想の科学研究会の原理に則ったものであり、「カモフラージュ」や「編集上のテクニック」によるものではなかった。ところが現実には、それを「カモフラージュ」などとみなし「左よりの言論だけが活発になることが、言論の自由の拡大だと思っている」「カッコづき進歩主義」の人たちが存在しているため、そのような「既成の理論に寄食しているか、天皇制的組織原理にいかれて、思想の根としての民衆を忘れている」人たちと対決することこそが「特集の眼目の一つであった」と私は推測している」と竹内は述べている（前掲「思想団体の原理と責任」⑨四六二）。「思想運動の団体ではあるが、特定の思想的立場を前提していない」思想の科学研究会は、「思想の多元性を認め、異なる思想がぶつかることよって思想そのものの生産性が回復されることを目標とする集団」であり（同前、⑨四六一）、福沢諭吉いうところの「多事争論」の原則が存在していたはずであった。

竹内によれば、思想の科学研究会はその組織原理に加えて、「思想の根としての民衆」に立脚し、「未発の民衆の思想を汲みあげることを思想主体形成の必須の条件としている」。竹内は、「げんに存在する自由を消極的に守るというだけにはおわらず」、「むしろ逆に、現実を言論および表現の自由の拘束状態としてとらえることから出発する。言い換えると、与えられたものを認めない」（同前、⑨四六二）という態度をとるべきことを改めて提示したのであった。これもまた、後手に回って「反動の思想」に対する反対だけを唱えるのではなく、自ら「主体」を立ち上げる必要を説いた先の提案と通底するものであったといえよう。

(5) 西郷隆盛の発見

竹内の明治維新論と表裏の関係になるのが西郷隆盛論である。そしてこの西郷を挟むことで、竹内の明治維新論は、その背景にある中国革命論との一体性が明らかになってくる。

竹内がはじめて西郷に言及したのは、一九四八年、魯迅をめぐる執筆活動の盛んなときであった。五月一六日脱稿した「指導者意識について」（⑥一〇六～一一九）のなかで、「反乱者西郷を元勲に祭りあげる」明治政府の開明性によって、かえって西郷は「人民的には殺された」とする。ここでは、西郷による反乱―西南戦争を明治維新から生み出された明治維新の否定＝反革命として受け止められない日本の「寛容の精神」が「ダラクした形で甘粕事件＊や五・一五に流れている」と、その歴史的継続をみる。そして「明治維新の革命が、反革命に対して勝利をえたとき、つまり反革命を圧殺することによってそれ自体が反革命へと転化する方向で革命に成功した」ことが失敗であったとし、その対照として「辛亥革命が、革命として失敗したことにおいて革命の原動力を失わなかった」ことをあげている。

＊関東大震災直後の混乱の最中、一九二三年九月一六日、甘粕正彦憲兵大尉らによって、アナキストの大杉栄・伊藤野枝と大杉の甥である橘宗一が憲兵隊に連行されて扼殺された事件。

のちの竹内の日記によれば、内村鑑三『代表的日本人』の「岩波文庫のうすい一冊」（初版一九四一年。鈴木俊郎訳）の西郷論に、「自分でいつ書き入れたかも覚えていない傍線があった」（一九六三年七月X日、⑯四一二）のを再発見したことが、後述する竹内の西郷論の集大成である「アジア主義」の最終的な構成を決定づけたという。岩波文庫版の『代表的日本人』は、まさにこの一九四八年に再刊（第二刷）されているので、この再刊こそが、竹内をして西郷に注目させる直接のきっかけとなったのかもしれない。

竹内が次に西郷を振りかえるのが、岩波講座『現代思想』に寄せた「アジアにおける進歩と反動」（一九五七年、⑤五七〜八一）である。ここで竹内は進歩と反動の観念規定を目ざして論を展開するが、それをアジアという場で考えたとき、西欧的進歩を踏襲した日本がアジアにおける反動となったことに着目し、今後の課題として七つのメモ書きを列挙する。この四番目に「日本ファシズムのイデオロギイの源流は、黒竜会、玄洋社とさかのぼってゆくと、西南戦争の反革命の巨頭である西郷隆盛にゆきつく。進歩の立場からは、西郷イデオロギイは反動として否定される（たとえばノーマン『日本における兵士と農民』参照）が、これは国民感情と背馳する」（⑤八〇）として、西郷の反革命がファシズムによって継承される道筋を示している。これへの準備を経て展開されたのが、「日本のアジア主義」（一九六三年七月、⑧九四～一五六）における西郷論である。

　こうして少しずつ温められてきた竹内の西郷論の集大成となったのが、明治維新百年をめぐる言説を展開するさなかに提出された「日本のアジア主義」である。前述（→本章1⑷）したように、『現代日本思想体系』第九巻「アジア主義」（筑摩書房、一九六四年八月）に「解説・アジア主義の展望」として発表されたこの論の本題であるアジア主義に限っていえば、西郷は「国内改革と対外進出を関連させる思考方法は、大井の独創ではなく、むろん「元祖は西郷隆盛である」（⑧一二〇）という思考的源流として位置づけられ、また大川周明に「宗教的感化を与えた先人として、晩年に追慕されているものが、石原莞爾、押川方義、八代六郎、さらに最大の尊敬の対象が西郷南洲だという点」（⑧一四二）を例としてあげながら、西郷への崇敬が頭山満や下中弥三郎などの多くのアジア主義者に共通している点を指摘する。この「西郷を反革命と見るか、永久革命のシンボルと見るかは、容易に片付かぬ議論のある問題だろう。しかし、この問題と相関的でなくてはアジア主義は定義しがたい。ということは、逆にアジア主義を媒介にしてこの問題に接近することも可能だということである」（⑧

一五六）と、起点として征韓論争にさかのぼるアジア主義の問題と西郷評価の中的評価の問題とが表裏一体のものとして位置づけられている。

竹内はこの問題を掘り下げるため、「後半部分が走り書き程度になった」（付記）というその後半の掉尾に「西郷の二重性」という一節を設け、西郷を反動として退ける「進歩史家」の冷たい評価に対して、「右翼」が西郷を貴重視し、また絶対化するのは、たんに西郷の膨張主義的側面のみを評価するものではないことを指摘する。その例として、大川周明が北一輝の『支那革命外史』を評価した文章を引く。

> 北君は、大西郷の西南の変をもって一個の反動なりとする一般史学者とは全く反対に、これをもって維新革命の逆転または不徹底に対する第二革命とした。そしてこの第二革命の失敗によって、日本は黄金大名の聯邦制度と、これを支持する徳川そのままの官僚政治の実現を招いた。維新の精神はかくして封建時代に逆行し、これにフランス革命に対する反動時代なりし西欧、ことにドイツの制度を輸入したので、朽根に腐木を接いだ東西混淆の中世紀日本が生まれた。かくのごとき日本が民族更生のために第三革命を必要とすることは北君にとりては自明の結論である。しかも日本の第三革命の前に、支那はまた風雲動き……（『日本週報』四七五号所載、一九五九年三月）

ここで竹内は、大川周明経由で北一輝を紹介するという、少々入り組んだ引用によって、西郷評価の系譜を際立たせている。その上で、「西郷が反革命なのではなくて、逆に西郷を追放した明治政府が反革命に転化していた」とする考え方は、「昭和の右翼が考え出したのではなくて、明治のナショナリズムの中から芽生えたものである」とし、「それと左翼が継承しなかったために、右翼に継承された」と位置付け、明治維新のもつ可能性の系譜がどのように受け継がれたのかを明らかにした。「日本のアジア主義」の中で西郷論を以上のように展開した竹内は、その掉尾を内村鑑三『代表的日本人』における西郷評価の紹介で飾っている。しかし執筆当初から内村を具体的に意識していたのではなく、先に見たように内村の『代表的日本人』が「うすれていた記憶かの底から不意に飛び出した」ことで「アジア主義は結局は西郷の評価に行きつく、という確信がこのとき生まれて、この際それを中間的結論にもってゆくことで論文全体に完結性を与えうると気がついた。そこではじめて構成のメドが立って、一気に書きあげられた」という（前掲、⑯四一二）。

さて、前項で見たように竹内の明治維新論は、竹内自身の思いが理解されないなかで「明治維新百年祭」提案が取り下げられ、運動論としての位置づけを失ってゆき、それとともに竹内が西郷に言及することもなくなった。中国革命の照射を受けながら明治維新に革命としての伝統を見出そうとした竹内は、「中国流に考えていえば、〝明治国家〟は成立が十年早すぎた。もっとも明治国家なんてものは、あの当時あったわけじゃない。あとで藩閥政府がでっち上げたものです。歴史の偽造をしたんだ」（⑨四二六）とし、また「孫文が明治維新を論ずると、未完の過程としてとらえる。これは自分の革命が永遠の過程であることの反映です。こういう点は見ならいたい」と、その革命的未成熟の基準を中国革命に求めた（一九六八年一月、「危機の時代の思想」⑨四二九～四三八）。

中国革命に範をとりながら「第二革命なしに第一革命が定着しないのは、ほとんど歴史の通則である」（⑧二四四）と規定した竹内は、西郷の西南戦争こそが明治維新に続く第二革命足りうる契機を秘めたものであったと考えたのだが、この西郷を第二革命の担い手とする見方は、たんにアジア主義者たちの系譜を遡って西郷にいきついただけのものだったのだろうか。ここで「第二革命」と西郷という二つの歴史的現象を中国における革命の推移の中に位置づけると、ある一人の人物が浮かび上がって来る。「中国の西郷」と称された黄興《こうこう》である。孫文の興中会・章炳麟《しょうへいりん》の光復会とともに中国同盟会の母体となった華興会を結成したこの革命家は、日ごろから西郷に私淑しており、西南戦争についても同情的であった。そしてこの黄興の西郷への心酔は、たびたびの日本滞在の中で交流のあった内田良平や頭山満など、当時のアジア主義者たちには有名なことであった。辛亥革命では主に軍事面で活躍した黄興は、中華民国成立後、袁世凱政府の招聘を断って下野し、袁世凱の専制化に反対する第二革命を戦うも南京で敗北し、日本に亡命した。その際、黄興は西郷にならって南京で討ち死にすることを選ばず、続く第三革命—護国運動まで革命家としての生き方を全うした。*

＊黄興の西郷への傾倒については、中村義「中国近代における西郷隆盛像」（『東京学芸大学紀要』第三部門社会科学第三九集、一九八七年）および、同「再論中国近代史に於ける西郷隆盛像」（『陽明学』第九巻、一九九七年）参照。

中国革命に深い関心を寄せ、また日本のアジア主義者たちの思想に接近していた竹内が、この黄興の存在に気づかなかったとは考えにくい。竹内は西郷の西南戦争＝第二革命という図式により、西郷をアジア主義者たちの精神的思慕の面のみの強調から解放し、いっぽうで「明治維新は中国革命の第一歩、中国革命は明治維新の第二歩」といった孫文の理念を西郷と西南戦争を媒介としてより論理化した。この竹内の思考の背景として、竹内の自覚があったにせよなかったにせよ、この「中国の西郷」たる黄興の存在を無視することはできないだろう。

　あるいは竹内は、「ポツダム革命」より始まった戦後の民主主義化における「第二革命」たるべき六〇年安保闘争にたいして野に下った自らのことを、西郷に重ね合わせていたのかもしれない。

3　『中国』から個人訳『魯迅文集』へ

(1)　「中国友の会」と『中国』

　東京都立大学の職を辞した竹内は、あらたな社会的活動の場を自らの手で作り上げてゆくことになる。大学のように生活の糧を得ることに寄与することのないかわりに、自由に思索し、モノを言える「中国の会」が、竹内のあたらしい居場所となった。

　この「中国の会」より早く、竹内は「魯迅友の会」を立ち上げていた。発足に先立って一九五四年に会報が刊行されたこの会を、竹内は復員直後に魯迅と向きあいなおすなかで構想したようであるが、直接のきっかけとなったのは『魯迅作品集』が「万の単位で売れた」ことで、ここから「読者の一割ぐらいは獲得できるかもしれない」と竹内は胸算用した（⑬四二六）。そもそもこの会は「魯迅によってしか満たすことのできないもの」の実体を、「魯迅を手掛かりとして共同で探求するための共通の広場」として企図したもので、それゆえ竹内は「私が友の会を作るのでなくて、友の会を作りたい人たちが共同でそれを作り、私は一員として参加する」という姿勢をついに崩さなかった（⑬四〇二）。

しかし会に集った人たちは、もちろん魯迅を関心の中心に据えていたとしても、やはり竹内好という思想家込みで魯迅をとらえる人も多かったろう。そういった会員からは魯迅友の会の会報を竹内の個人雑誌に改組して欲しいという提案もあった。この提案に対して竹内は「今はまだ個人雑誌よりほかになすべきことがある、というのが私の原則である」とする一方で、「しかし個人雑誌に籠る時代が来ないともかぎらぬので、その用意も考えている」と答えている（『魯迅友の会会報』第二六号雑記、⑬四三九）。竹内がこの「両面作戦」を表明したのは一九六一年一二月のことであるが、この一年ほど前から、竹内は普通社の肝いりによる「中国問題研究会」の共同研究班「日本の中の中国」を立ち上げていた。

一九六〇年一一月一一日に第一回の会合を開いた「日本の中の中国」研究班の活動は、「これまでの外交・政治史偏重の日中交渉史をそのなかにおける個性に光をあてることで再検討してみたい、あるいは中国直輸入の中国研究ではなく、日本の側からする主体的な中国研究」をつうじて「日中問題研究の現状をなんとかしたい」（『中国』第三号「編集後記」・無記名、一九六二年）との思いで一九六二年の秋まで続けられた。この間、竹内は一方では思想の科学問題の処理に奔走し、また茅盾や毛沢東などの翻訳に明け暮れていたが、この研究会を母体として新書判での「中国新書」の刊行と、その叢書への挿し込みの小冊子の作成というプランも生まれていた。このプランが実現し普通社より竹内の『現代中国論』を先槍とする「中国新書」の刊行が始まった一九六三年二月、竹内たちの仲間うちで「普通社の会」と呼びならわしていた研究会は正式に「中国の会」となり、また「中国新書」の別冊付録として雑誌『中国』が創刊された。竹内は『魯迅友の会会報』の場を借りて、この叢書と雑誌を次のように位置づけ、支援を求めている。

新書も雑誌も、中国をわれわれの外にある対象として見ないで、内部の問題として考えていこうという態度を根本において持している。それから、インテリの仲間うちだけの関心におわらせたくない、という心がけでいる。その点にいくらか類書とちがった特色があるかと思う。そこでお願いである。どうかこの出版企画を、いろいろの形で支持していただきたい。もしこの企画がある程度成功したら、それを基礎にして母胎である「中国の会」を拡充し、一つの運動の方向にもっていきたいと思う。そういう運動形態が、この際どうしても必要であるとわれわれは考える（『魯迅友の会会報』第三〇号「雑記」⑩四四四九）。

「魯迅友の会」では一歩引いた場所に自らを位置づけた竹内であったが、「中国の会」はこれが運動に転化することを期待した。またその広報の場である雑誌『中国』については、竹内自ら、「雑誌というと大げさすぎるかもしれないが、まあ雑誌とよんでおこう。うまくいけば将来独立の雑誌にするかもしれないからだ。今はまだ雑誌の卵で、その卵がかえるかどうかは不確定なのだが」（「中国を知るために」第一回「「中国」のなりたち」⑩四）と評し、編集責任者としてかかわってゆくことになる。

さて設立された「中国の会」の「綱領めいたもの」が紹介されたのは、雑誌の第三号の巻頭エッセイ「中国を知るために」においてである（⑩一四〜一五）。ここでその第一として取り上げられたのが「日中国交回復の実現に賛成するということ」で、竹内によれば「これは政治的に見えるかもしれないが、実はそうではない。政治以上のものである」ということになる。ここで竹内が言う「政治」には二つの意味が込められている。一つは会員間で一致しない「政治的立場」のことであり、もう一つが「国交回復をどういう手段で実現するか」であった。「中国の会」がその発足当初より、手段としての政治からの距離をとる姿勢であったことがわかる。

第二に「歴史を相当重く見る方針」として掲げられた「日中の連帯の伝統を見直す」という姿勢と密接な関連を持つのが、続いて第三にあげられた「中国を日本人の眼で自主的に見る」ことである。ここで竹内は、この方針を「われわれの研究が無国籍ではない、ということ」と言い換え、かつて翻訳論争（→第二章2⑵）で表明した日本人として中国に向き合うことの限界性への覚悟を継承したうえで、「この点は在来のいろいろの学界や団体に対して、いくらかひかえめな批判の意味がこもっていると受けとってもらってさしつかえない」と、戦争を経ても変わらぬ日本の中国学者との衝突をも辞さない姿勢を隠さなかった。

竹内は「生きている中国認識をわたしたち共通のものにしよう」という第四の「綱領めいたもの」を「個人的に気に入らぬ」としながらも、発足当初の「中国の会」に「サロン的なもの」を期待し、そのため雑誌『中国』も「できるだけ非政治性を特色に」しようとしていた。しかし竹内は「それが維持できるかどうか、これは何ともいえない。京都で出すならともかく、東京で出すかぎり、非政治性そのものが政治性を帯びることになりかねない」とさきの安保をめぐる一連の自らの行動が理解されずに、あるいは政治的に受け止められてしまったことへの悔悟の念をにじませていた。

　こうして政治性との距離を保つことを心がけながら船出した「中国の会」と雑誌『中国』であったが、竹内自身は激動する国際政治と無関係・無関心ではいられなかった。『中国』創刊直前には、激化しつつあった中ソ論争について、「持てる国」であり「平和な現状を維持することを最大の目標とするソ連」と、「持たざる国」であり「現状を絶えず平和の侵されている状態と考え、真の平和のために、現状の変更を善とする」中国との立場の相違から解く。そしてこの観点から言えば、軍事的に対立しているはずの米ソも文明観上は中国に対抗する存在であると位置づけることで、この論争を政治ではなく文明論の観点から説明する（「中ソ論争と日本の道」⑪二四八～二五二）。また、このころ伝わりつつあった中国による核兵器開発について「現状はやむをえない」と理解を示しつつ、このことによってＡＡ諸国に対する中国の発言力が強くなることを「遺憾」であると表明する（一九六三年二月、伊藤武雄との対談「中国について」『状況的』三〇八～三三六）。

　この時代、中国を正面に据える以上政治的な関心が並行することは避けられないことであり、「中国の会」も三月例会では中ソ論争をとりあげ、また雑誌『中国』にも中ソ論争や中国の核武装化についての言説が散見されるようになり、その性格にも変化が見え始めた矢先、創刊六号（一九六三年六月刊）にして雑誌『中国』は一時停刊のやむなきにいたる。発行元の普通社が業績不振から解散してしまったのである。版組みまで終わっていた『中国』第七号がようやく日の目を見たのは、第六号刊行から一年を経た一九六四年七月のことであった。「中国新書」も併せるかたちで勁草書房が「中国の会」の事業を引き受けることになり、この機会に「中国の会」も会員を公募する組織となり、その機関誌と位置付けられた『中国』は、「中国の会」の自主刊行物となった。そのため創刊号いらい表紙を飾っていた「竹内好 責任編集」の七文字は「中国の会」の四文字に置き換えられ、代わりに奥付が「編集委員　竹内好　尾崎秀樹　橋川文三」から「編集発行人 竹内好」と改められた。この奥付は、創刊から竹内の留学初期（第三三号）までの『中国文学月報』の奥付に「編集発行兼印刷人竹内好」と記されていたものが甦ったかのようであり、竹内のこの雑誌に対する意気込みと責任感の強さを感じさせる。

　創刊当初、この小雑誌に携わるよろこびを、竹内は次のように語っていた。

> 　このごろ私は編集者になった。というと大げさにきこえるが、実は不定期のちっぽけな雑誌（現状はまだ本のはさみ込み）の編集名義人というだけのことである。本は『中国新書』であり、雑誌は名だけ堂々としていて『中国』である。
>
> 　むかし『中国文学』という、これもちっぽけな雑誌をやったことがあるので、編集ははじめてではない。もともと編集という仕事はすきな方だ。学者、教育者、編集者とならべたら、編集者がいちばん性に合っているような気がする。今はしがない雑文書きに身をやつしているが、時来たらばという自負がある。いや、あった。

この自負にくらべて、雑誌はあまりにもちっぽけである。滑稽なほど小さい。判型が小さいばかりでなく、部数だっていくらもない。それでも私は二十数年ぶりに編集室の空気を吸ったことに喜びを感じている（「「日本のなかの中国」ができない話」『岩波講座　日本歴史』月報第一二号、一九六三年二月、⑬四八八～四八九）。

竹内は「編集者」としてのやりがいを感じながら、一方で無記名の巻頭言——創刊号のもの（⑰三八～三九）は全集編纂に際して竹内によるものと認定される——に続けて、「中国を知るために」と題して執筆された巻頭エッセイを担当する、まさにこの雑誌の顔であった。そして新しい体制の下での編集となった第八号から「中国を知るために」は巻末におかれ、雑誌のアンカーとなった。

さて、創刊当初の『中国』はいかにも手探りながらも、「中国に学び、中国を識り、中国について語る会」（『中国』第二号「編集後記」・無記名）であった「中国の会」の目標にふさわしく、わりあいにほのぼのとした出だしで時局的な問題とは少し距離を感じさせるものであった。しかし対象の気楽さにたいして、「中国を知る」ということに対しての竹内の厳しい姿勢は、この雑誌でも包み隠すことなく宣言されている。当初提案された「中国を知る会」という名称にたいして、「知る」という語が中国語にも英語にも翻訳できないという理由で反対した竹内は、第二号の「中国を知るために」を一年以上前に発表した「生活と文化」（『中国菜』第二号、一九六一年二月、③二八六～二八九）を転用しながら、その「知る」という行為に対する姿勢をただす、次の一文で締めくくっている。

われわれはじつに中国のことを知らない。それはもう驚くほど知らない。そして知らないことを十分には自覚していない。まず知らないことを自覚することが「知るために」何よりも必要である。中国を知らないということは、日本を知らないということと、かなりの分量で重なるだろうと思う。これは中国とかぎらず、どの外国でもいいし、とりわけ朝鮮についてそう言えると思うが、朝鮮についてはここではさしおいて、まず中国について考えてみることにしよう。われわれが中

図 36　雑誌『中国』創刊号・第 7・8・49・110 号

図 37　『中国』連載エッセイがまとめられた『中国を知るために』全 3 冊

国をどのように知らないか、というのが問題のAからZまでだ。
「知らざるを知らず」となすまでに至ることが、そもそも容易ではないのだ（⑩一一～一二）。

後の単行本化に際して「代用品「開講の辞」」と題し与えられたこの二回目の連載原稿に、竹内の変わらぬ知的貪欲さと知性への謙虚さは余すことなくあらわされ、その後も「中国を知るためには、中国以外のものを知る必要がある。世界から中国でないものを排除していけば、最終的に中国に行きつく。逆にいうと、中国を知ることによって中国以外のものを知ることができる」（「六　他山の石」⑩二八）と、「知る」という行為のもつ普遍的広がりを説き、また「教育とは加えることではなくて、変革することである、というのが私の信条である。「知る」とは、ある意味では奪うことである」（「五　造語法について」⑩二三）と、「知る」ことの難しさとも向き合いながら、「中国を知るためには、中国についての人それぞれのイメージを変革しなくてはならない。その変革すべきイメージが、人おのおの異なるということを、まず認めてかかることが必要だろう」（同前）と、その道筋を示してゆく。

体制を改めた「中国の会」にとって大きな課題となったのが、第七号に提示された「会と雑誌のとりきめ」暫定案の、特に第二項だった。第八号からは目次とともに雑誌第一頁目に掲げられた「とりきめ」（暫定案）のなかにある「政治に口を出さない」という項目をめぐって、さまざまな意見が寄せられるなかで、竹内は自らの考える政治との対決姿勢を開陳することになる。『東京新聞』（一九六四年六月一八日夕刊、⑬五〇〇～五〇三。のち、冒頭一段部分を改めて『中国』第九号に転載）に「「政治に口を出さない」の弁」として載せられた、竹内によるこの項目の解説によれば、まずここで言う「政治」とは、具体的には現状の日中国交回復運動のもつ「イデオロギイ的偏向」のことであった。それによって「日本国民の要求を丸ごととらえることには成功していない」既存の日中国交回復運動とは区別されることを宣言するとともに、このことが「政治からの逃避の意味」ではないことを力説する。

> 政治は人を力で律するものであるが、人間の精神の全領域を支配することはできない。もし政治が人間を全的に支配すべく企てるときは、人間が窒息するばかりでなく、政治もまた衰弱する。今日、平和運動や文化運動に、その弊害がいちじるしくあらわれている。日中問題も例外ではない。
>
> 文化運動は、自らの自律のために、政治の不当な支配を拒まねばならぬ。これは逃避ではなく、逆に政治にケジメをつけさせる道である。そのために、みずから直接の政治効果は禁欲せねばならない。カイゼルのものはカイゼルに。それが間接に政治効果を生み出すゆえんである。
>
> 政治そのものは不可避の悪であるが、政治主義は不可避ならぬ悪である。その悪をしめ出したい。

竹内の「政治」観がここまで総括的に、また赤裸々に語られるのは珍しいことであった。しかしこれは先に見た第三号の「中国を知るために」で「日中国交回復の実現に賛成する」ことを説明するために表明した「政治」観や、「政治は最初からタナにあげている。「中国を知るために」政治の門から入るべきではない、いや、政治の霧を透視するためにこそ「中国を知る」ことが大切なのだ、というのが私のそもそもの前提である」と第六号（「六　他山の石」⑩二八）で示した姿勢から積み重ねられてきたものであった。

新体制による『中国』刊行が軌道にのるなかで、竹内は「中国を知るために」上で、なお無理解が続く「支那」呼称への批判を展開する（「九　中国と支那」「十　大岡さんの場合」「十一　幽霊の説」「十二　支那から中共へ」「十三　一回休み」「十五　朝日のこと、竹山さんのこと」「十六　流れた「支那」論争」「十七　犬養さんと吉川さん」「十八　名を正さんかな」⑩四一～一〇二）。ここで竹内は、「支那」という呼称を退けて「中国」とよぶことを、知識の問題から広げて対外認識の根幹の問題として提起する。そしてこの話題に一区切りつけると、続いて中国の度量衡問題を取り上げる（「二十　度量衡のはなし」「二十一　度量衡のはなし（続）」「二十二　玉を引く」「二十三　訂正と補足」「二十四　人民の力」「二十五　まず助数詞から」「二十六　個と人」⑩一〇六～一四〇）。中国人の生活感覚を知るという意味では「中国を知るために」にふさわしい話題ともいえるが、当初より「日本の変革は、急進的だが可逆的、中国の変革は、漸進的だが不可逆である」（「二十　度量衡のはなし」⑩一一〇）と、話を近代化論に広げ、度量衡をその具体例として位置づけている（「二十一　度量衡のはなし（続）」⑩一一三）。

> 三十年代の前半は、国民党による全国統一が完成し、それにともなって一種の国民文化が形成される時期である。その時期に、伝統の度量衡はなおかつ統一されていないこと、しかし他方で、市尺という新しい単位が進行を始めていたことがわかる。

ということは、伝統の単位の統一がおくれたことが、逆に新しい単位の採用を容易にした、という推定をもたらすわけだ。かりに日本のように単一化、基準化が進んでいたとしたら、たとい「市」という中間単位を設けたところで、果たしてメートル法への接近が今のようにスムーズに実現したかどうか。

おくれているものは、進んでいるものを追い越す、という法則はここにも当てはまるようだ。

『中国』の刊行が安定した一九六五年の竹内は、編集のために神田三崎町におかれた事務所に一〇日に一度のペースで通うほか、中国の会の研究会や明治維新研究会、憲法問題研究会に出席しながら、一九六三年秋以来つづいていた経済思潮研究会（のちの徳間書店）による『中国の思想』シリーズ（一九六六年四月完結）の監修者の一人として、かつて毛嫌いしていた「漢文」に正面から取り組む日を送っていた。立間祥介による『竹内好著作ノート』（図書新聞社）が刊行されたのもこの年である。『ノート』に寄せた「自画像」（⑬一四八～一五八）の中で竹内は、「私は評論家として中途ハンパであるごとく、学者としても中途ハンパである。また教育者としても中途ハンパである。どれにも専念することができず、まとまった業績を残すことができなかった」と自らを評価し、「私という人間の才能の特色は、ある種の組織能力にあるかのごとくである。それも三軍の総帥という柄ではないので、せいぜい独立守備隊の隊長格である。帷幕には馳せ参ぜず、さりとて単騎潜行もしない。ある程度の自由裁量の幅があり、戦闘の合間には釣りもできる。私はこの境地に至極満足である」と、「中国の会」と『中国』を中心とした生活の自適さを告白し、これまでの仕事の「守勢と成熟を志そう、と決めた」。竹内はすでに前年の晩秋から、これまでの自らの仕事をまとめる評論集の構想を練りはじめていた。筑摩書房の松下裕にゆだねていたその腹案もこの夏のおわりには受けとり（一九六六年に全三巻の『竹内好評論集』として刊行）、竹内はゆるやかにその「晩年」を志向するかにみえた。しかし翌年に竹内は「私は一年前に思うところあって、評論の筆を絶った。新しい発言はしないことに決めた」（「学者の責任について」一九六六年六月、⑧二四七）と、より厳しい表現で一九六五年を自らの転換点と位置付けることになる。

　竹内は一九六五年の初秋の声を聴くころから、体調に異変を感じていた。やがて一時は危篤状態となるまでに体調は悪化し、ひと月を越える入院と合わせて一一月いっぱいまで自宅での静養を余儀なくされることとなる。そして静養明けの一二月にはいると中国文学研究会の旧同人、千田九一急逝の知らせが届く。自ら死に直面し、また既に岡崎俊夫を失っていた中国文学研究会の仲間がまた一人逝くなかで、「友人の死にはめぐりあったが、自分の死はまだ実感に程遠い」（一九六六年一月一二日、⑨四〇九）としながらも、「常と非常とは紙ひとえであり、常が非常をふくみ非常が常をふくむのが、われわれの人生なのだろう。そしてその究極に死があるのだろう」（同前）と、かつて召集されたときに意識した自らの死について再び目を向けるようになっていた。

(2) 文革と日中国交回復

一九六六年には、竹内は二つの会から脱会する。部落問題研究所（→第二章3(6)）と日本中国文化交流協会である。竹内は「日中友好協会には一度も加入しなかったが、文化交流協会の方は、設立の趣旨に賛成だったので、最初から二口会員として入会し、今日まで会員であった」（魯迅友の会会報第三六号、一九六六年四月、⑬四六四）が、「日中友好協会と一体化して、その興行部門のような形になってきた」文化交流協会が党派性にもとづき中野重治ら新日本文学会系統の文学者を除外する形で「魯迅逝世三十年記念会」を開催しようとしたことが、竹内を交流協会から脱会させるきっかけとなった。竹内はこの問題を広く討論することを魯迅の会に訴えた。竹内が問題としたのは文化交流を目的とする機関が文化統制を行い交流を妨げる機関に転化している実態をとりあげ、またそうなった背景として中国による魯迅評価を日本にそのままお仕着せる自主性の喪失を指摘しながら「本来人民に帰属する権力を私物化するから、自己抑制を失ってこうなるのだ」（同前、⑬四六六）と、文化交流協会を厳しく断罪する。

一九六四年一〇月の中国による核実験に反対する声明に加わっていた竹内は、こうして現実の中国との窓口をさらに狭めることになったが、その中国はまさにこのころ文化大革命の嵐に突入しつつあった。このころおこなわれたインタヴューのなかで竹内は「わたしは今、ぜんぜん情報をもってないんで、新聞もろくに読まないんで判断するだけの材料がないんだ」（『日本読書新聞』一九六六年六月六日、「予見と錯誤」⑨四二二）と、四月の中国・全国人民代評者会議常務委員会における郭沫若の自己批判についての具体的な論評を避け、「少ない情報にもとづいて、あとを自分の主観で埋めて判断することはむしろ有害だとおもいます。それは警戒しなければいけない」（同前、四二二）と、同時進行する中国情勢への性急な判断を戒める立場に立つことになる。一方で「まあ非常に極端な場合のことを言えば、毛さんでも批判をうけるかも知れない。つまり、毛沢東思想という理想化された一つの基準があって、それから言うと今の毛さんは良くないという批判も出てくる可能性がある、出てきてもおかしくないんじゃないかと思います」（同前、四二三）と、文革「後」を予見するような発言も飛び出している。

中国で進行している事態の実態がつかめないにもかかわらず、自らの中国への認識が求められる現実に対して、竹内にはある種のいらだちのようなものがあったのではなかろうか。それが半年後の小田実との対談のなかに垣間見ることができる。

> 恐らくいま与えられている情報は、非常に不確実で、かつプロポーション感覚が欠けていると思う。中国社会全体の中でどういう動きがあって、どの部分でどのくらいのプロポーションであんな動きがでているのかということは、わからないです。知識と判断力があれば、ある程度の仮説はだせると思うんだが、もう私の力ではできない。だから今は全部保留しているんです（「ナショナリズムの戦後的定位をめぐって」『状況的』一八三）。

このような不確実な情報の下で「たよりになる情報がないという肝心の点ね。それを忘れて、作為的な情報によって、なんとなく中国の認識というものが日本で作られつつある。これは大変危険なものだと思いますね」（同前、一八四）と、日本の中国認識がより一層不確実なものになって行くことに危機感をつのらせていた。

竹内がこのように同時代の中国の実情が日本からは見えなくなっていることを語ったのは、対談の司会をつとめた鶴見俊輔からの、竹内が提起した中国文化の近代化モデル——五・四運動を起点とする近代化モデルが中国の現実に結びつくか否か、という問いに対する答えのなかであった。この問題提起に対して竹内は「五〇年当初、人民中国ができた当初に予言したことは、だいたい当たったんだ」としながらも、「この一〜二年の新聞に出てるようなことは、私の予想とは全く外れたんだね」と戸惑いを隠さない。その理由として「この革命は新民主主義といわれる過渡期がかなり長い、という見通しを立てた。かなり長い期間を経て、漸次おだやかな方法で社会主義に移行すると思ったんだな。ところが少しずつそれがくずれましたがね。こんなに一挙に急激にくずれるとは思わなかった。その点では、全く私の予想ははずれたんですよ」と、中国における共産主義化の進行の速さを見誤ったことを認め、またその原因の一つとして「中ソ論争とか米中の対立の激化とかね、これを予測できなかった」（同前、一八二〜一八三）と、中国をめぐる国際情勢の変化を予測できなかったことをあげている。

これ以後、竹内からは、中国に対する評論の言葉は少しずつ聞かれなくなってゆく。もちろん竹内本来の目的である日本社会の矛盾を暴きだすための鑑としての中国という「方法」は相変わらず続くことになるが、そこで提示される中国像は、竹内に「保留」された中国社会の実像とは、当然のように乖離のきざしを見せていった。

一九六八年五月、「この問題は私にはわからない」と一度は断りながらも「なぜ私が文化大革命について発言しないか、その理由を述べてご参考に供したい」と、自らの文革へのスタンスを語るために、参議院選挙を目の前に控えた日本社会党の「党社会主義理論委員会」で報告をしている。この席で竹内は文革を「理解する必要がある点は疑わないが、理解が非常に困難であることも同時に認めなくてはならない。そしてその困難が、認識対象よりも認識の主体側の条件に多くかかっていることを忘れてはならないと思う。それを忘れて、欲すればいつでも正しい認識が得られるように安易に考え、自分勝手な意見が横行している現状について、いわばその精神の怠惰が私には不満なのである」（⑪三〇一～三〇二）と、日本人の中国認識の試金石とみる。竹内は文革に注目しつつも、文革をどう見るかではなく、文革を見つめる日本人の姿勢をどうみるかに関心を寄せていた。そんな竹内の目に映る日本の文革報道は、戦前の中国報道と近似するもので、それは「中国は進歩するはずがない、中国は永遠の停滞だというまちがった前提、または先入観にわざわいされて、その（底流としての中国社会の前進性——引用者）一貫性を見失った」という「過去の日本の中国認識の弱点」が「今も改まっていない」（⑪三〇三）からであると厳しく指摘する。

竹内にとって、こういった文革をめぐる日本人の中国認識の問題は、日中の国交回復の問題と表裏の関係にあった。「フランスは正規の国交回復した国だが、それでも中国のことはわからんですね。

いわんや日本は、というべきです。それでは、国交回復すればわかるかと言うと、そういうものではないけれども、国交回復をしないでおいて、わかるはずがないということは、もっと強調したいわけだね」（武田泰淳との対談「私の中国文化大革命観」、一九六七年五月、『状況的』二九五〜二九六）と、「戦争のあと講話が結局実現しないで、講和どころか戦争終結宣言もやらないで、現在に至っている」（同前）日本の対中国政策が、中国理解の困難さをもたらしているとする。

一九六八年三月三一日、ジョンソン大統領はヴェトナム政策の転換を発表し、五月にはパリで北ヴェトナムとアメリカとの交渉が開始された。事実上の米中戦争として日中の国交回復を国際構造の上で阻害していたヴェトナム戦争が、ようやく終息の方向へ舵を切ることになったのである。これに先立って竹内は、「アメリカと中国は非常に似ている点があるんで、戦争不可避と同時に、百八十度回転して、一挙に平和が実現する可能性もあるような気がする。日本の政府あるいはリーダーたちには、そういうヴィジョンが欠けている」（鶴見俊輔・橋川文三との対談「アメリカのことと中国のこと」一九六七年一二月、『中国』第四九号、一四頁）と、アメリカの外交政策の君子豹変を、日本の政治家を批判する中で可能性の一つ程度に指摘していたが、はからずもこの予言が実現する前提が成立したことになる。

このジョンソン声明によりにわかに日中の国交回復問題がとりあげられるようになるが、竹内は「それを見ていると、問題の立て方が、日本が中国を承認するのがよいかわるいか、承認するとすればいつ、どんな方法がよいか、といった具合である。大部分がこんな調子である。まるで日本だけの一方的意思で中国の運命が決まるような安易な考え方が支配的になっている。これほどまでに歴史が忘れられてしまったのか。まさに空白だ、という感がした」（⑪三四六～三四五）。こういった動きを受けて編集された、雑誌『中国』の一九六八年八月号（第五七号）は、日中国交回復に対する竹内の思いのこもった渾身の特集号となった。

「国交回復の条件」と題した特集は、日中国交回復を考えるうえで外すことのできない資料を時系列に位置づける竹内による解説を巻頭に掲げ、具体的にはカイロ宣言（一九四三年一一月）から蒋介石の談話（一九六八年六月）までの資料を掲載し、この特集だけで雑誌の半ばをしめることになった。また特集に続く形で掲載された「ドラマとしての国家――明治の外交にふれて」と題した竹内と武田泰淳・萩原延寿・橋川文三らとの座談は、明治外交を多面的にとりあげることで、前史としてこの特集を補完した。闊達な座談にたいして歴史的経緯の丁寧な解説に終始した竹内の解説であったが、それは歴史を忘れることで進められる皮相的な国交回復論の中で、日中間に積み残された諸問題が未解決のまま残されることへの警句であったのだろう。この特集の直後、竹内は竹内泰宏との対談のなかで「勿論、米中が突如和解するということもあるかもしれませんがね。第二次大戦の時の独ソ協定なども、われわれにとっては実にショッキングな事件だったからね。現実政治では、往々そういうことが起るからね。そうなると日中問題や日中戦争に後始末がつかないまま、置きざりにされるわけですね」と、起こりうる最悪の状況への懸念を吐露している（「「政治と文学」の新次元」、一九六八年一〇月、『竹内好談論集Ｉ　国民文学論の行方』二一七頁）。

竹内は「日本の歴代政府は、口さきはともかくとして、本心は中国と講和する気がないんだ」「政府の方針は一貫して講和しない、いや講和しないばかりでなく、あくまで中国と敵対関係をつづける、いろいろの事情から判断して、それしか考えようがない」（⑪三五四）と政府主導の外交への不信感を強めていた。また一方では、日中国交回復は「あくまで人が基本である。人と人、民衆と民衆とが手を握るのが、講和なり国交回復なりの内容でなくてはならない」（一九六八年一一月、⑪三四四）にもかかわらず「国民に講和の意志があるなら、政府を動かして講和させることができるではないか、また、政府が動かなければ、政府を取りかえることができるはずではないか。ところがそれができない。してみると国民に意思がないということになります。意思がないというより、たぶんそんな未解決の大問題があることを忘れてしまったのでしょう。政府はともかくとして、国民がこれではどうにもならない」（⑪三五四）ことから、「中国との講和を目標とする言論活動をやってまいりましたが、数年前にもうあきらめました」（同前）と告白する。

　こうして竹内は、「国際情勢の緊迫化にともなう中国の対日姿勢の変化」とともに「日本国民の心理」がこのようなものである以上、日中国交回復について「悲観的な見透しを脱けられない」（⑪三四六）とするが、それでは竹内は日中国交回復を諦めたのだろうか。竹内は雑誌『中国』で「歴史の復習をやる」ことで、「まず良心の痛みから再出発したい」（⑪三五七）と日中国交回復運動の再構築を目指し、「中国との国交回復は、中国のためではなく日本のためであること、利欲のためでなく道義のためであり、民族の再生のためであることを肝に銘じなくてはなりません」（⑪三五六）とする。

かつて日中間の戦争を、侵略される中国への安易な同情心からでなく、日本が「弱い者いじめ」をしている点から嫌悪した竹内だったが、この日中国交回復問題であらためて一貫してゆるがないその姿勢を示すことになった。

　こうして日中国交回復問題に揺れた一九六九年、竹内は中国からの復員後初めて日本を離れることになる。武田泰淳・百合子夫妻とともに「白夜祭とシルクロードの旅」に参加し、ソ連と北欧を訪れたのである（六月一〇日～七月五日）。中国へ旅行する機会をことごとく退けてきた竹内であったが、日本とは地理的にも文化的にも逆の側から中国を見られることを期待し、シベリアから中央アジア経由で約一ヵ月の旅路についた。武田百合子による旅行記『犬が星見た——ロシア旅行』（中央公論社、一九七九年）には天山山脈に見惚れる様子や、竹内にとって「今度の旅行の目玉だった」というヤルタ会談の会場を見学し損ねて落胆する姿とともに、食卓にあしらわれた日の丸や竹内を先生あつかいするガイドの世辞に嫌悪をしめす、いかにも竹内らしい素の姿があふれている。

　この旅行で中国の東に位置する日本とは逆の側から中国を見たことによって新しい視点をえたことを、竹内は次のように語っている。

> 　旅から一年半たって、当時の印象が整理されてほぼ定着したところで過去をふり返ってみると、私が中国の西部、すなわち東トルキスタンについて何かを考えようとするとき、いままでは旅行前といっくらかちがう考え方を自分がしているのに気づく。つまり、西から向って対象をはさみ打ちにする逆作用が加わったことを感じるのである。そしてそれによって自分の認識の狭さが是正さ

> れつつあるのを感じるのである（「八十一　天山と砂漠」⑪三八）。

こうした年来の盟友との気の置けない旅行は、日中国交回復問題を悲観的にとらえる竹内にとって良い気分転換になったであろうが、国際政治の現実が再び竹内を悲観の縁に追いやることになる。この年の一一月、一月にジョンソンに代わって大統領に就任したニクソンと会談した佐藤栄作首相は、共同声明で「台湾の安全」を日米安保堅持の理由の一つとしてあげた。また翌年六月に期限切れとなる日米安保は自動更新する方針が示されていた。日米安保を「あきらかに中国に敵対する軍事同盟」（⑩三七二）と呼ぶ竹内は、このような日本の外交的姿勢の下での日中国交回復に、あらためて絶望感を表明する。

> その点でいうと、中国と講和せよという主張を、私はつづけてきたわけです。中国と講和のない状態がつづいているのはよくない、まず講和をせよ、もし政府がしなければ、政府にさせるべく運動を起こす。ところが運動がダメになってしまったので、それなら歴史の勉強からやり直すほかないということで、いまの雑誌（『中国』）をやっているわけですけれども、つくづく近ごろ考えてみて、おれはまちがっていたんじゃないかという気がする。もう選択はとっくにすんでいるということだな。中国とは永久に敵対関係をつづけるというのが、これは安保とかなんとかの関係ではなくて、明治以来の不動の方針というか、日本の国家あるいは日本の国家をなりたたせている日本社会そのものの、絶対に変更できない姿勢じゃないかという気がする。そうすると、それを変えようと思ってやってきたことはまちがっていた、変えさせられないものだと近ごろは

思うようになった。だから、どんな大きな変革があろうと、革命があろうと、この姿勢を変えることはできないんじゃないか。政治よりもっと大きい問題なんだな。[illegible]十年の幅で考えて」鶴見俊輔との対談、一九六九年一二月、『状況的』二三[illegible]。

竹内の懸念をよそに、日中の国交回復は日本の頭越しの米中接近と、日本国内の政治動向によって現実の政治日程に上ってくる。一九七一年七月一五日、キッシンジャー米大統領補佐官が極秘訪中し、さらに翌年五月までにニクソン大統領が訪中することが電撃発表された。財界を中心に盛り上がる日中国交回復論をよそに、竹内は「私は、結論だけ申しますと、日中間の国交回復は不可能だと思います。もう数年前から不可能に近いくらい困難だという気はしていましたが、日米共同声明によって、最後に残っていた一縷の望みを絶ち切られました」（「尻馬にはのれない」一九七一年一〇月、⑪三八〇）と、ニクソン・ショックを目の当りにしても一九六九年段階の判断を微動だにさせない姿勢を示した。すでに米中の接近を現実の可能性の中に織り込んでいた竹内にとっては、当然のことだったのかもしれない。

またこのころ日中国交回復をも争点化させた佐藤長期政権の後継が争われた国内政治の動向に対して竹内は、「「三角大福*」の帰趨がきまる前」に書かれた「中国を知るために」（「九十八　筋書き」⑪一四〇）の中で、「アメリカのお墨付きもあるし、財界の公認ずみである」「中国との国交回復は、いずれ実現するだろう。遠からず実現するかもしれない」とし、また「中国からすれば、相手が「三角大福」であろうと何であろうと、自分の提出した原則*を認めるかぎり、交渉に応ずるだろう」と、佐藤後継の座がいずれの手に帰すにせよ日中国交回復が進展することを既定路線とみた。しかし一方で、「日本人民の良心がかけられ、それによって中国人民との連帯が期待可能であった形では、ついに日中国交回復は、実現されなくなったことだけは肝に銘じておかなくてはならない」と、来るべき国交回復が本来望まれる形のものとは変質することも既定の事実と考えた。それは、「六〇年の安保改定にしても、七二年のいわゆる沖縄返還にしても、国民の願望は利用されただけである。実現された結果は変質したものであった」という苦い経験からくる予測であり、「日中国交回復にしても、もう一度ニセ金をつかまされない保証はない」のであった。

＊佐藤後継を争った四人の総裁候補、三木武夫、田中角栄、大平正芳、福田赳夫のこと。竹内がこのような政治的俗喩を使うのは比較的珍しい。

＊＊一九五八年、周恩来首相が発表した「中国人民を敵視しない、二つの中国を作らない、両国の関係正常化を妨害しない」という国交回復三原則をさすと思われる。

政権をめぐる争いは、竹内が「筋書きどおり」と言うように、本命と見られていた親台湾派の福田赳夫が、日中国交回復を掲げる田中角栄に自民党総裁選で敗れるかたちで幕をおろした。七月七日に首相に就任した田中角栄は矢継ぎ早に国交回復のための手を打ち続けたが、この田中内閣の動きに対して竹内は「講和の原点」（一九七二年八月二〇日、⑪三八七～三九四）と題して目の前に進行する事態への向き合い方を世に問うた。

まず竹内は急展開する国交回復の動きが「日本の人民の意志とは直接に関係のない」「日本の総資本のイニシアチブによるもの」であることを「非常に残念」におもうとし、また「基本認識の点であやふやな」財界をスポンサーとし、「大勢順応の伝統[redacted]質をもち、[redacted]らゆる場合に変身可能なマカ不思議な術を心得ているかもしれない」政府にたいし[redacted]は、「われ[redacted]は、じつに無力であった、自分をふくめて無力であった、と痛感」する。しかしそ[redacted]ゆえにこそ[redacted]われわれ人民は、それとは別に、将来の自分たちの生き方に非常に大きなかかわりをも[redacted]この問題[redacted]いて、態度決定を迫られて」いると、竹内は訴えた。その態度決定とは、講和の原点[redacted]あるカイ[redacted]言とポツダム宣言に違反すると中国が批判するサンフランシスコ講和条約、「申すま[redacted]もなく、[redacted]安保条約および日華平和条約と三位一体のもの」（⑪三八九）を根本的に変えること[redacted]たいする[redacted]であり、すなわち「日華平和条約の破棄という原則にはそういう重い意味を持ってい[redacted]ることを忘[redacted]はなりません」と注意をうながす。そしてその受けとめかたによって、「これを機と[redacted]して、戦後[redacted]んとに終わらせることができるか、それとも戦後をなしくずしに戦前に引きもどすも[redacted]」という「[redacted]本社会にかなりの大変動を引きおこす」力すら、日中国交回復には込められていると[redacted]たのである[redacted]

　九月二五日から始まった北京での日中国交回復交[redacted]は、二九[redacted]中共同声明の署名で幕を閉じた。この日中交渉のゆくえを見守った様子は、一一月号[redacted]して刊行[redacted]れた『中国』（第一〇九号）の連載「中国を知るために」（「一百一　迷惑」⑪一五八〜[redacted]八四）から[redacted]がえる。「どうせニクソン訪中の二番せんじだから、見るほどのことはあるまいと最[redacted]はタカを[redacted]っていた田中訪中のテレビを、北京到着の場面だけを除いて、つい全部みてしまった[redacted]竹内は、「[redacted]は主役の表情ばかり気にしていた。会談の成否が気になってならなかった。調印式の[redacted]会がおくれ[redacted]しきなど、不吉な感じがした」ほど

「力こぶを入れてテレビに齧りついていた」という。そして「共同声明の内容が逐次紹介されるにつれて、肩からスーッと力がぬけてゆく感じがした」という。それは共同声明の内容が「ほとんど予期のとおり、というよりも、予期以上のものだった」からで、「よくもここまでやれた、というのが正直な印象」だったためである。この共同声明で「中国の犠牲者たちは、これではまだ浮かばれないかもしれないが、少なくとも日本の戦争犠牲者たちは、やっと瞑目できるのではないか」といえるほどであり、竹内の日中国交回復についての「悲観論は見事に打ちくだかれた」。

「国交回復だけが目標ではないが、それが重要な目標だったことは否めない」中国の会と雑誌『中国』にとっては「その目標はついに果たされた」ことになり、「かえりみて、われわれの努力がムダではなかったことを、何者かに感謝したい気がする」一方で、「わが中国の会も、この際、一応の任務完了を機として解体するか、そうでなければ性格変更が必要となる」と竹内は考えた。その一つの答えとして「国交回復を実質的なものにし、自主的な文化の創造を、人民レベルの友好関係の基礎の上に進めていくには、何をすべきか、という新しい問題」を提起し、「会員の総力の結集によって、この課題に解答を与えなくてはならない」ことと、「戦争終結をいやいや承認した」「政府の実行を監視する役目」を、中国の会と『中国』のあらたな責任として提案する。このあたらしい役割を思うと「いっぺん軽くなった肩が、また重くなるのを感じる」竹内であった。

こうしてこの年の三月刊行号をもって通巻一〇〇号を数えていた『中国』に新しい使命を与えた竹内であったが、いっぽうで中国の会、というよりも雑誌『中国』は大きな曲がり角をむかえていた。

一〇月二九日におこなわれた安藤彦太郎・新島淳良・[redacted]四郎・[redacted]秀樹・橋川文三・飯倉照平を交えての座談会は、「カオスから新しい中国像を——雑[redacted]『中国』[redacted]年」と題されて『中国』第一一〇号に掲載された。この座談の記録は司会を務めた飯[redacted]による[redacted]の雑誌は、この一二月号で、一応のピリオドを打とうという案も出ている」という提[redacted]からは[redacted]っている。竹内は「結論が少し早すぎる」と慎重な姿勢をみせるが、野原は「竹内さん[redacted]さっき[redacted]誌をやめるなんてことを、そう性急にいっちゃいかんといっていたが、何かしら、やめ[redacted]兆しの[redacted]なものをね、腹の中に持っているらしくもある」と、竹内との付き合いの長さを感じさ[redacted]る発言[redacted]ている。雑誌の廃刊を主張する安藤と存続を主張する尾崎とのあいだにあって、「竹内[redacted]んは迷[redacted]いるようにみえるわけ」とする橋川は、「〝中国〟という存在は、竹内好のものだけじ[redacted]いん[redacted]しながらも、竹内が「半分しかものをいわない」ために「若い連中に希望がなくなっ[redacted]うん[redacted]竹内の姿勢に戸惑う周囲を代弁している。この前年には『中国』編集部員が「中国[redacted]」名[redacted]塚支援のカンパを募る事件もおきており、竹内の原則的な部分が「若い連中」に理解[redacted]れなく[redacted]つつある現状への疲労感は、竹内にも周囲にも既に蓄積されていた。

この座談会に先立つ一〇月二六日、中国の会の一[redacted]月例会[redacted]た、『中国』の今後をめぐっての意見が交わされていた（「「中国問題」を廃語に——中[redacted]の会・[redacted]月の研究会から」『中国』第一一〇号）。この席上で竹内は、「この雑誌がいままで持っ[redacted]きた批[redacted]姿勢というものが、ものをいう時期は、半年なり一年なりは続く」としながらも、「し[redacted]し、そ[redacted]けではいけない。雑誌というものが、先見性をもつがゆえに存在理由があるのだとすれば、いまここで、先を読まなきゃならないわけです。状況が変わったから、それじゃあなんとかしよう。そういう対応の仕方では手遅れなんです」といい、すでに日中国交回復が実現する以前の「八月以来、いろいろな点を考えあわせてみて、一応、この形の雑誌は、ここで打ち切るほうがいいんじゃないか、というふうに傾いてきた」と、すでに雑誌の打ち切りが念頭にあったことを打ち明けている。

　こういった動きの中で、竹内の背中を押したのは、『中国』一一月号（第一〇九号）の巻頭を飾った座談会「映画「アジアはひとつ」をつくって」であった。竹内は翌号の『中国』に載せた「中国を知るために」（「一百二　非力」⑪一六五～一六九）を「先月号は、とんだ失敗をやらかしてしまった。時が時だけに、この失敗は痛い。まことに相すまぬ次第である」と、謝罪からはじめた。この座談の記録とその解説では「中華民国」という国号が歴史的段階や語り手の言葉を越えて一部使用されており、また特に先島諸島から台湾までを見通す、「沖縄復帰」後の地図中には「中華民国」の文字が大書されていた。「この記載は、二つの中国を認めることであり、中国人民を敵視することである」（「十一月号でおかした大きな誤まりについて」『中国』第一一〇号）と編集部を批判した竹内は「読者と発行元である徳間書店とにおわび申し上げる」と、やおら雑誌の休刊について語りはじめる。

　日中国交回復により「日中問題」が将来的な消滅に向かうべきであるという見通しのもとでは、ついに「（暫定案）」をとることのできなかった中国の会の「とりきめ」第六項「日中問題を日本人の立場で考える」は「書きかえるか、はずすべき」ものとなり、「そうなると全体の構成がくずれるので、とりきめ暫定案そのものを作り直さなくてはならない[illegible]集方針も再検討が必要になる」（⑪一六七）のだが、雑誌『中国』の「現存の力は、私の自[illegible]は及第点をつけられない」（⑪一六八）とする。さきの「中華民国」表記問題もこの「非力」さと[illegible]間接には関係がある」（⑪一六八）のである。

こうして雑誌『中国』の休刊を決めたことについて、竹内は「いささか、いや大いに独断専行のきらいはある」と自認しながら、「わがままな言い分かもしれないが、状況が動かなければ、自分を変えることによって状況を動かすほか手段はない。これは言論機関として当然の行動様式だと思うがいかんと」と問いかける。「すべて始めあるものは終わりあり、ただし有終の美をなさなかったことは確かだ。まことに残念である」（⑪一六九）という一文をもって、竹内の『中国』と「中国を知るために」は幕を下ろした。

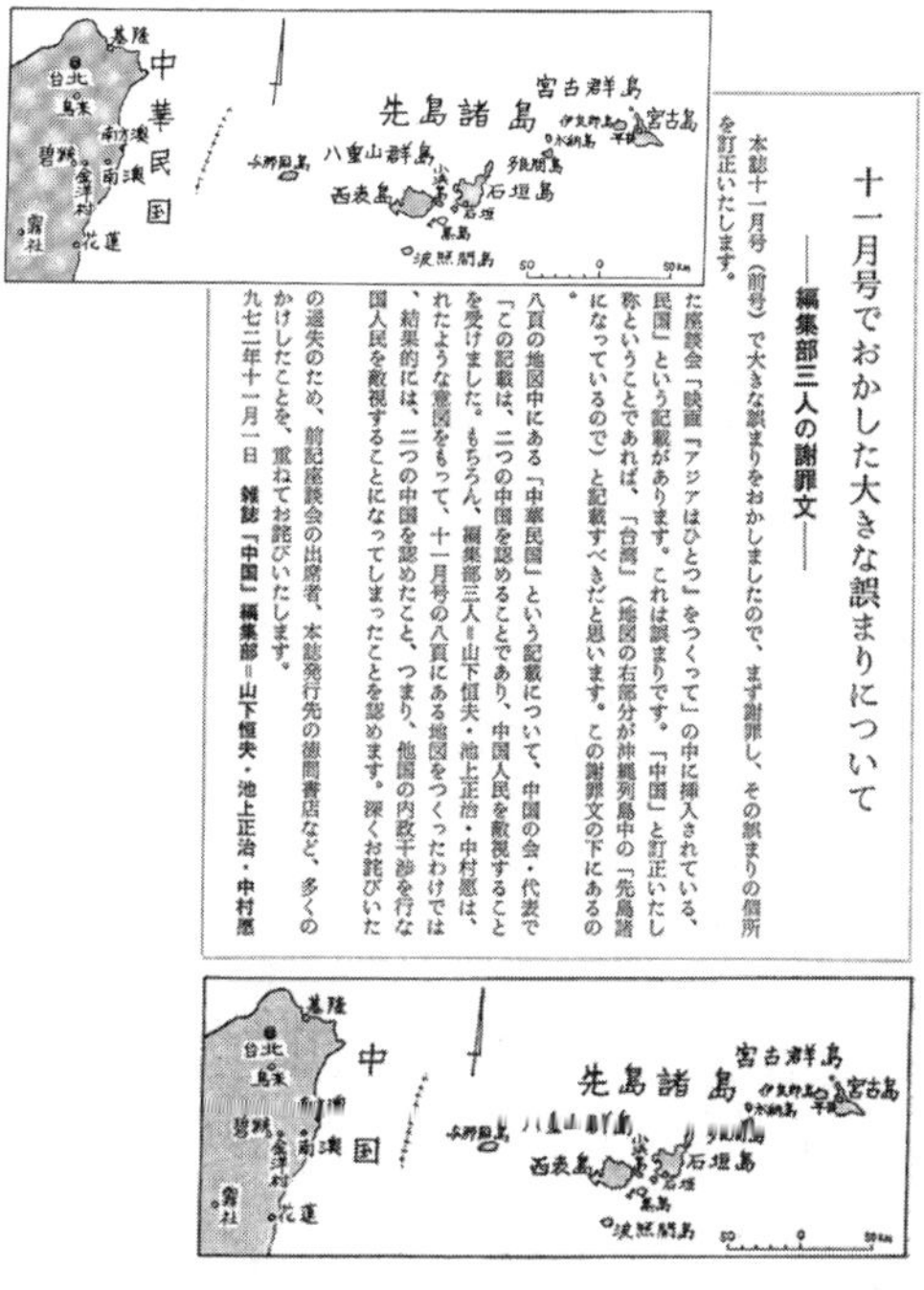

十一月号でおかした大きな誤まりについて
——編集部三人の謝罪文——

本誌十一月号（前号）で大きな誤まりをおかしましたので、まず謝罪し、その誤まりの個所を訂正いたします。

た座談会「映画『アジアはひとつ』をつくって」の中に挿入されている、
民国」という記載があります。これは誤まりです。「中国」と訂正いたし
称ということであれば、「台湾」（地図の右部分が沖縄列島中の「先島諸
になっているので）と記載すべきだと思います。この謝罪文の下にあるの
。

八頁の地図中にある「中華民国」という記載について、中国の会・代表で
「この記載は、二つの中国を認めることであり、中国人民を敵視すること
を受けました。もちろん、編集部三人＝山下恒夫・池上正治・中村愿は、
れたような意図をもって、十一月号の八頁にある地図をつくったわけでは
、結果的には、二つの中国を認めたこと、つまり、他国の内政干渉を行な
国人民を敵視することになってしまったことを認めます。深くお詫びいた
の過失のため、前記座談会の出席者、本誌発行先の徳間書店など、多くの
かけしたことを、重ねてお詫びいたします。

九七二年十一月一日　雑誌『中国』編集部＝山下恒夫・池上正治・中村愿

図38　雑誌『中国』第109号に載せられた地図，第110号に載せられた謝罪文と修正された地図

(3) 最後の仕事

雑誌編集者の立場から下りた竹内には、その最後の年となった一九七二年に『朝日ジャーナル』に間借りして企画編集した「近代日本と中国」という特集連載を単行本にまとめる作業が残されていた。この連載で注目されるのが板倉照平による「竹内好と武田泰淳」という回である（『近代日本と中国』下巻、朝日選書、二六七〜二八五頁）。対象となったのは中国文学研究会の活動期に限られているが、一九七一年に『中国文学月報』『中国文学』の復刻をはたした竹内は、少なくともこの中国文学研究会の時代までの自らの活動が、すでに歴史の中に還元されるべきものであることを承知したのであろうか。自らのこれまでの歩みを振りかえる竹内には、しかしまだ大きな仕事が残されていた。魯迅の個人訳である。

竹内が最後の魯迅訳の準備を始めたのは一九七一年一月だったというが、実際の訳業にとりかかったのは翌年の二月からであった。筑摩書房から一九七六年一〇月より『魯迅文集』として刊行されることになるこの翻訳の最初の訳稿三〇枚を出版社に渡せたのは一〇月一一日のことであったが、この直前、竹内の思いとは異なった形での日中国交回復が実現し、また中国の会の解散が決まっていた。年が明けて一月の下旬、竹内は階段から転落して二ヵ月以上の入院生活を余儀なくされる。以後の年譜を見ると、葬儀への出席が目立って多くなっている。寂寥感の増すなか、スキーの回数が増える一方で訳業は遅々として進まず、ようやく訳稿が順調に出来上がるようになったのは、一九七四年も四ヵ月を過ぎたころからであった。第一巻にあたる『吶喊《とっかん》』と『彷徨《ほうこう》』の最終稿を筑摩書房に引き渡たと思っております。読者がアッと驚くひそかな期待さえありました」（③四五〇）と、その「解説にかえて」の中で語っている。この第三巻の解説は文字通り竹内の「語り」である。本文と訳注の原稿提出から半年後、すでに病床から離れることのできない身となっていた竹内は、中村愿への口述によって第三巻を解説した。

　この第三巻に訳出した、魯迅が陳源との間に繰り広げた論争をめぐる評論によって、竹内は魯迅における論争の形式の形成過程を追った。また、その過程を正確に伝えるために、論争の背景にあった「女師大事件」と呼ばれる北京女子師範大学を舞台とする大学当局と学生、そして学生を支持する教員たちとの争議について三ヵ所にわたる訳注を付している。この時、北京女子師範大学の学長は中国で初めて女性の大学学長となった楊蔭楡《よういんゆ》であったが、彼女は第三革命と袁世凱の没後に転変した北京政府を掌握した段祺瑞《だんきずい》の下で司法総監となった章士釗《しょうししょう》を背景として、五・三〇事件前夜の昂揚する革命気運への学生の参加を禁止し、許広平ら反対派学生を退学処分とした。この革命気運に対しては消極的であった魯迅であったが、この学生処分に正面から反対することで運動の渦中に巻き込まれて行く。竹内は「思いつくままに」への注（第三巻、三九八～三九九頁）で論争にいたるまでの経緯を説明するが、これに次ぐ「他妈的《ターマータ》」への注（同、四〇三～四〇四頁）では魯迅に対する陳源の誹謗を紹介するのみで、魯迅からの反論はタイトルを紹介するにとどめている。そして「「フェアプレイ」はまだ早い」への注（同、四一〇～四一一頁）では、事件の後半の経緯を淡々と時系列で説明しながら、魯迅の免職と復職について触れている。そして半年後に解説を口述する竹内は、三つの注で「ふれらとして使用することで「おいなりさん」というこなれた訳を回避し、もって臼田の「おいなりさん」に深く刻まれた日本の軍国主義の色彩を拒絶したのではなかろうか。

しかしそんな竹内の個人的な思いとは関係なく、竹内の「地蔵堂」という訳は独り歩きを始めてしまう。それは竹内にとっては本意ではなかったであろう。最終的に竹内は、人民文学出版社版の『魯迅全集』につけられた「土地廟」という注をそのまま訳語に転用することで、安易な追従による「誤解」を避ける道を選んだ。ちなみに阿Qの住んだ土穀祠のモデルとされる祠廟が魯迅の故郷・紹興郊外にあり、現在では阿Qの故郷として観光地化されているが、これは竹内が想像した「専任の管理人がせいぜいひとり、または無人で近所の人が鍵をあずかる」「小さな廟」ではなく、いくつもの廟宇を連ねる立派なものである。

図39　臼田の稲荷山（2019年3月7日，山田撮影）

第二巻『野草』の訳稿が筑摩書房に納められたのは、前巻の訳稿提出から四ヵ月足らず後の、翌一九七六年一月二九日のことであった。ここから同じく四ヵ月を経て、六月四日には評論を集めた第三巻の原稿が仕上がる。「この三巻こそ自慢のたねの一つで」、「北京時代の評論を訳者の好みで取捨選択したものであり、これまで訳のなかったものも多数あり、これまで知られなかった魯迅の重要な側面が訳者としては満足できる程度に出されれなかった落穂」（③四五三）として、一九二〇年代の北京教育界における派閥の問題や学生運動と大学当局との問題を説明しながら、「大規模な学生運動はいつも当面の外交問題を要求にかかげる」（③四五五）としている。ここでは当時の中国が抱えていた外交問題の対象が日本であったことを指摘し、日本の中国侵略の構造的継続性を訴えるが、竹内が訴えたかったのは、はたしてそれだけだろうか。

革命が裏切り続けられる混沌の中華民国の中で、大学権力の不当を訴えたために国家権力から罷免された魯迅は、その復職を訴えることこそが権力との戦いとなった。一方で「ポツダム革命」が反動化する渦中にあった竹内は、六〇年安保を民主と独裁という枠組みでとらえたことで、本来の安保問題への関心を越えてこの運動の渦中に自ら身を置くことになり、自ら権力につらなる「公務員」という立場に三下り半を突きつけるべく職を辞した。現象と結果は正反対のものであったが、取り巻く環境とその職をかけた戦いの姿勢とは、見事なまでに同じ軌道を描いていた。竹内はそのことに気づいていたのだろうか。気づかずにこの異例な連作注が生まれ得ただろうか。この注を書きながら十数年前の自らに思いを馳せなかったのであろうか。この第三巻で紐解いた魯迅の戦いの歴史を、竹内は自らの戦いの歴史に重ねていったように思えてならない。

第三巻の訳稿をあげた竹内は、難航したという第一巻の解説や第四巻の訳稿を進めつつ、体の不調を感じることが多くなっていた。低温と大雨に見舞われた暗い夏がようやく明け、次いで襲ってきた台風一七号の被害もさめやらぬころ、竹内のもとに武田泰淳重病の知らせが入る。『魯迅文集』第一巻の上梓が目の前に迫るなか、一〇月五日夜半過ぎ、危篤の報に駆け付けた竹内を待つことなく武田泰淳が、また竹内をおいて先に行ってしまった。従軍経験で先を行き、茅盾の翻訳で先を行き、『司馬遷』で『魯迅』の先を行き、そして竹内が果たせなかった文学者としての道を歩いた武田を失った竹内は、魯迅文集の完成に全力を傾けながら、最後となった講演のため京都に赴く。岩波書店の文化講演会での「魯迅を読む」（一〇月一八日、③四五六〜四七三）は、竹内の最後を飾るにふさわしい、投げかけるものの多い内容となっている。

　武田泰淳や『魯迅』の思い出から始まったこの講演で、竹内は自らの「近代化に複数の型がある」という仮説と、その前提となった「近代化は人類の歴史に不可欠な命題である」という思いを、いったんは否定する。そしてあまりにはっきり目にみえてきた「近代社会の崩壊、近代文学の崩壊」に対して、第三世界からの解決を期待する。竹内は最後に近代を捨てたのだろうか。竹内は言う。「近ごろ共同体論が盛んで、共同体であればよしという風潮さえありますけれど、私はそれはやはりちょっと疑問に思う。そうではあるまい。それだと歴史がなくなるんですよね」。そして、近代文学を例にとって、個人と個人を結ぶ「媒体」が巨大化し管理されることで「自由意思で選択できる個体」が喪失されることを、近代の崩壊と位置付けている。すなわち、竹内は歴史性を持ちえない共同体の自己展開による解決を否定し、自由意思をもつ個の確立への志向を失わなかったのである。

　しかし竹内にとって、この個の確立を保証するかに見えた近代は、一方では逆に個の管理と抑制への契機をもはらむ「近代絶対化論」へもつながるものであった。竹内はその次に期待したものの形を明確に示すことはしなかったが、なお自由意思を実現する個への志向に留まり続けようとしたことはこの講演からも明らかであり、その実現された状態を「近代」と称するか否かという問題を越えて、まさに永久革命的に近代的「個」の社会的実現を求め続けたのではなかろうか。

年が明けて一九七七年一月一六日、竹内は先に見た『魯迅文集』第三巻の解説を口述する。ここで、「仕事ができる体調にもとれるのは、まだ半年かそこら先になるでしょう」と自らの体調の見通しと残された仕事への意欲を語った竹内だったが、ついにこのやり残された仕事――『魯迅文集』に復帰する日をむかえることはなかった。

空一面に雲が垂れこめる三月三日、竹内は前日までとうってかわって病床でおだやかな眠りを続け、その夜、生涯を閉じた。

竹内好　略年譜

年月日	事項
一九一〇年一〇月二日	長野県佐久郡臼田町一三七番地に、父武一、母起よしの第一子として生まれる。
一九一二年一〇月	父の転勤に伴い新潟県長岡市に転居。
一九一三年一一月	父の転勤に伴い東京市麹町区飯田町に転居。
一九一五年二月	父、税務署を退職し事業をはじめるも、うまくゆかず。
一九一七年四月	麹町区立富士見小学校に入学。
一九二三年四月	東京府立第一中学校（現・都立日比谷高校）に入学。
一九二四年一一月六日	母、急死。
一九二七年三月	中学四年で一高、三高を受験して失敗。
一九二八年三月	府立第一中学校卒業。
一九二八年四月	大阪高等学校入学（文科甲類）。
一九三〇年一一月	寮生の刊行する雑誌『帝陵』編集委員の生徒が特高に引き渡されるという事件に対して学校当局を糾弾する演説を行い、仲間とともにストライキを行う。
一九三一年三月一〇日	大阪高等学校卒業。
一九三一年四月	東京帝国大学支那文学科入学。
一九三一年九月一八日	**満洲事変勃発。十五年戦争の時代はじまる。**
一九三二年八月七日	外務省対支文化事業部による「朝鮮満洲見学旅行」に参加。
一九三二年八月二二日〜一〇月八日	大連で解散後、北京に私費留学。これ以後、中国文学に興味を注ぐ。
一九三三年一二月	卒業論文「郁達夫研究」を提出。

一九三四年三月一日	武田泰淳・岡崎俊夫らと中国文学研究会を立ち上げる。
一九三四年三月三一日	東京帝国大学卒業。
一九三四年八月四日	中国文学研究会として、新居格らが東京日比谷で行った周作人・徐祖正の歓迎会開催に協力する。
一九三五年二月	中国文学研究会機関誌『中国文学月報』創刊。
一九三五年四月一四日	武田泰淳、目黒署に連行され四五日間留置（謝冰瑩事件）。
一九三六年二月二六日	**二・二六事件。**
一九三六年一一月	『中国文学月報』誌上に「魯迅論」と魯迅のエッセイ「死」の翻訳を載せる。
一九三七年七月七日	**盧溝橋事件勃発。日中全面戦争に拡大。**
一九三七年一〇月一七日	外務省文化事業部の補助金を得て、北京留学に出発。
一九三七年一一月	中国語と日本語の相互学習の相手として楊聯陞と知り合う。
一九三八年二月二三日	父の希望により、見合いのために一時帰国。
一九三八年三月七日	父、死去。
一九三九年一〇月一五日	中国留学を終了して北京を離れる（二一日　東京帰着）。
一九三九年一二月二四日	父所有の白金の家を売却し、目黒区上目黒に転居。
一九四〇年一月	中国文学研究会を改組し、『中国文学月報』も『中国文学』と改称（四月刊号より）。
一九四〇年四月	回教研究所の研究員となり、中国部門を担当。
一九四〇年一二月三日	東京で第一回大東亜文学者大会が開かれるも不参加。
一九四一年五月	日本評論社と『魯迅』の出版契約を結ぶ。
一九四一年一二月八日	**対米英宣戦布告。アジア太平洋戦争はじまる。**
一九四一年一二月一六日	「大東亜戦争と吾等の決意（宣言）」を執筆（『中国文学』第八〇号、一九四二年一月号に掲載）。

一九四二年二月一七日 ～四月二七日	回教研究所の調査として中国に行き、日本軍勢力範囲の華北・内蒙古・華中を回る。
一九四三年一月二三日	中国文学研究会の解散と『中国文学』の廃刊を提案し、決定。
一九四三年一二月四日	千葉県佐倉町東部第六四部隊にて、中支派遣独立混成第一七旅団補充要員となる。以後、中国の湖北省および湖南省で兵役に服する。
一九四四年一二月二〇日	『魯迅』刊行。
一九四五年八月一五日	湖南省岳州で敗戦を迎える（陸軍一等兵。八月三一日　召集解除）。
一九四五年一〇月一〇日	湖北省武昌で第四野鉄司令部鉄道運営隊の臨時通訳となる。
一九四六年六月二六日	復員し、品川駅に到着。翌日から北浦和の妹の家に身を寄せる。
一九四六年九月	中国文学研究会（同年三月再建）に、以後毎回出席。
一九四六年一二月	倉石武四郎より東京大学助教授への就任を打診されるが辞退。
一九四七年九月三〇日	飯塚浩二の紹介により、東京大学東洋文化研究所で丸山眞男に会う。
一九四八年四月一二日	「中国の近代と日本の近代」（『東洋文化講座』第三巻、同年一一月）を脱稿。
一九四九年三月七日	杉照子と結婚。
一九四九年七月一四日	「思想の科学研究会」発会式に出席。
一九四九年一〇月一日	**中華人民共和国建国宣言。**
一九五〇年二月一六日	第一子裕子生まれる。
一九五〇年四月 ～五一年六月	雑誌『展望』に「日本共産党論」を連載。
一九五〇年六月二五日	**朝鮮戦争勃発。**
一九五一年七月一九日	第二子紹子生まれる。
一九五一年九月八日	**サンフランシスコ講和条約調印。**

一九五一年九月　雑誌『文学』に「日本文学における民族の問題」を寄稿し、「国民文学論」に加わる。

一九五一年九月　初めての評論集『現代中国論』刊行（河出書房・市民文庫）。

一九五二年一月　東京大学東洋文化研究所への入所を内諾するも実現せず。

一九五三年二月　『魯迅評論集』（岩波新書）を刊行。

一九五三年六月六日　福永健司官房長官選挙違反糾弾浦和市民大会実行委員長となる。

一九五三年六月　東京都立大学人文学部教授に就任。

一九五三年七月二七日　朝鮮戦争休戦協定調印。

一九五三年七月二七日　思想の科学研究会会長に就任。

一九五四年五月　第三次『思想の科学』編集長となる（〜一九五五年四月号まで）。

一九五四年七月一〇日　「魯迅友の会」準備会を組織。

一九五四年一二月一六日　東京都武蔵野市吉祥寺に転居。

一九五五年七月九日　思想の科学研究会会長を辞任。

一九五六年一月　日本教職員組合講師団に加わる。

一九五七年四月二一日　「魯迅友の会」を正式に発足させる。

一九五九年一月　部落問題研究所機関誌『部落』に「沖縄から部落まで」を執筆。

一九五九年三月　日教組講師団を辞任。

一九五九年一一月　「近代の超克」を『近代日本思想史講座』第七巻（筑摩書房）に発表。

一九六〇年二月一五日　「民族的なもの」と思想」（『週刊読書人』）のなかで、「明治維新百年祭」を提案。

一九六〇年四月〜五月　安保問題関係への集会への出席、講演が続く。

一九六〇年五月一九日　新・日米安全保障条約の承認案、衆議院特別委員会で強行採決。翌日、衆議院本会議通過。

一九六〇年五月二一日　新安保条約強行採決に抗議して、都立大学に辞表を提出（六月三〇日、依願免職辞令により免職）。

一九六〇年六月四日	「民主か独裁か」（同名の講演は五月三一日）が『図書新聞』に掲載され、議論を呼ぶ。
一九六〇年六月	部落問題研究所評議員となる。
一九六一年一月二五日	「方法としてのアジア」と題し、国際基督教大学アジア文化研究委員会主催「思想史方法論講座」で講演。
一九六一年六月	「日本とアジア」を『近代日本思想史講座』第八巻（筑摩書房）に発表。
一九六二年九月三日	『思想の科学』〈天皇制特集号〉（一九六二年一月）を発行元中央公論社が断裁破棄した事件に関わり、「思想団体の原理と責任」（『週刊読書人』）のなかで同社との絶縁を宣言。
一九六三年二月	中国の会（「日本のなかの中国」研究会を改称）が雑誌『中国』を創刊。その編集責任者となり、「中国を知るために」の連載を開始。
一九六三年八月	『アジア主義』〈近代日本思想体系〉第九巻、筑摩書房）を編む。
一九六五年三月	**アメリカ軍による北爆の本格化により、ヴェトナム戦争激化。**
一九六六年三月	部落問題研究所会員を辞める。
一九六六年四月〜六月	『竹内好評論集』全三巻（筑摩書房）を刊行。
一九六六年五月	**中国で文化大革命はじまる。**
一九六九年六月六日	東京駿河台において「差別を考える会」を主催。
一九七〇年一〇月	対談集『状況的』刊行（合同出版）。
一九七二年五月二五日	**沖縄の施政権、アメリカより日本に返還（「本土復帰」）。**
一九七二年九月二九日	**日中共同声明調印により、日中の国交正常化。**
一九七二年一二月	雑誌『中国』を、日中国交正常化により役割を終えたとして通巻一一〇号をもって休刊とする。
一九七三年一月二七日	**パリ平和協定調印により、ヴェトナム戦争終息に向かう。**
一九七六年九月九日	**毛沢東死去。文化大革命終息に向かう。**

一九七六年一〇月一〇日	武田泰淳の葬儀委員長を務める。その後、体調悪化により自宅での静養に入る。
一九七六年一〇月	『魯迅文集』（全六巻、筑摩書房）の刊行開始。
一九七六年一二月一日	吉祥寺の森本病院に入院。
一九七六年一二月九日	食道ガンを患っていることが判明するが本人には告げず。
一九七七年一月一三日	胃の穿孔手術を行う。このあと一時元気を回復。
一九七七年三月三日	入院先の森本病院で死去（満六六歳）。
四日	自宅にて通夜。
五日	密葬。
一〇日	信濃町の千日谷公会堂にて無宗教による葬儀（喪主竹内照子、葬儀委員長・埴谷雄高）。

参考文献

岡山麻子『竹内好の文学精神』（論創社、二〇〇二年）
菅　孝行『竹内好論―亜細亜への反歌―』（三一書房、一九七六年）
黒川みどり・山田智編『竹内好とその時代　歴史学からの対話』（有志舎、二〇一八年）
立間祥介編『竹内好著作ノート』（図書新聞社、一九六五年）
鶴見俊輔・加賀美光行編『無限のナショナリズムを越えて　竹内好を再考する』（日本評論社、二〇〇七年）
鶴見俊輔『竹内好―ある方法の伝記―』（岩波現代文庫、二〇一〇年）
鶴見俊輔『アジアが生み出す世界像―竹内好の残したもの―』（ＳＵＲＥ、二〇〇九年）
中村　愿『戦後日本と竹内好』（山川出版社、二〇一九年）
平石直昭「竹内好における歴史像の転回―大東亜・魯迅・アジア―」（『思想』九九〇、二〇〇六年一〇月）
松本健一『竹内好「日本のアジア主義」精読』（岩波書店、二〇〇〇年）
松本健一『竹内好論』（岩波現代文庫、二〇〇五年）
松本三之介「戦後思想と竹内好」（テツオ・ナジタ・前田愛・神島二郎編『戦後日本の精神史―その再検討―』岩波書店、一九八八年）
丸川哲史『竹内好　アジアとの出会い』（河出書房新社、二〇一〇年）
渡邊一民『武田泰淳と竹内好』（みすず書房、二〇一〇年）
靳丛林『竹内好的魯迅研究』（北京大学出版社、二〇一二年）
孙歌『竹内好的悖论』／孫歌『竹内好という問い』（北京大学出版社、二〇〇五年／岩波書店、二〇〇五年）
薛毅・孙晓忠編『魯迅与竹内好』（上海书店出版社、二〇〇八年）

あとがき

『阿Q正伝』にならって、この「あとがき」を本書のタイトルについての話から書き始めることをお許しいただきたい。本書はその企画段階から「評伝」として位置づけられ、執筆され、刊行の運びとなった。しかし執筆中たえずまとわりついて私を悩ませたのが、そもそもこの評伝とはいったいなんなのか、という疑問であった。古典中国が生んだ歴史書の執筆形態・紀伝体では、まず「伝」があって本文のほとんどを占め、そのおしまいに、短いが的確な「評」をつける。司馬遷の『史記』なら「太史公曰く」と、評者の記名——太史公は司馬遷の官職名——から始まるこの評が、やがて時代が下り、官撰「正史」を編む史官の形式主義を充足させるためだけの無記名で無味乾燥なものになったころ、中国の史書はその文学性を完全にうしなった。

さて、竹内好を評しようとするいとなみは、竹内生前の菅孝行によるもの（『竹内好論』三一書房、一九七六年）から、比較的近年に話題になった中国人研究者・孫歌によるもの（『竹内好という問い』岩波書店、二〇〇五年）まで、まさに汗牛充棟の感がある。それらの豊富な蓄積のうち竹内と同時代のもの、あるいは竹内の謦咳に接した世代によるものには、竹内と評者があたりまえのように共有する時代の空気感があり、それが竹内を直接知らない世代には、かえって竹内の思想の理解を少々難しくしているようにもおもえる。本書筆者の一人である山田もまた、竹内を直接知らない世代として竹内の思想を学ぶなかで、竹内が無意識のうちに前提としている時代の空気がかえって壁となってしまい、その理解にずいぶん遠回りもさせられた。そういった経験のなかで、竹内の歴史――「伝」を整理することで、竹内の思想的理解を自分なりに深められるのではなかろうか、という下心が芽生えてきた。しかし竹内の伝としては、すでに『竹内好全集』の最終巻に詳細な年譜があり、また近刊の中村愿『戦後日本と竹内好』（山川出版社、二〇一九年）も、十分に竹内伝としての資格を持つ好著であった。

　そこで本書で私は、まずこれまであまり詳しく検討されてこなかったように思える竹内の中国経験――特に留学と戦争について、自分なりに納得できるところまで調べてみた。その結果、これまでに竹内の思想を論じた人々にとっては必要ないレベルまで具体化してしまったかもしれない。しかしこれは、中国のリアリティをどのように感じるのかという世代の差がなさしめたものであるように思う。日本人が実際に中国を自由に歩き回れるようになる前の時代にあっては、竹内の中国経験についての具体化・詳細化はかえってそのリアリティを失わせる危険性にも転化したであろう。しかし現在、日本人にとって中国を旅することは特別な労苦をともなうものではなくなり、私自身もその恩恵に浴することしばしばであった。そういった経験を持つものとしては、竹内の中国体験を具体化せずに曖昧模糊なまま処理されると、なかなかリアリティを感じることができなくなってしまう。そのため、中国への関心のうすい人たちにはあまりなじみがないであろう湖南省北部の地についても、自ら足を運んで細かな事実を追い求めることになってしまった。

また竹内の翻訳についても、これまでの竹内研究の蓄積とは少々異なった角度からの紹介になっていると思う。ＡＩの長足の進歩により、単純翻訳の労苦からの解放が現実のものとなりつつある現代ではあるが、機械的な正確さを越えた文学的個性の領域にＡＩが踏み込んでくるのは、まだはるか未来のことであろう。そしてすでにこの領域に達していた竹内の訳業は、学校教育の現場で覆いかぶせるようにして養成されるお仕着せの「思考力」などでは永遠にたどり着くことのできない、「思想」としての営為であったのではないだろうか。だからこそ、竹内が翻訳を通じて伝えようとしたことの意味をもう一度考えなおしてみたいと思った。

本書で紹介したように、竹内は人生を通じて価値観の押しつけを何よりも嫌った。そして、その感覚を殺すことなくさまざまな経験をへて、絶対的価値としての近代を信じながらも近代「化」の方法を固定化して押しつけることを否定するという思想を確立させた。その思想は、あらゆる「成功」を固定せずに、むしろ「失敗」＝成功への抵抗にこそ、主体的な成功への契機を見出すことで、真の個の確立につながる「他者感覚」をえようとするものであった。このような感覚的柔軟性を欠いて「あるべき近代社会のすがた」を押しつければ、その理想自体が、いうなれば文化に対するモラル・ハラスメントとなってしまうことを、竹内は見抜いていた。また民族も国家も、その契機としての抵抗への触媒にすぎないということを、竹内は充分にわかっていたからこそ、日本と中国、それぞれの民族に愛惜をもちつつも、執着はしなかった。ましてや、自国民には愛国心を強要しながらも、他国民の愛国心は否定するなどというダブルスタンダードなどは、あり得るものではなかった。

こうして社会の矛盾に自らがどのように向きあうかという方法を確立した竹内であったがゆえに、現代中国文学にとどまることなく、矛盾に苦しんでいたさまざまな対象へとその関心の翼を広げることができた。本評伝ではこのようにして竹内がおよばせた関心の範囲をできるかぎり追いかけたつもりではあるが、なお言及の足りないことも多く残されている点は、ご寛恕をいただきたい。

執筆を終えてふりかえってみると、私の担当箇所は評よりも伝に重点が置かれたものとなってしまったように思える。にもかかわらず本書を「竹内好詳伝」とか「詳説竹内好」とかにしようとは思わなかった。たとえば竹内の死に至る最後の半年、これは『全集』所載の年譜に比べても簡略な記述に、意図的に終始した。また、旅行とスキーを愛し、酒色に溺れることもいとわないその魅力的な人間性についても、没後の追悼文集などにさまざまな証言が残されてはいる。しかし、竹内思想に直接する契機を文言で確認しにくかったこれら生活者としての多くの側面には、あえて触れようとはしなかった。これではとうてい「詳伝」と呼ぶことはできない。

もちろん竹内の豊かな人生をより具体的にかつ詳細に書くことは可能だろうが、竹内の思想に近づくために直接必要でない情報を詰め込んだ結果、事項ばかりが無味乾燥に羅列される「詳説」に堕してしまうのは、竹内の精神に近づこうとして本書を手に取る人たちに対して、きわめて不適切な執筆態度となるだろう。それよりも竹内の人生の節目ごとの思想的位置づけについて、筆者なりに整理することを優先し、ここに「評」としての効果を期待した。こういった執筆者がわの思いもあり、本書を当初の予定通り「評伝」と題し、副題も「生涯と思想」ではなく「思想と生涯」として上梓することになった。

竹内流に言うならば、この評伝は竹内の人生の「翻訳」と言っていいのかもしれない。少なくともそのようなつもりで読んでいただければ、筆者としては幸甚です。

（山田　智）

私は、中学生のときに魯迅の翻訳者として竹内好に出会っており、その竹内の訃報を新聞で知ったのが大学に入学する直前のことであった。魯迅の作品をとおしてしか竹内を知らなかったにもかかわらず、なぜかその時の記憶は鮮烈である。

それから数年して『竹内好全集』の刊行が始まった。大学四年生になっていた私は、予約注文してあったそれを、発刊されるごとに大学生協の書籍部に受け取りにいった。今なおそのことが懐かしく思い出される。魯迅や文学関係の著作を収めた一〜三巻は赤、日本社会の問題についての六〜九巻は黄緑、といったように、帯の色が違っていたこともささやかな楽しみだった。心弾ませて下宿に持ち帰り、そのつど興味のある論文を拾い読みしていた。しかし、竹内好の思想はなかなか一つの像を結んで、私の前に立ち現れてきてはくれなかった。私が竹内を多少なりとも理解できるようになったのは、本論でもしばしば論及した丸山眞男に導かれた側面も大きかった。その後、今から九年前に始めた近現代日本のアジア認識をテーマにした小さな研究会で竹内にとり組んだのをきっかけに、『竹内好全集』を歴史学研究者の良心として悉皆的に読むことで、ようやく私なりの竹内の思想像を描くことができるようになったように思う。

前回の論集に収めた評伝（「二一　ドレイからの脱却を求めて—戦後社会のなかで—」、前掲『竹内好とその時代』）に続いて、本書も差別の問題にいささか紙幅を割きすぎたかもしれない。しかし、それはたんに、これまで竹内のなかの顧みられてこなかった側面を補うというだけにとどまらず、否むしろそれが竹内の思想を理解する上での重要な柱をなしていたと考えるがゆえのことである。

竹内が沖縄や被差別部落は「日本の縮図」だと言い切ったことは、それらが竹内の思想の根幹に位置するものであることを明示している。それは、しばしば見られるような、マイノリティに言及することで免罪されると考えているかのように、つけ足り的に沖縄や被差別部落の問題を論じる態度とはまったく異なっている。あるいはまた、被差別者の側にだけ沈潜していくありかたとも一線を画していた。竹内にとって日本の社会を変革することと差別問題の解決は一体不可分であり、それゆえ、日本社会の根底に潜む閉鎖的な精神構造を持った部落（被差別部落に限定しない）共同体の強靱さを見つめ、そこから日本社会を変革しようとしたのであった。「序」でも述べたことだが、「国民文学論」や「明治維新百年祭」も、そのために底辺のナショナリズムをすくい上げるべく提唱されたものであった。

竹内があらゆるところに蔓延る〝権力〟にたいして、歯に衣着せることなく舌鋒鋭く批判したのも、丸山眞男の表現を借りるならば、まず社会の病理の剔抉なくしてその先はありえないと考えていたからにほかならなかった。竹内の目標であった中国との国交回復も、それなくしてはありえないことだった。ところが、既存の竹内論なかには、その点を見ずしてあるテーマに特化して論じるがゆえに、竹内のナショナリズムや中国認識にたいする評価をあやまるものが少なからずあったのではないか。

本書は、中国史研究者を共著者に得て、日本近代史研究に従事してきた私ひとりではできなかった竹内の思想の全体像を描き出すことに挑んだ。評伝と銘打っているものの、おおむね全集をはじめとする公刊された資料に拠って書かれ、竹内の私生活にはほとんど踏み込んでいない。なかんずく私の執筆担当箇所は、評伝の「評」に傾きがちで「伝」の方が手薄になったことは否めない。しかし、まずは少なくとも思想の全体像を描き出した思想史的評伝として世に問う意味があると考えている。

本書は、最終的にはそれぞれの得意領域を中心に分担して執筆することになったが、あえてその執筆分担を記さなかった。それは、本書の内容はいずれも、執筆者間で日ごろから意見を交わし、それをとおして培ってきたものだからである。

本書が、今後、竹内好が読み継がれていく際のたたき台となるならば幸いである。

（黒川みどり）

本書執筆にあたり、日本近現代アジア認識研究会、丸川哲史氏からお誘いいただいた竹内好の会、有志舎代表取締役永滝稔氏が主催された読書会「入門　竹内好を読む」では、報告の機会や議論をとおして多くを学ばせていただいた。令嬢の竹内裕子氏からは貴重な資料をご提供いただいた。また松本三之介氏、松沢弘陽氏、平石直昭氏からいただいたご教示は、執筆を進める際の大きな指針となった。

有志舎の永滝稔氏は、評伝として竹内を存分に論じる場を与えてくださり、最後まであたたかい励ましをいただいた。

ほかにも、お名前をあげないが多くの方々にお世話になった。

心よりお礼を申し上げる。

黒川みどり
山田　智

二〇一九年　日本の敗戦の日に

〈追記〉

本書は、科研費・基盤研究（C）「近代日本における「他者」認識としての中国観」二〇一二〜一四年度（研究代表者・黒川みどり）、基盤研究（B）「近代日本の学知と中国ナショナリズム—中国社会論と東洋史学の交叉点から—」二〇一六〜一九年度（研究代表者・小嶋茂稔）の研究成果の一部である。

著者紹介
黒川みどり（くろかわ　みどり）
早稲田大学大学院文学研究科博士後期課程満期退学　博士（文学）
現在、静岡大学教員
主要著書：『近代部落史』（平凡社新書、2011年）、『描かれた被差別部落』（岩波書店、2011年）、『差別の日本近現代史』（共著、岩波書店、2015年）、『創られた「人種」』（有志舎、2016年）

山田　智（やまだ　さとし）
専修大学大学院文学研究科博士後期課程単位取得退学
現在、静岡大学教員
主要論文：「だれが歴史教育を「暗記」にするのか」（『歴史評論』第774号、2014年)、「正史成立前夜」（『静岡大学教育学部研究報告〈人文・社会・自然科学篇〉』第66号、2016年)、「竹内好と楊聯陞」（『静岡大学教育学部研究報告〈人文・社会・自然科学篇〉』第67号、2017年)

黒川・山田の共編著
『内藤湖南とアジア認識』（勉誠出版、2013年）
『竹内好とその時代』（有志舎、2018年）

評伝　竹内 好——その思想と生涯——

2020年2月5日　第1刷発行

著　者　黒川みどり・山田　智
発行者　永 滝　稔
発行所　有限会社　有　志　舎
〒166-0003　東京都杉並区高円寺南4-19-2
クラブハウスビル1階
電話　03（5929）7350　FAX　03（5929）7352
DTP　言 海 書 房
装　幀　伊 勢 功 治
印　刷　モリモト印刷株式会社
製　本　モリモト印刷株式会社

ISBN978-4-908672-36-1